Dieses Buch schreibe ich für meine geliebte Birgit, den wundervollsten Menschen auf diesem Planeten, und in ewiger Erinnerung an unseren über alles geliebten, kleinen Rocky. *«Liebe Birgit, du bist für mich die schönste Frau auf der Welt, mein ewig leuchtender Stern an meiner Seite und der lachende Sonnenschein in meinem Leben. Ich wünsche mir nichts mehr als 30 weitere gemeinsame, glückliche Jahre.»*

Stephan Bosshard

HAPPY
MILLIONÄR

© 2021 Stephan Bosshard

Umschlag, Illustration: Stephan Bosshard

Lektorat: Stephan Bosshard

Korrektorat: tredition

Verlag & Druck:

tredition GmbH, Halenreie 40-44, 22359 Hamburg

ISBN

Paperback 978-3-347-30006-4

Hardcover 978-3-347-30007-1

E-Book   978-3-347-30008-8

Inhaltsverzeichnis

Kapitel 1

Millennium wie Millionen

Der Verkauf von BREZELKÖNIG, dem Unternehmen, das ich aus dem Nichts erschaffen habe und welches ich gemeinsam mit meiner hübschen, deutschen Ehefrau Birgit zum erfolgreichsten Schweizer Unternehmen seiner Art aufgebaut habe, geht im **Dezember 1999** zügig über die Bühne. Die Millionen fliessen ganz unspektakulär auf unser Konto und warten jetzt nur noch drauf, ausgegeben zu werden.

So viel Erfolg will ausgiebig gefeiert werden. Wir sind jung, wir sind schön und wir sind reich! Also ab nach Las Vegas, wohin denn sonst! Natürlich First Class, was denn sonst! In der uns bestens bekannten Spielermetropole werden wir mit offenen Armen empfangen. Wie versprochen erwartet uns unsere liebe Freundin Arna am Ausgang des Terminals und kann es kaum erwarten, uns zu drücken. Stolz lässt sie uns in ihren auf Hochglanz polierten, goldenen Mercedes einsteigen und fährt uns zielgenau über den berühmten Las Vegas Strip direkt zum weltberühmten CEASARS PALACE.

Das erste Mal, dass wir hier in Las Vegas landeten, ist schon ein paar Jahre her. Bereits einige Monate nach unserem ersten Date im Herbst 1991 flogen wir nach Panama City und checkten dort als frischverliebtes Paar auf der MS BERLIN ein, damals bekannt als das ZDF-TRAUMSCHIFF. Aufgrund des gefühlten einhundertjährigen Durchschnittsalters der Passagiere an Bord ergriffen wir in Acapulco allerdings die Flucht und landeten einige Tage später dann das erste Mal in Las Vegas. Die Stadt hatte uns sofort verzaubert, das war Liebe auf den ersten Blick. Und als wir damals im CEASARS PALACE eincheckten, hatten wir das grosse Glück, auf Arna, die Chef-Concierge des Nobelhauses, zu treffen. Sie war es auch, die uns Greenhorns unter ihre Fittiche nahm und uns in die Geheimnisse von Las Vegas einführte. Vielleicht lag es an der schwarzen American-Express-Karte, vielleicht aber auch an unserer Herzlichkeit, die vor allem Birgit schon damals auszeichnete. Auf jeden Fall haben wir drei uns auf Anhieb blendend verstanden, sodass uns Arna ganz spontan in den VIP-Bereich einlud und uns gleich mal ein Glas Champagner spendierte. Spätestens als sie uns in aller Selbstverständlichkeit in die höchste CEASARS PLATINUM MEMBER Ebene hinaufstufte, uns eine supercoole Suite buchte und uns schliesslich in die Welt der VIPs einführte, liebten wir Arna für ihre Grossherzigkeit. Ganz alleine Arnas VIP-Schulung war es zu verdanken, dass wir damals sehr rasch herausfanden, wie man sich mit etwas guter Unterhaltung an den Spieltischen oder Automaten die nötigen CEASARS-Bonuspunkte verdienen kann, um davon auch wirklich zu profitieren. Wenn es richtig gut gelaufen war, lebten wir 14 Tage in der schönsten Suite, assen nur in den besten und teuersten Restaurants und hatten endlosen Spass, ohne jemals eine Rechnung begleichen zu müssen. Kein Wunder, dass wir die folgenden Jahre Las Vegas zwei bis dreimal im Jahr besuchten.

Heute, kurz vor **Silvester 2000**, hat sich wenig verändert. Nicht anders als damals fühlen wir uns heimisch und willkommen im CEASARS PALACE. Das Millennium steht vor der Türe und Arna hat uns eine ganz besondere Überraschung versprochen. Voller Freude überreicht sie uns zwei goldene Umschläge und mahnt: *«Aber bitte erst heute Abend beim gemeinsamen Dinner öffnen!»* Frisch gestylt treffen wir uns einige Stunden später mit unseren Freunden Arna und ihrem Mann Tommy bei den FORUM SHOPS des CEASARS PALACE. Nach einem kurzen gemeinsamen Bummel durch die vornehme Welt der Luxusshops landen wir bei dem von Arna empfohlenen Italiener zum Dinner. Je näher das Dessert rückt, desto nervöser wird sie und schliesslich drängt sie uns, nun endlich die beiden goldenen Umschläge zu öffnen. Wir tun dies unter Hochspannung, und als wir entdecken, was darin steckt, fehlen uns schlicht die Worte. Arna übernimmt für uns das Reden und berichtet stolz: *«Meine lieben Freunde, das sind zwei der nicht käuflichen VIP-Tickets zu Tina Turners Millenniumskonzert. Während Tina heute Abend beim restlos ausverkauften Konzert vor knapp zwanzigtausend Leuten auftritt, gibt sie morgen Abend ein Privatkonzert nur für CEASARS VIP-Gäste. Und ihr zwei Lieblinge seid natürlich als VIP-Gäste zu Las Vegas' begehrtester Millenniumsparty eingeladen.»* Uns haut es beinahe um von so viel herzlicher Grosszügigkeit, die uns Arna da gerade entgegenbringt. Wir drücken sie fest und bedanken uns mit tausend Küssen für dieses einmalige Geschenk.

Birgit hilft mir noch kurz mit dem Krawattenknopf und schon stolzieren wir herausgeputzt in VERSACE, KERKORIAN und CHANEL als Noble Guests durch das prächtige CEASARS PALACE. Beim Eingang zum festlich geschmückten Festsaal werden wir von Arna und Tommy bereits sehnsüchtig erwartet. Obwohl den beiden heute wohl der anstrengendste Tag des Jahres bevorsteht, lassen sie es sich nicht nehmen, uns persönlich einen tollen Abend und einen guten Rutsch zu wünschen. Der Saalchef höchstpersönlich begleitet uns jetzt zum besten Tisch Nummer 18 inmitten des Saals und direkt vor der Bühne. Unsere lustigen und sehr typischen amerikanischen Tischnachbarn stellen sich uns als Texaner im Öl-Business vor. Was denn sonst?

Wie eine Göttin betritt Tina Turner die Bühne. Alle, aber auch wirklich alle Gäste erheben sich und applaudieren ihr minutenlang. Noch während des Applauses gibt die Diva Vollgas und startet mit dem Superhit SIMPLY THE BEST. Während ausschliesslich Dom-Perignon-Jahrgangschampagner eingeschenkt wird und die Filet Mignons auf den Punkt genau serviert werden, folgt Superhit um Superhit. Genauso zum Hit wird der ganze Abend, der bis kurz vor Mitternacht von einem Höhepunkt zum anderen führt. Einige Minuten vor zwölf gehen die Lichter an, Tina bedankt sich bei den Gästen und wünscht allen einen guten Rutsch ins neue Jahrtausend. Wir schnappen uns eine Flasche Dom Perignon und mischen uns draussen vor dem CEASARS PALACE unters Volk, geniessen das bombastische Feuerwerk und stossen happy auf unser gemeinsames Glück im neuen Jahr 2000 an.

HAPPY
MILLIONÄR

Las Vegas – Ceasars-Palace-VIP-Service bei Arna   Happy New Year 2000 mit Dom Perignon

Las Vegas, Ceasars Palace – Millennium 2000 Mega Party mit Tina Turner

Kapitel 2

Das Traumschiff

Das in Las Vegas erhaschte Glück nehmen wir natürlich gerne mit in den Flieger zurück in die Heimat. Gut gelaunt landen wir in der winterlichen Schweiz, wo es uns allerdings schon bald wieder zu kalt, zu ungemütlich und halt auch ein wenig zu langweilig wird. Das pulsierende Leben, die Sonne und das Meer, das wir hier beinahe immer vermissen, finden wir nur wenige Flugstunden entfernt auf der Baleareninsel Mallorca. Hier finden wir die Sonnenseite des Lebens ganz rasch wieder auf unserer Segelyacht PRINZESSIN. Die knapp 15 Meter lange Segelyacht haben wir uns damals zu unserer Hochzeit im Jahr 1994 nach Mass in Frankreich bauen lassen. Seither verbringen wir fast unsere gesamte Freizeit auf unserer Segelyacht, so wie auch jetzt, wo wir den Rest des so glücklich begonnenen **Winters 2000** hier verweilen wollen. Das Yachtleben ist voll und ganz unsere Welt, egal ob im Hafen oder auf hoher See, wir geniessen jede Minute auf dem Schiff. Ginge es nach mir, dann würden wir tatsächlich nur noch auf dem Boot leben und nonstop um die Welt segeln. Auch wenn sich meine zauberhafte Birgit mit dem engen Schiffsleben arrangiert und sogar stürmische See und die ewige Schräglage beim Segeln in Kauf nimmt, so gehen ihr solche Pläne dann doch eindeutig zu weit. Mich zu beklagen, besteht dennoch kein Grund, schliesslich sind wir ein Dreamteam aus zwei Menschen, die gegenseitig aufeinander Rücksicht nehmen.

So auch am heutigen Tag, wo die Sonne kräftig vom wolkenlosen Himmel scheint und die Insel für die Jahreszeit bei angenehm warmen 17 Grad erstrahlen lässt. Während ich mir unbedingt eine neue TV-Satellitenantenne anschauen möchte, will Birgit viel lieber flanieren und shoppen gehen. Also verbinden wir unsere beiden Wünsche und fahren erstmal nach Palma zum Yachthafen und danach wird flaniert und geshoppt, was das Zeug hält. Im REAL CLUB NAUTICO PALMA angekommen treffen wir uns mit einem etwas knurrigen Österreicher, der uns die brandneu auf dem Markt erschienene und sündhaft teure, dafür aber vollautomatische TV-Satellitenantenne vorführen will. Er bittet uns in den Salon einer kleinen 35-Fuss-Segelyacht, schaltet ein Programm am TV ein und will uns nun beweisen, dass der Empfang auch bei Seegang stabil bleibt. Dafür begibt er sich wieder an Deck des Seglers, beginnt jetzt das Schiff mit aller Kraft so gut es geht zu schaukeln und ruft uns zu: *«Sehen Sie, das Bild bleibt, obwohl sich der Mast mit der Satellitenantenne dran hin und her bewegt.»* Von der etwas komischen Situation belustigt lasse ich mich gerne begeistern und will sofort eine solche etwa 15'000 Schweizer Franken teure Satellitenanlage auf meiner Yacht installieren lassen. Doch der eben noch so geschäftstüchtige Kleinunternehmer gibt sich plötzlich total überfordert und will uns bis nach Ostern, also für gut zwei Monate, vertrösten. *«Das ist jetzt aber ein Österreicher Witz»*, beschwere ich mich enttäuscht und lasse den Spassvogel stehen. Ein Spaziergang über die Mole des grössten Yachthafens der Insel bringt uns aber rasch wieder auf andere Gedanken. Besser als auf jeder Bootsmesse lassen sich hier unzählige wunderschöne Yachten bestaunen. Von der kleinen Segelyacht bis zu den millionenteuren Megayachten ist hier so ziemlich alles dabei.

Wir sind schon wieder auf dem Rückweg, wo mir eine besonders schöne, moderne und auf Hochglanz polierte Yacht auffällt. Begeistert bestaune ich die schneeweisse Flybridge-Motoryacht, die mir ein wenig wie eine kompakt gestylte Megayacht im Kleinformat vorkommt. Sofort denke ich mir: *«Das wäre was für mich!»* Spasseshalber rufe ich Birgit zu: *«Schau mal, Birgit, diese Yacht ist zu verkaufen und hat genauso ein Satellitenteil montiert, wie wir es uns wünschen. Soll ich da mal anrufen?»* Birgit gefällt die Yacht offensichtlich auch, denn ihre Antwort kommt prompt: *«Gute Idee! Anschauen kostet ja nichts.»* Es dauert keine halbe Stunde, bis ein braungebrannter und ziemlich gutgelaunter Typ auftaucht und sich uns in perfektem Hochdeutsch als Giulio vorstellt. Der charmante Broker mittleren Alters verliert keine Zeit, lässt per Funkfernbedienung die teure, mit Teak belegte Edelstahl-Gangway hinunter und bittet uns an Bord. Es mag daran liegen, dass wir uns bisher mangels Interesses noch nie eine Motoryacht genauer angeschaut haben, doch das, was wir hier gerade zu sehen bekommen, lässt uns erstmal sprachlos werden. Die absolut neuwertige, 21 Meter lange, beinahe 40 Tonnen schwere und hochseetaugliche Luxus-Motoryacht lässt keine Wünsche offen.

Verteilt auf insgesamt 4 Stockwerke wird hier ein Lebensraum geboten, der durchaus mit dem eines luxuriösen Apartments zu vergleichen ist.

Während ich mich über den riesigen Salon mit integriertem Steuerstand und das rundum grosszügig begehbare, teils gar überdachte und mit Teak belegte Deck freue, kann sich Birgit vom Anblick der beiden riesigen Schlafzimmer, des eigenen Jacuzzi und der luxuriösen Einbauküche kaum noch erholen. Endgültige Begeisterung löst bei mir die grosszügige Flybridge mit dem zweiten Steuerstand aus und so richtig ausflippen lässt mich der begehbare Motorenraum mit seinen zwei imposanten Turbodiesel-Motoren zu je 650 PS. Am Ende der Besichtigung erregt diese Yacht die pure Begeisterung in mir, sodass ich gar nicht mehr anders kann, als nach dem Preis zu fragen. Da ich mit einem Kaufpreis im sechsstelligen Bereich gerechnet habe, erschreckt mich Giulios Ansage nicht im Geringsten, vielmehr beschäftigt mich eine ganz andere Frage. *«Lässt sich die Yacht zu zweit manövrieren?»*, will ich von Giulio wissen. Logisch, dass der gewiefte Broker meine Bedenken zu zerstreuen vermag, indem er sich auf die hochmoderne Ausrüstung der Yacht bezieht. Im Besonderen verweist er darauf, dass sich die Yacht dank Bugstrahlruder und zwei Motoren auch auf engstem Raum leicht manövrieren lässt. Egal wie sehr Giulio die Schwierigkeit der Handhabung einer solchen Yacht herunterspielt, ist mir sehr wohl bewusst, dass Yachten in dieser Grösse normalerweise mit Crew auskommen müssen. Aber irgendwie sehe ich gerade darin meine Herausforderung, gehe zu Birgits Überraschung gleich zum nächsten Schritt über und gebe Giulio meine definitive Kaufzusage. Während mich Birgit nun doch etwas verdutzt anschaut, freut sich Giulio umso mehr. Unsere Wege trennen sich mit Giulios Versprechen, dass er alles Weitere umgehend in die Wege leiten werde.

Es vergehen zwei lockere Sonnentage auf der Insel, bis sich Giulio telefonisch meldet und mir zähneknirschend mitteilt, dass die Yacht leider unter Offerte sei, was so viel wie verkauft bedeutet. Die Enttäuschung ist riesengross, habe ich mich doch bereits als der neue Eigner der Yacht gesehen. Mein Plan vom Kapitän auf einer mindestens zwanzig Meter grossen Flybridge-Motoryacht hat sich inzwischen allerdings zur fixen Idee entwickelt. Denn seit der Besichtigung in Palma fühlen wir uns auf der Segelyacht plötzlich ziemlich eingeengt. Inzwischen gefällt auch Birgit die Vorstellung, künftig im lichtdurchfluteten Salon einer Motoryacht statt im dunklen Untergeschoss einer Segelyacht zu leben. Mit dem Wissen über ein gut gefülltes Bankkonto sollte sich die Erfüllung des Traumes von einer neuen, luxuriösen Motoryacht eigentlich leicht verwirklichen lassen. Unsere Suche führt uns mit dem Cabriolet während Tagen quer über die Insel von Palma bis Pollença, von Yachthafen zu Yachthafen. Insgesamt etwa ein Dutzend für uns in Frage kommende Yachten um die zwanzig Meter lassen wir uns zeigen. Doch je genauer wir uns vergleichbare Motoryachten ansehen, umso mehr sind wir enttäuscht. Bei allem Optimismus stellen wir nach einer Woche Nonstop-Besichtigungstour über die Insel fest, dass sich der Traum von der neuen Motoryacht wohl doch nicht ganz so easy wie gedacht realisieren lässt. Keine der sofort verfügbaren Yachten kann unsere Vorstellungen einer hochseetauglichen Yacht für zwei erfüllen. Ernüchtert müssen wir feststellen, dass wir mit der weissen Yacht in Palma wohl die Gelegenheit unseres Lebens verpasst haben. Und auf Nachfrage beim Ocean-Alexander-Generalimporteur in Düsseldorf stellt sich gar noch heraus, dass es sich bei dieser Yacht um das erste und einzige Modell dieser Serie in ganz Europa handelt. Eine Neubestellung ist zwar möglich, doch die Lieferfrist soll mindestens ein Jahr betragen.

10 weitere sonnige Tage sind seit der Besichtigung in Palma vergangen, wir geniessen an Bord der PRINZESSIN das Bordleben und wollen uns nun erstmal damit abfinden, auch künftig Segler zu bleiben. Doch irgendwie mag mich der Traum vom Kapitän auf der grossen Motoryacht nicht loslassen. Plötzlich erinnere ich mich daran, die Telefonnummer des deutschen Eigners irgendwo aufgeschrieben zu haben, und ich rufe den Wurstfabrikanten aus Frankfurt auf gut Glück an. Zu meiner Überraschung freut sich der geradezu über meinen Anruf. *«Was für ein Zufall, dass Sie sich gerade jetzt melden!»*, meint der Deutsche lachend. Etwas verdutzt kann ich ihm gerade nicht folgen, erfahre dann aber Erstaunliches. Unglaublich, aber wahr, der Amerikaner hat soeben seine Kaufzusage trotz geleisteter Anzahlung von $ 50'000 aufgrund des für die USA ungünstigen 220-Volt-Bordnetzes zurückgezogen, womit die Yacht wieder auf dem Markt ist. Ich schlage sofort zu, erneuere meine Kaufzusage und kontaktiere umgehend den noch von nichts ahnenden Giulio, der sofort alles in die Wege leiten will. Und dieses Mal

klappt alles wie gewünscht, der Kaufvertrag wird noch am selben Abend unterzeichnet und wir sind die neuen Eigner unserer Traumyacht.

Tags drauf treffen wir uns mit Giulio zur ersten Probefahrt. Oben auf der Flybridge starte ich nacheinander die beiden mächtigen V8-Dieselmotoren, welche sich prompt mit lautem Grollen zu erkennen geben. In meiner neuen Rolle als Kapitän dieser 40-Tonnen-Yacht bin ich zugegebenermassen recht nervös. An der Seite von Giulio, der seinerseits ebenfalls ein erfahrener Hobbykapitän ist, übernehme ich oben auf der Flybridge mein erstes Kommando. Für das Ablegen von der Pier wird Birgit an Deck von einem Helfer unterstützt. Wie an Bord gewohnt verlasse ich mich ausschliesslich auf Birgits Zuruf: «Leinen los!» Für mich das Zeichen zur Abfahrt und der Zeitpunkt, die beiden Ganghebel nach vorne zu legen. Im Standgas schiebt sich das Schiff nun langsam aus der Lücke zwischen zwei anderen Yachten hinaus in das Hafenbecken. Die Freude darüber, wie spielend leicht sich die Yacht händeln lässt, ist gross. Wahre Begeisterung kommt allerdings in der Bucht von Palma auf. Mit dem Herunterdrücken der Gashebel beschleunige ich die 40 Tonnen schwere Yacht mühelos auf Gleitfahrt. Mit bis zu 25 Knoten* brettern wir übers Meer und gleiten dabei mit Leichtigkeit durch die etwa einen halben Meter hohen Wellen. Während uns der Fahrtwind um die Ohren weht, übergebe ich Birgit das Steuer und erkenne an ihrem happy Strahlen, dass ich am Ende wieder einmal alles richtig gemacht habe. Noch auf dieser gelungenen ersten Fahrt taufen wir unsere neue Yacht auf den Namen APPLAUS.

HAPPY
MILLIONÄR

*1 Seemeile = 1.85 km   **10 Knoten = 18.50 km/h   ***10 Beaufort / Windstärken = 89 bis 102 km/h

APPLAUS vor der Küste Mallorcas

APPLAUS in der Werft von Palma

Kapitel 3

Zurück zu den Wurzeln

Die Anschaffung einer grösseren Yacht hat durchaus ihre Berechtigung. Denn neben der absoluten finanziellen Freiheit verhilft uns der Verkauf von BREZELKÖNIG auch noch zum höchsten Gut, das ein Mensch braucht, um glücklich zu sein: Zeit! Endlich sind wir nicht mehr in unserem Unternehmen gefangen und können wieder, nach Lust und Laune und wann und wo immer wir wollen, das Leben in vollen Zügen geniessen. Genauer gesagt soll die APPLAUS künftig für sechs Monate im Jahr unser Zuhause werden und da macht der neue Wohnkomfort natürlich Sinn.

Nur ein halbes Jahr deswegen, weil wir erstens nicht dafür gemacht sind, uns von nun an für den Rest unseres Lebens unter dem Sonnenschirm zu räkeln, und zweitens auch deshalb, weil das aktuelle Markt- und Messegeschäft vom damaligen BREZELKÖNIG-Deal ausgeschlossen worden ist. Und so kommt es, dass die in mir verloren geglaubte Leidenschaft des geborenen Markthändlers während der Frühjahrsmesse BEA 2000 in Bern neu entfacht und ich mich plötzlich wieder in meinem Element fühle. Fast hätte ich vergessen, wie schön es doch ist, gemeinsam mit meiner grossen Liebe hinter dem süssen rosa SCHLOSS SCHLARAFFENLAND zu stehen und den Leuten unsere Spezialitäten voller Überzeugung und mit viel Humor anzudrehen. Die Kundschaft liebt uns für unseren persönlichen Einsatz, unsere Freundlichkeit, die frechen Sprüche und natürlich für die stets obendrauf gelegten extra Müsterli. Die Arbeit macht so viel Spass wie noch nie und das liegt natürlich vor allem auch daran, dass wir genau wissen, 10 Tage harte Arbeit und schon wartet wieder das süsse Leben auf uns. Und das Beste daran ist, dass sich unsere gute Laune sofort auszahlt und wir uns an traumhaften Umsätzen erfreuen können.

Dieser Erfolg kommt natürlich nicht von ungefähr. Schliesslich bin ich quasi als Markthändler geboren worden und habe die entsprechenden Gene im Blut. Darauf bin ich stolz, genauso wie auf meine beruflichen Anfänge, mit denen mich vorwiegend positive Erinnerungen verbinden und die mich nie vergessen lassen werden, woher ich komme. Und deshalb freue ich mich, in gewisser Weise wieder zurück zu meinen Wurzeln gefunden zu haben. Mit dem kleinen, aber bedeutenden Unterschied allerdings, dass heute ein Team hinter uns steht, das sämtliche Vorbereitungen und den Aufbau der Geschäfte für uns übernimmt. Zum Beginn einer Messe oder eines Events brauchen wir sozusagen nur noch die Bühne zu betreten und losgehen kann die Show.

Früher war das natürlich noch anders, und ganz früher nochmals anders. Damals in den 40er Jahren war es kein Geringerer als mein geliebter Grossvater Hans Bosshard, der Erste aus dem zürcherischen Uster, der gemeinsam mit meiner Oma den Grundstein zur familiären Markthändlertradition gelegt hatte. Als gelernter Bäcker und Konditor war er einer der Ersten, der die weichen Butter-Nidelzelti, die gebrannten Mandeln sowie das Magenbrot selbst produzierte und auf dem Markt verkaufte. Bald merkte er, dass es noch besser lief, wenn er seine Nidelzelti und gebrannten Mandeln direkt am Stand zubereitete. Eine clevere Innovation, die über Jahrzehnte die Zukunft von drei Generationen beeinflussen sollte. Im Laufe der Zeit zeigte sich mein Grossvater auch stets erfinderisch, schöpferisch kreativ und was sein Sortiment betrifft, sehr anpassungsfähig. Je nach Saison erweiterte er sein Angebot um heisse Marroni, gegrillte Bratwürste oder Cervelats, aber auch um rote Zuckeräpfel für die Kinder. Er liebte seinen Beruf und er war der Inbegriff eines echten Markthändlers.

Mein Opa hat mir nicht nur die damals für einen Markthändler unerlässlichen Sprüche beigebracht, auch die äusserst attraktiven Standorte am Zürcher Knabenschiessen, am Grossjahrmarkt in Siebnen und am traditionellen Herbstmarkt in Uster hat er mir noch zu Lebzeiten vermacht. An allen drei Events findet man uns bis heute noch quasi am selben Standort. Beinahe wie in den Vierzigerjahren bieten wir auch in der Gegenwart, nicht viel anders als mein Opa es anno dazumal tat, frisch gebrannte Mandeln, weiche Butter-Nidelzelti und frisches Magenbrot an. Natürlich mit Opas uralten Sprüchen und ganz frisch nach Opas Originalrezept.

Genauso wie Grossvater war auch mein Vater ein pfiffiger Unternehmer mit unzählig vielen neuen Ideen. Er war es auch, der als einer der allerersten Schweizer Markthändler seine altmodischen Verkaufsstände gegen moderne und gut eingerichtete Verkaufswagen tauschte. Schon als Kind durfte ich meinen Vater stets während der Schulferien zur Arbeit begleiten. Das war immer das Allergrösste für mich und ich konnte mir damals einfach nichts Schöneres vorstellen, als in Vaters Verkaufswagen mitzuarbeiten. Ganz besonders der St. Galler Herbstjahrmarkt während der alljährlich stattfindenden Landwirtschaftsmesse OLMA hatte es mir angetan. Mein Beruf stand für mich schon seit frühester Kindheit fest. Als frühreifer Jugendlicher stand ich nach dem Abschluss der Sekundarschule im Herbst **1975** kurzzeitig vor der Entscheidung, eine Berufslehre zu machen. Nach der ersten Absage einer Lehrstelle als Automechaniker warf ich jedoch sofort die Flinte ins Korn und bat meinen Vater, mich in seinem Marktbetrieb aufzunehmen. Einen besseren Lehrmeister als meinen cleveren Vater konnte ich mir eh nicht vorstellen. Mein Kindheitstraum wurde Wirklichkeit.

Begeisterungsfähig, lernbegierig und sehr fleissig wie ich war, arbeitete ich, wenn nötig, Tag und Nacht. Ganz egal wo ich im Einsatz war, immer dort, wo ich gerade hinter der Theke stand, gab es den meisten Umsatz. Ganz nach dem Motto «dem Fleissigen gehört die Welt» stürzte ich mich mit meiner vollen Energie in das Geschäftsleben und liess beinahe täglich meine frischen Ideen in den Betrieb einfliessen. **1977** war ich mit 17 der unbestrittene Chef hinter der Theke.

Nachdem ich im Herbst **1978** meine Führerscheinprüfung bestanden hatte, war ich kaum noch zu bändigen. Ich strotzte vor Power und wusste, dass ich alles, aber auch wirklich alles schaffen konnte. Zurückhaltung war damals wie heute nicht mein Ding, sodass ich als junger, 18-jähriger Wilder gar nicht anders konnte, als Vollgas zu geben, mein Schicksal selbst in die Hand zu nehmen und Initiative zu ergreifen. Das tat ich mit vom Vater geliehenen 1'000 Schweizer Franken, seinem geliehenen Toyota Celica, dem ebenfalls geliehenen Stand auf dem Dach und meiner deutschen Freundin Dagmar auf dem Beifahrersitz. So wie ich es zuvor von meinem Vater gelernt hatte, fuhren wir auf gut Glück nach Pforzheim. Der Horten-Direktor hatte seine Freude an so einem pfiffigen Jungunternehmer mit hübscher Freundin und erlaubte uns tatsächlich, vor seinem Haus unseren Stand gegen Abgabe einer 25-prozentigen Umsatzprovision aufzubauen. Mitten in der Fussgängerzone Pforzheims, direkt vor dem Haupteingang des Horten, eröffnete ich meinen ersten eigenen SCHWEIZER-SAHNEBONBON-Verkaufsstand. Mit unseren Buttercaramels erwirtschafteten wir zur damaligen Zeit beinahe unglaubliche Umsätze von über 1'000 Deutschen Mark pro Tag und waren so bald die Stars bei Horten. Das ging dann gar so weit, dass mich der oberste Horten-Boss in der Zentrale Neuss empfing und mir anbot, in sämtlichen Filialen deutschlandweit arbeiten zu dürfen. Allerdings war ich damals für das ganz grosse Geschäft noch nicht reif genug. Und so war dieser Traum nur von kurzer Dauer, genauso wie das Liebesleben mit der deutschen Dagmar.

Diese Schule hat mich allerdings erwachsener gemacht, und als ich etwa ein Jahr später wieder in Vaters Betrieb eintrat, tat ich dies selbstbewusster als je zuvor. Auch mein Vater erkannte meine Talente und engagierte mich **1980** kurzerhand als Standchef des fixen GLOBUS-Verkaufsstandes Seite Löwenstrasse. Während der Frühlings- und Herbstsaison musste ich zusätzlich noch jeweils einen Messeverkaufsstand managen. Auf eigenen Wunsch verzichtete ich auf einen Fix-Lohn und bestand stattdessen auf 10 % Umsatzbeteiligung. Wieder gab ich Vollgas, liess die Umsätze durch meinen Fleiss explodieren und verdiente dadurch mit bereits als 20-jähriger überdurchschnittlich gut.

Ich muss zugeben, dass ich vom Erfolg gelockt nur noch in eine Richtung schaute, und zwar nach oben. Anfangs versuchte ich meinen Vater davon zu überzeugen, mit mir gemeinsam weitere Filialen zu eröffnen, doch ihm gefiel es, wie es war, hatte er mit mir doch einen äusserst tüchtigen Mitarbeiter. Ich war aber nicht bereit, mich damit abzufinden, und das sorgte dann immer wieder für Spannungen, die schliesslich zwei Jahre später dazu führten, dass sich unsere geschäftlichen Wege trennten.

1982 eröffnete ich mit 22 meinen ersten eigenen Gebrannte-Mandeln-Verkaufsstand direkt an der Bahnhofstrasse vor dem Haupteingang des Jelmoli in Zürich.

1985 wechselte ich das Konzept und eröffnete mit 25 meinen ersten BREZEL-BECK-Stand in Zürich und später einen weiteren in Basel.

1986 präsentierte ich an der OLMA in St. Gallen stolz meine erste von insgesamt drei rosa BREZELKUTSCHEN.

1991 fand im Frühling anlässlich der SCHWEIZER MUSTERMESSE in Basel, kurz MUBA, die Premiere des exakt nach meinen Wünschen bei MACK in Deutschland gebauten, rosa SCHLOSS SCHLARAFFENLAND statt.

1991 lernte ich Ende September, während der Luzerner Herbstmesse, Birgit, die Liebe meines Lebens, kennen. Von diesem Tag an war ich wieder unaufhaltsam und wusste, dass wir gemeinsam alles, aber auch wirklich alles schaffen können.

1993 eröffneten wir gemeinsam in Zürich beim Jelmoli den allerersten BREZELKÖNIG-Verkaufsstand, mit dem wir unglaubliche Erfolge feierten.

1994 toppten wir mit der Eröffnung unserer Filiale beim Zürcher GLOBUS an der Bahnhofstrasse alles bisher Dagewesene. BREZELKÖNIG machte nun endgültig Furore. Die erzielten Umsätze waren schlichtweg sensationell und selbst für uns unglaublich, die Zehntausendergrenze sprengten wir beinahe täglich. Weitere Filialen folgten.

1994 kam es dann auch zum schönsten Tag in unserem Leben. Die Heirat am 6. August 1994 öffnete ein neues Kapitel in unserem Leben und verlieh uns wahre Superkräfte.

1996 eröffneten wir kurz nacheinander erst die Luzerner BREZELBOUTIQUE mit der weltgrössten Auswahl verschiedener Brezeln und danach die weltweit modernste BREZELFABRIK, bei deren Eröffnung wir die Weltpremiere des ersten und einzigen Brezelschlingroboters feiern durften.

1999 unterbreitete uns ein deutscher Fabrikant pünktlich zur Jahrtausendwende ein unschlagbares Angebot zur Übernahme von BREZELKÖNIG. Wir liessen den umgesetzten Traum los und verkauften unser Unternehmen, um zurückzugewinnen, was wir auf dem Weg zum Erfolg verloren hatten: **die Freiheit!**

HAPPY
MILLIONÄR

Chronologische Bilderstrecke Seite 23 bis 26

Vierzigerjahre: Oma und Opa am Uster Markt   **Fünfzigerjahre:** Opa, mein Vater und Oma am Uster Markt

Sechzigerjahre: Oma hinter dem Stand in Arosa   Opas alter Chevy beladen für den nächsten Markt

Siebzigerjahre: Opa und Oma in Action   Opa mit Zigarre am Caramelkochen   Oma vor dem Vilan Chur

23

1977: An der OLMA St. Gallen   **1978:** Mit meiner ersten Freundin an meinem 1. eigenen Caramelstand in Pforzheim (DE)

1982: Mit 22 an meinem ersten eigenen Gebrannte-Mandeln-Verkaufsstand in Zürich beim Jelmoli

1985: Erste BREZEL-BECK-Verkaufsstände beim Jelmoli in Zürich und beim Manor in Basel, damals noch Rheinbrücke

1986: BREZELKUTSCHE-Premiere OLMA St. Gallen   **1991**: SCHLOSS-SCHLARAFFENLAND-Premiere MUBA Basel

1993: Birgit an Zürichs allererstem BREZELKÖNIG-Verkaufsstand beim Jelmoli Uraniastrasse

1994: Der neueste BREZELKÖNIG beim Globus Zürich   Birgit, der Superstar hinter der Theke

1994: 6. August, Traumhochzeit in der Hofkirche Luzern   **1996**: 29. Februar, Eröffnung DIE BREZELBOUTIQUE in Luzern

 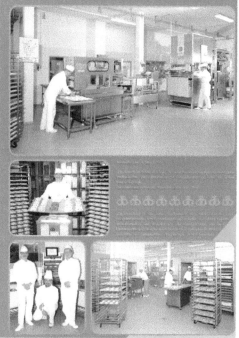

1996: 3. Mai, Eröffnung DIE BREZELFABRIK und Weltpremiere Brezelschlingroboter   (Originalbroschüre 1996)

2015: Buchpremiere REZEPT ZUM GÜCK   www.rezeptzumglueck

Kapitel 4

Gefeiert wie ein König

Erfolg muss man sich erarbeiten, umsonst gibt's nichts und genau deshalb ist mir der weitverbreitete Neid der Leute absolut unverständlich. Diese sich ständig wiederholenden Aussagen, dass Reichtum unglücklich mache, und ähnlichen Unsinn kann ich nur als schwachsinnig bezeichnen. Warum auch sollen wohlhabende Menschen weniger glücklich sein als die weniger begüterten? Ein diesbezüglich besonders treffendes Erlebnis hatten Birgit und ich vor Jahren mal in Saint-Tropez, als wir unsere Begeisterung über das Anlegen einer Megayacht im Hafen mit den beiden neben uns stehenden Schweizer Touristen teilen wollten. Die Antwort des Paares fiel dann beinahe in Stereo ziemlich eindeutig aus: *«Ja, das ist schon schön, aber ob die auch glücklich sind!?»* Dass es sich bei den beiden, die wir wortlos stehen liessen, um Schweizer handelte, verwunderte uns wenig. Denn eigentlich bin ich es schon seit meiner frühesten Jugend gewohnt, immer wieder die Missgunst der Schweizer Neidgenossen spüren zu bekommen. Über die Jahre habe ich mich immer wieder von angeblichen Freunden abgewendet, weil deren Neid und Missgunst einfach unerträglich wurden.

Die Krönung der Eifersucht erfuhren wir, als wir in unserem Freundeskreis stolz bekanntgaben, BREZELKÖNIG mit grossem Gewinn verkauft zu haben. Der Neid der Leute und vor allem der unserer engeren Freunde gipfelte ins Unermessliche. Dies ging schliesslich so weit, dass man meinen Lamborghini als Zuhälterauto oder Birgits fünfzigtausend teure, mit Brillanten besetzte Uhr als Tussi-Schmuck bezeichnete. Irgendwann kam der Zeitpunkt, wo ich diese in ihrer kleinen, beschränkten Welt lebenden, einfältigen Leute nicht mehr ertragen wollte. Kurzerhand liess ich die erst noch gross angekündigte Geburtstagsparty für den **6. August 2000** platzen und kündigte damit auch gleich 80 % meiner Schweizer Freundschaften.

Einmal mehr heisst das Rezept zum Glück Loslassen, wobei in diesem Fall wohl eher Losfahren die korrektere Bezeichnung wäre. Denn nun, wo das mit den falschen Freunden für ein und allemal geklärt ist, will ich mir erst recht einen ganz besonderen Geburtstagswunsch erfüllen. Im schneeweissen Lamborghini Countach soll es zu meinem runden vierzigsten Geburtstag nach Lust und Laune quer durch Bella Italia gehen. Aufgrund meiner Fahrzeugwahl hegt Birgit allerdings nicht unberechtigte Zweifel. Einerseits hätten wir weit bequemere Autos zur Verfügung und andererseits zählt mein rarer Countach 5000 S mit anspruchsvollem Zwölfzylinder-Motor und komplizierter Technik halt eben nicht gerade zu den zuverlässigsten seiner Art. Handkehrum, was soll uns mit einem Schutzbrief des Schweizer Automobil Clubs und der schwarzen CENTURION AMEX in der Tasche schon gross passieren?

Wenn wir schon mal wieder in Italien sind, dann wollen wir es nicht unterlassen, unseren in jeder Beziehung grossartigen Freund Antonio im italienischen Pescara anzurufen. Antonio freut sich derart über unseren Anruf, dass er spontan darauf besteht, meinen Vierzigsten gemeinsam mit uns in Pescara zu feiern. Wir nehmen die überraschende Einladung natürlich sehr gerne an und düsen schon bald mit unserem Rennwagen über die italienische Autobahn in Richtung Süden. Bei strahlendem Sonnenschein geht es von Luzern aus durch den Gotthardtunnel über Mailand bis nach Modena, dem ersten Etappenziel unseres Giro d'Italia. Bei der Autobahnausfahrt kommt das auf uns zu, was der tiefschwarz bedeckte Himmel längst angekündigt hat. Auf Blitz und Donner folgt ein Regenschauer höchsten Ausmasses, die Strassen beginnen sich allmählich zu fluten und die Sicht ist gleich null. Um jeden Plan der Weiterreise beraubt finden wir uns ziemlich verloren vor den Toren Modenas wieder. Im Zeitlupentempo pilotiere ich meinen supercoolen Schlitten auf seinen superbreiten Reifen nun schon zum vierten Mal im Schneckentempo um denselben Kreisel und weiss noch immer nicht, welche Richtung ich einschlagen soll.

Doch plötzlich geschieht Unglaubliches, beinahe so etwas wie ein echtes italienisches Wunder. Wie aus dem Nichts taucht ein klitzekleines Auto auf, das uns dauerhupend immer näherkommt. Wir lassen den als weissen Fiat 500 erkennbaren Drängler vorbei und wundern uns jetzt über das heruntergelassene Fahrerfenster und den hinter dem Steuer sitzenden, uns wild zufuchtelnden, pitschnassen Fahrer. Mit der Vermutung, einen Platten oder sonst ein Problem zu haben, verlassen wir den Kreisel und fahren bei der nächsten Möglichkeit rechts ran. Den Gang eingelegt und mit dem Fuss auf dem Gas bin ich für einen allfälligen Überfall vorbereitet und beobachte nun im Rückspiegel, wie der Typ aus seinem «italienischen Rucksack» aussteigt. Dass es noch immer wie aus Eimern schüttet, hindert den guten Mann nicht daran, sich an meinem Fahrerfenster zu positionieren und sich freudig lachend mit dem Daumen nach oben als Lamborghini-Fan zu outen. Nun, wo sich der freundliche Italiener getrost als harmlos einstufen lässt, kurble ich das eh nur zu einem kleinen Spalt zu öffnende Seitenfenster hinunter und bedanke mich lächelnd bei unserem Fan für die entgegengebrachte Aufmerksamkeit. Dieser kann sich kaum davon erholen, tatsächlich vor einem echten Lamborghini Countach zu stehen, und will wissen, ober er uns irgendwie behilflich sein kann. Wir bejahen und fragen nach einem Hotel. Der etwa Mitte 30-Jährige freut sich unheimlich, uns helfen zu können, und bittet uns ihm zu folgen.

Es entsteht eine aberwitzige Kombination aus einem winzig kleinen Fiat 500, der sich dicht gefolgt von einem weissen Lamborghini-Boliden im Schneckentempo durch Modena bewegt. Die Fahrt dieses bestimmt lustig anzusehenden Konvois endet 20 Minuten später in einem Industriegebiet vor einem nicht überdachten Eingang eines modernen Business-Hotels. Unser eh schon platschnasser Freund und Helfer in der Not steigt sofort aus seinem Gefährt, gibt uns Zeichen, im trockenen Auto zu warten, und verschwindet in der Hotellobby. Kaum eine Minute später steht der Gentleman mit Regenschirm bei Birgits Tür und begleitet sie in die trockene Lobby, natürlich nicht ohne mir ein Zeichen zu geben, dass er mit mir dasselbe vorhat. Von so viel Hilfsbereitschaft überwältigt wollen wir uns bei dem liebenswerten Mann auf irgendeine Art und Weise erkenntlich zeigen. Doch davon will der stolze Italiener absolut nichts wissen, stattdessen besteht er darauf, uns nun auch noch mit dem Gepäck helfen zu dürfen. Dafür lieben wir die Italiener! Ihre Herzlichkeit und Gastfreundschaft sind und bleiben unübertroffen!

Die nette Dame am Empfang macht uns darauf aufmerksam, dass wegen der landesweit herrschenden Augustferien auch in Modena vieles geschlossen sei und dass wir so gesehen gerade nochmals Glück gehabt hätten, ein freies Zimmer zu bekommen. Dankbar, aber hungrig fragen wir nach dem Restaurant. Auch dieses sei wegen der Ferien leider geschlossen, entschuldigt sich die junge Frau, empfiehlt uns aber eine gute Pizzeria in der Nähe. Den inzwischen in der sicheren Hotelgarage abgestellten Lamborghini wollen wir nicht mehr anrühren und lassen uns deshalb im Taxi zum Restaurant fahren. Der äussere Eindruck des Lokals könnte enttäuschender nicht sein und auch beim Betreten des Schuppens erfahren wir eher den Charme einer Fernfahrerkneipe als den einer romantischen Pizzeria, den wir uns gewünscht haben. Es ist bereits 21 Uhr, draussen schüttet es nach wie vor in Strömen und um diese Uhrzeit noch ein Wunder zu erwarten wäre ja wohl eh reines Traumdenken. Also arrangieren wir uns und bitten die zugegeben sehr freundlichen Wirtin um eine Flasche Vino rosso und die Speisekarte. Extrem hungrig bestellen wir ohne jede Erwartung zwei Gerichte. Die Wirtin höchstpersönlich verschwindet in der Küche und eine Viertelstunde später stellt man uns eine Schüssel knackfrischen Salat auf den Tisch, der überraschenderweise besser nicht schmecken könnte. Eine weitere halbe Stunde soll es dauern, bis uns die Hauptspeise serviert wird und wir nun endlich etwas Warmes zu essen bekommen. Aussehen tut alles schon mal recht gut, riechen tut es noch besser und sogar die Teller sind heiss. Gespannt kostet Birgit ihr Leibgericht Lasagne und ich meine Lieblingsspaghetti. Und tatsächlich erfahren wir unser zweites italienisches Wunder am selben Abend. *«Mamma mia! Das sind die weltbesten Frutti-di-Mare-Spaghetti, die ich in meinem ganzen Leben je gegessen habe»*, freue ich mich begeistert. Birgit toppt nach und behauptet dasselbe von ihrer ganz frisch zubereiteten Lasagne, die sie nun mit leuchtenden Augen und mit Hochgenuss bis auf den letzten Bissen verspeist. Ein völlig unerwartetes Vorgeburtstagsgeschenk, das den verregneten Tag nun plötzlich in einem hellen Licht erscheinen lässt.

Tags darauf erreichen wir Pescara um die Mittagszeit des **5. August 2000**. Verabredet haben wir uns mit Antonio in Pescaras Zentrum bei einem zu seiner Gruppe gehörenden Hotels. Vor dem palastartigen, prunkvollen Bau angekommen erwartet uns ein beeindruckender Empfang durch die Hotelcrew. Der Concierge weist uns im Beisein des Hoteldirektors höchstpersönlich in den mittleren von insgesamt drei offensichtlich extra für uns freigehaltenen Parkplätzen ein. Kurz darauf fährt Antonio ganz cool in seinem nigelnagelneuen schwarzen Porsche Turbo vor und nimmt uns freudig in die Arme. Die Wiedersehensfreude ist riesig, so gross, dass wir uns für einige Minuten gar nicht mehr loslassen wollen. Antonio schlägt vor, dass wir nun unser Zimmer beziehen, uns kurz frisch machen, um dann gemeinsam schön essen zu gehen. Antonios Lunch- und Dinner-Einladungen sind legendär, weshalb wir seiner Bitte noch so gerne nachkommen. Doch zuerst will ich mich als typisch vorsichtiger Schweizer im gefahrenträchtigen Italien vergewissern, dass mein teures Auto über Nacht in einer gesicherten Tiefgarage vor diebischem Zugriff geschützt ist. Antonio lacht amüsiert und antwortet mit einem Augenzwinkern in Englisch, der Sprache, in der wir uns für gewöhnlich unterhalten: «*Take it easy, dear Stefano, no worries!*», was in etwa heissen soll: nimm's locker und mach dir keine Sorgen. Inzwischen kenne ich Antonio nur zu gut und wage es nicht, auch nur im Geringsten an seinen Worten zu zweifeln. Vertrauensvoll lasse ich den Lamborghini einfach stehen. Nun, wo das geklärt wäre, besteht Antonio darauf, uns höchstpersönlich durch sein feudales Hotel zu führen und uns die für uns reservierte Präsidenten-Suite zu präsentieren. Wow! Es wird schliesslich 15 Uhr nachmittags, bis uns Toni, Antonios Chauffeur und Bodyguard, im Range Rover zum Lunch abholt. Antonio erwartet uns bereits sehnsüchtig in dem ausschliesslich für uns reservierten Nobelrestaurant und lässt gleich mal die Korken knallen. Für den elitären Italiener, der es vom Immobilienhändler in Australien zum angesehensten Bauunternehmer der Gegend gebracht hat, ist es ganz normal, dass ein Restaurant nur für ihn und seine Gäste geöffnet hat. Ebenso normal ist für den Milliardär die Angewohnheit, mindestens zweimal am Tag das Outfit zu wechseln und dabei unbedingt darauf zu achten, dass die Schuhe und die Uhr auch ganz sicher zur exquisiten Kleiderwahl passen. Kennengelernt haben wir den immer aufgestellten und supercoolen ehemaligen Formel-1-Stall-Besitzer vor etwa 7 Jahren im Thailand-Urlaub in Phuket.

Nirgendwo sonst auf der Welt wird das Essen so zelebriert wie hier in Italien, ganz besonders dann, wenn man mit Antonio unterwegs ist. Seit dem frühen Nachmittag werden uns ständig kleine und kleinste Portionen ausgesuchter Spezialitäten wie Prosciutto di Parma, Coppa, Salami, Mortadella, Kaviar und Austern sowie hausgemachte Nudeln mit frischen Trüffeln, Hummer, oder Frutti di Mare serviert. Das Essen köstlich zu nennen wäre die Untertreibung des Jahrhunderts. Freigiebig wird Jahrgangschampagner Dom Perignon ausgeschenkt, als wäre es ganz gewöhnlicher Prosecco. Inzwischen ist es acht Uhr abends und wir sind gerade mal beim Hauptgang angelangt. Serviert wird ein zartes Filet Mignon an deliziöser Trüffelsauce und ein Ende dieser Schlemmerorgie scheint noch lange nicht in Sicht. Gut gelaunt schmiedet Antonio während des Essens Pläne für das morgige grosse Geburtstagsdinner, das er zu meinen Ehren veranstalten will. Dieses solle, wie er sagt, zur absolut unvergesslichen Fete werden. Ich frage mich allerdings, wie der heutige Abend noch zu toppen sein könnte, weiss aber auch, dass Antonios Wege unergründlich sind und absolut keine Grenzen kennen. Währenddessen führt Bodyguard Toni im Auftrag seines Chefs ein wichtig klingendes Telefongespräch. Tonis enttäuschter Miene nach zu urteilen läuft das Gespräch nicht wie erwartet. *«Domani è chiuso»*, morgen ist geschlossen, gibt er Antonio weiter. Antonio lacht, verlangt ganz gelassen nach dem Hörer und bittet uns mit einem Augenzwinkern, ihm zuzuhören. Damit wir verstehen können, was er zu sagen hat, spricht er in gut verständlichem Englisch. In etwa sind die folgenden Worte gefallen: *„Guten Abend Pietro, was höre ich da? Du willst dein Lokal morgen geschlossen halten? Hör zu, neben mir sitzt mein bester Freund, der Präsident der Schweiz mit seiner Gattin. Die beiden sind meine Gäste und morgen feiern wir den Geburtstag des Präsidenten bei dir. Also entscheide dich, ob du morgen offen hast oder für immer schliessen möchtest."* Antonio blinzelt uns erneut zu und meint mit einem siegreichen Lachen: «*Tutto bene!*» Birgit und ich schauen uns gegenseitig an und wissen jetzt gerade nicht, ob wir das für bare Münze nehmen sollen oder nicht. Doch Antonio lacht wieder und beruhigt uns mit den Worten: «*Questa è l'Italia!*», das ist Italien! Andere Länder, andere Milliardäre ☺ Also machen wir uns keine weiteren Gedanken, geniessen den wunderbaren Abend und freuen uns mit Antonio auf den morgigen, überraschungsreichen Tag.

Am späten Nachmittag des **6. August 2000** fährt Antonio in seinem brandneuen, dunkelblauen Rolls Royce Silver Seraph vor und bittet uns hinten Platz zu nehmen. Mit dem allergrössten Vergnügen machen wir es uns im feudalen, mit Conolly-Lederpolstern und dicken Lammfellteppichen ausgestatteten Fond bequem und lassen uns noch so gerne von unserem lieben Freund chauffieren. Während er seinem Bodyguard Toni im vorausfahrenden schwarzen Jeep folgt, schwärmt er von seiner guten Freundin Constanze, die uns im silbernen Mercedes hinterherfährt. «*Sie ist eine weltberühmte, italienische Opernsängerin und ich habe sie speziell für deinen Geburtstag eingeladen, Stephan*», gibt er voller Stolz und Freude bekannt. Wir können fühlen, dass die heutige Überraschung tief aus seinem Herzen kommt, und sind sehr gespannt, was uns erwarten wird. Eine knappe Stunde folgen wir einer immer schmäler werdenden Bergstrasse hinauf in das von unglaublicher Naturschönheit umgebene Abruzzen-Gebirge, bis der kleine Konvoi direkt vor einer winzigen, total abgelegenen Kapelle zum Stillstand kommt. Alle steigen wir aus unseren Autos und folgen Antonio in die Kapelle, wo er ein kurzes, stilles Gebet abhält. Dann geht es zurück in die Fahrzeuge und der Konvoi kommt wieder in Bewegung, bis wir nur wenige Minuten später unser Ziel erreichen. Was hier in der Einsamkeit vor uns auftaucht, lässt uns allerdings aus dem Staunen nicht mehr herauskommen.

Wer kennt nicht den Film DER PATE? In etwa so möchte ich die Gegend mit ihren bestimmt über ein paar hundert Jahre alten, sehr stilvollen, aber nicht protzigen Gebäuden inmitten der Wildnis der Abruzzen beschreiben. Vor dem imposanten Hauptgebäude, das eine Mischung aus Kirche, Ritterschloss und altem Mafiapalast ist, erwartet uns die fein herausgeputzte Crew des vornehmen Etablissements. Inmitten des in Reih und Glied strammstehenden halben Dutzends der ausnahmslos schneeweiss gekleideten Köche, Kellner und sonstigen Beschäftigten sticht ein einziger schwarz gekleideter Mann hervor. Dieser schreitet nun erhobenen Hauptes auf unsere kleine Gruppe zu und begrüsst Antonio ehrfürchtig mit Handschlag, worauf Antonio den Mann herzlich umarmt, ihm auf die Schultern klopft und sich für den grossartigen Empfang bedankt. Nun wendet sich der Mann in schwarz uns zu, begrüsst uns wie wahre Staatsoberhäupter und fordert uns auf, ihm in die verheissungsvollen Gemäuer des Palastes zu folgen.

Die um 8 Meter hohen, massiven und bestimmt hunderte von Jahren alten Holztüren quietschen und knarren und verschaffen uns Eintritt in eine Welt aus einer vergangenen Epoche. Voller Ehrfurcht betreten wir den opulent und herrschaftlich ausgestatteten, einem Rittersaal ähnelnden Raum. Von der unendlich hohen, kunstvoll bemalten Decke schweben etwa zwei Dutzend prächtige

Kronleuchter. Deren hunderte brennende Kerzen erhellen den mystischen Raum auf eine sehr spezielle Art und Weise. Wir sind absolut sprachlos, so etwas kennen wir im besten Fall aus Hollywoodfilmen, aber nicht vom wahren Leben. Doch hier ist alles echt, genauso wie anno dazumal, als sich die Fürsten und Könige noch feiern liessen. Antonio freut's, und während die Hausmarke Dom Perignon serviert wird, stellt er uns seine gute Freundin, die Opernsängerin Constanze, vor. Eine waschechte, liebenswerte Italienerin, welche nicht besser zu unserer Fünfergruppe, bestehend aus Antonio, Toni und uns beiden, passen könnte. Als wir schliesslich an der etwa 20 Meter langen, nur für uns fünf prunkvoll gedeckten Tafel Platz nehmen, fühlen wir uns tatsächlich wie kleine Könige. Und als dann auch noch alle laut «*Happy, happy Birthday, Stephan*» singen, muss ich vor lauter Ergriffenheit direkt mal kurz gegen die Freudentränen ankämpfen. Was für ein schöner Geburtstagsabend.

Doch der Abend hat erst begonnen. Während die Champagnerkorken weiter knallen, bittet man uns zum traumhaft schön hergerichteten Buffet mit einer unvorstellbar verschwenderischen Auswahl an italienischen Wurst-, Käse- und Schinkenspezialitäten. Ganz nach unserer Wahl schneidet das offensichtlich geschulte Personal von Hand hauchdünne Scheiben, von denen wir jede einzelne geniessen. Zwischendurch wird immer mal wieder eine kleine Erfrischung in Form eines Sorbets oder Ähnliches serviert und so geht das um die eineinhalb Stunden weiter. Irgendwann begibt sich Constanze in die Mitte des riesigen Saals und beginnt in bester Opernmanier eine Arie nach der anderen zu singen. Das muss man sich mal vorstellen, eine der berühmtesten Opernsängerinnen Italiens gibt uns zu Ehren ein etwa vierzigminütiges Privatkonzert. Wir danken es der Diva durch minutenlangen Applaus. Plötzlich ertönt eine laute Fanfare und wie von Geisterhand öffnen sich zwei weitere schwere Türen, die den Blick in einen anderen, noch grösseren und noch eindrücklicheren Raum preisgeben.

Eigentlich dachten wir, dass wir uns bereits auf dem Höhepunkt des Abends befänden, doch wie so oft mit Antonio werden wir jetzt eines Besseren belehrt. Wir haben gerade mal die Vorspeise hinter uns, jetzt geht es in diesen prunkvollen, mit purem Gold verzierten königlichen Ballsaal. Das aufmerksame Personal erwartet uns bereits und bittet zu Tisch, wobei königlich dekorierte Festtafel wohl die treffendere Bezeichnung ist. Birgit flüstert mir allen Ernstes zu: *«Sind wir hier bei Cinderella?»* Auch mir fehlen die Worte und beide kommen wir aus dem Staunen nicht mehr hinaus. Es sei nur zu hoffen, dass sich dieses Märchen nach Mitternacht nicht in einen Traum auflöst. Doch keine Angst, alles ist real. Es folgt ein göttliches, aus unzähligen Gängen bestehendes Dinner mit einer Weinauswahl, die sonst nur Königen vorbehalten ist. Bis weit nach Mitternacht wird geschlemmt und gefeiert und als Höhepunkt des Abends geht der heitere Antonio hin, vertreibt den Kellner vom Rechaud und macht sich lustig daran, uns allen höchstpersönlich eine köstliche Crêpe Suzette am Tisch zuzubereiten. Zum Abschluss dieses unvergesslichen und unglaublich schönen Abends überreicht mir Antonio eine Flasche Rotwein meines Jahrgangs 1960 mit den Worten: *«Mein lieber Freund Stephan, diese Flasche soll dich immer an den heutigen Abend erinnern.»*

Übrigens, Antonio wäre nicht Antonio, hätte er nicht organisiert, dass der Lamborghini die ganze Nacht hindurch vor dem Hotel durch Sicherheitsleute bewacht und am Morgen auch gleich noch an Ort und Stelle fein säuberlich von Hand gewaschen wird. Italienisches Dolce Vita all inclusive!

Vielen Dank, lieber Freund Antonio, bis bald mal wieder in Bella Italia …

HAPPY MILLIONÄR

Mein absolutes Lieblingsauto! Lamborghini Countach 5000 S 1981

Kapitel 5

Rocky von Paris

Birgit ist in jeder Beziehung eine Schönheit, innen wie aussen. Ihre positive Lebenseinstellung, ihr ständiges Lachen, die liebevolle und verständnisvolle Art, all das hat mich zu einem rundum glücklichen Menschen gemacht. Birgit ist die Liebe meines Lebens, der mich ständig begleitende Sonnenschein und die Person an meiner Seite, die immer für gute Laune sorgt. Ganz egal wie verrückt meine Ideen auch sein mögen, Birgit ist dabei und das Glück ist mit uns. Nun, wo wir beruflich nicht mehr so stark engagiert sind, ist es an der Zeit, meiner einzigen wahren Liebe etwas zurückzugeben und ihr einen langgehegten Wunsch zu erfüllen.

Seit ich Birgit kenne, träumt sie vom eigenen Hund, am liebsten hätte sie einen Dobermann, ein Wunsch, der auf ihre Kindheit zurückgeht, genauso wie ihre Tierliebe im Allgemeinen. Denn sie wuchs mit Dobermännern aus der eigenen Zucht ihres Vaters auf und verlebte als Kind viel Zeit mit Pferden auf dem nachbarschaftlichen Reiterhof der Familie Lugge im deutschen Essen. Ihre Jugend verbrachte sie vorwiegend mit Reiten und sie nahm auch erfolgreich an nationalen Springreitturnieren teil. Noch heute schwärmt Birgit mit leuchtenden Augen von der damaligen wunderschönen Jugendzeit.

Am allerliebsten würde ich Birgit mit einem Dobermann-Welpen überraschen. Doch das Thema grosser Hund haben wir aufgrund unserer Reisefreudigkeit abgehakt und wir haben uns auf einen kleinen Hund geeinigt. Damit wir unseren Hund künftig auch mit in die Kabine des Flugzeuges mitnehmen können, darf dieser im Maximum 5 Kilogramm wiegen. Damit wären wir dann aber eher bei einem Bonsai-Hündchen als bei einem ausgewachsenen Dobermann angelangt. Doch Birgit wünscht sich nun mal einen Dobermann und diesen Wunsch will ich ihr erfüllen. Nach einigen intensiven Recherchen stosse ich auf eine Züchterin nahe Paris, die kleine kleine Pinscher, züchtet. Von Madame Chevalier erfahre ich, dass es sich bei ihren Hunden tatsächlich um echte kleine Dobermänner handelt, die auch über die exakt dieselben Charaktereigenschaften wie die grossen Tiere verfügen. Nachdem sich die Züchterin darüber vergewissert hat, dass der Hund auch ein wirklich gutes Zuhause bekommt, erklärt sie sich bereit, mir per E-Mail einige Fotos ihrer Hunde zu senden. Als ich Birgit die Bilder zeige, ist sie nicht mehr zu halten und will nun am liebsten sofort so einen süssen, kleinen Hund. Zu unserem Glück wird der nächste Wurf in Kürze erwartet, sodass wir uns mit Frau Chevalier auf einen Abholtermin für Mitte November einigen.

Wie bestellt ist der heutige **14. November 2000** von Glück und Sonne erfüllt, der Flieger nach Paris wartet pünktlich auf uns und das Pariser Hotel lässt keine Wünsche offen. Gut haben wir noch einen Shoppingtag eingeplant, den wir jetzt auskosten wollen. Während wir bei strahlendem Sonnenschein über die Avenue des Champs-Élysées schlendern, die schicken Cafés und Boutiquen bewundern, stossen wir unweigerlich auf das stilvolle Maison Louis Vuitton. Wie von einem Magneten angezogen zieht es Birgit in das riesige Hauptgeschäft der noblen Modekette. Während sich Birgits Interesse vor allem auf das etwas bescheidene Angebot an Hunde-Accessoires beschränkt, schaue ich mich etwas gelangweilt um. Dies allerdings nur so lange, bis mich das wie ein Juwel unter einer Glasvitrine geschützte, rot glänzende Reisegepäck in seinen Bann zieht. Vor allem der minimalistisch angeschriebene Preis in schwindelerregender Höhe weckt mein Interesse. Nun, wo mich eine charmante Louis-Vuitton-Mitarbeiterin darauf anspricht, höre ich gespannt zu, was es über einen unter Glas bewachten, sündhaft teuren, hochglänzenden und knallroten Louis-Vuitton-Trolley zu erzählen gibt. Wenn man der Geschichte der Dame Glauben schenken mag, dann existieren von diesem edlen, handgefertigten Köfferchen weltweit gerade mal 5 Stück, wovon eines der US-Sängerin Madonna gehören und ein anderes im Besitz der Gemahlin des LOUIS-VUITTON-Inhabers sein soll. WOW! Jetzt bin ich aber schon ein wenig beeindruckt! Das wäre jetzt doch genau das richtige, Überraschungsgeschenk für meine Prinzessin. Doch genau in dem Moment, wo ich Mademoiselle bitte, mir das rote Köfferchen zu zeigen, mischt sich doch tatsächlich eine Asiatin ein und bittet ebenfalls darum, das seltene Stück genauer betrachten zu dürfen. Das lasse ich mir natürlich nicht bieten und gebe hier und jetzt ganz klar zu verstehen, dass ich im Begriff bin, das Köfferchen zu erwerben. Mit dem Abschwirren der aufdringlichen Asiatin kommt nun der Geschäftsführer höchstpersönlich hinzu. Unter den kritischen Blicken weiterer Mitarbeiterinnen nutzt dieser nun seinen Schlüssel, um die Glasvitrine zu öffnen. Nachdem das geschehen ist, eilt ein weiterer Mitarbeiter heran und nimmt das rare Stück, geschützt durch seine weissen Wollhandschuhe, mit äusserster Vorsicht aus der Glasvitrine. Zwischenzeitlich sehe ich mich umringt von einem halben Dutzend LOUIS-VUITTON-Mitarbeitern und einigen neugierigen Kunden. Die Situation bereitet mir etwas Unbehagen, sodass ich mich nach Birgit umschaue und sie jetzt herbeirufen möchte. Doch offensichtlich ist auch ihr der Menschenauflauf aufgefallen und sie eilt herbei. *«Was tust du da?»*, will sie erstaunt wissen. *«Ich schaue mir gerade Madonnas Reisegepäck an»*, lache ich amüsiert. Und damit ist mir Birgits volle Aufmerksamkeit sicher. *«Madonnas!?»*, spricht's aus und stürzt sich auf das edle Stück, welches sie nun ganz genau innen und aussen unter die Lupe nimmt. Birgit strahlt und ist nun hin und weg von der schmucken, in rotem Lack glänzenden Exklusivität. Als sie jedoch das Preisschild entdeckt, lächelt sie leicht beschämt und meint: *«Ohh …, das ist wohl doch eher nichts für mich.»* Da bin ich allerdings ganz anderer Meinung und kaufe meinem Liebling die rote Schatztruhe.

Doch was bedeutet schon ein teures Geschenk im Vergleich zu dem grossartigen Ereignis, das uns heute erwartet? Unterwegs mit dem Mietwagen zum Pariser Vorort Fresnes können wir es kaum erwarten, den kleinen Welpen das erste Mal zu sehen. Madame Chevalier persönlich empfängt uns an der Türe des rustikalen Einfamilienhauses und bittet uns hinein in die gute Stube, wo wir auch gleich von glücklichen, herumtollenden und fröhlich bellenden kleinen Hunden begrüsst werden. Man spürt sofort die hier vorherrschende wunderbare Harmonie zwischen Mensch und Tier. Dass die Hunde Frau Chevaliers absolute Leidenschaft sind, bestätigen auch die vielen Weltmeisterpokale, die hier überall massenweise herumstehen. Frau Chevalier will uns nicht lange auf die Folter spannen, holt den winzig kleinen, supersüssen, erst drei Monate alten Welpen und legt ihn direkt in meine Arme. Unerfahren und schüchtern geniesse ich diesen ersten Moment mit unserem kleinen Hund in meinen Armen und liebe den Kleinen von der ersten Sekunde an wie mein eigenes Kind. Birgit, die sich mit Hunden sehr gut auskennt, wendet sich schliesslich liebevoll unserem Baby zu, lässt sich noch ein paar Tipps geben, und nachdem wir auch noch die Mutter des Kleinen und den Rest der Hundefamilie kennengelernt haben, wird es auch schon wieder Zeit, uns zu verabschieden. Zum Abschied überreicht uns Frau Chevalier stolz die Papiere mit hochkarätigem Stammbaum, der den Kleinen als Nachkomme eines Weltmeisterpaares auszeichnet und der uns auch verrät, dass der Name des Rüden mit einem «R» beginnen sollte. Wir halten uns gerne an diese Tradition und taufen den Winzling auf den Namen Rocky.

HAPPY MILLIONÄR

Beim Shoppen in Paris   Mit Rocky bei Madame Chevalier und all ihren Pokalen

Kapitel 6

Happy Lifestyle

Wir geniessen das Privileg, beinahe immer das tun und lassen zu dürfen, worauf wir gerade Mumm haben. Und so zieht es uns auch diesen Winter wieder auf die sonnenverwöhnte Baleareninsel Mallorca. Auf der APPLAUS angekommen stellt sich bald heraus, dass dem kleinen Rocky sein neues Zuhause ausserordentlich gut gefällt. Keine Ecke auf dem Schiff bleibt unentdeckt, und wann immer sich die Möglichkeit bietet, legt sich der Welpe vorne aufs Deck zum Sonnen. Und so feiern wir glücklich und gemeinsam mit unserem neuen Familienmitglied Rocky Weihnachten und Neujahr an Bord der APPLAUS an unserem neuen Liegeplatz im Yachthafen REAL CLUB NAUTICO PALMA.

Anfang **Januar 2001** fällt uns auf der im Winter wenig spannenden Ferieninsel allerdings die Decke auf den Kopf und wir beschliessen spontan eine Reise zu unternehmen. Von Palma aus fliegen wir direkt nach Düsseldorf zu Birgits Eltern, verbringen hier ein paar schöne Familientage und verabschieden uns schon bald wieder in Richtung Flughafen. Schweren Herzens lassen wir unser Baby in Papas Obhut und besteigen in Düsseldorf den LUFTHANSA-Flug nach Miami. In der gemütlichen Business-Class stossen wir mit einem Glas Champagner auf unser gerade beginnendes zehntes gemeinsam glückliches Jahr an.

Im Vergleich zu Mallorca, wo man im Winter mit etwas Glück Frühlingstemperaturen um die 15 Grad erleben darf, ist es hier in Florida mit 25 bis 27 Grad sommerlich warm. Das ist genau unser Ding, denn wir lieben die Wärme und hassen die Kälte. Genauso lieben wir Amerika mit dem hier typischen American Way of Life und davon wollen wir jetzt gleich mal eine Prise erhaschen. In Erinnerung an meine wunderbar autoverrückte Jugendzeit miete ich den grössten verfügbaren Cadillac und gemeinsam cruisen wir easy und happy einige Meilen über den

sechsspurigen Highway in Richtung Norden. Im mondänen Palm Beach parken wir den Caddie an der Worth Avenue, die leicht mit Beverly Hills Rodeo Drive zu vergleichen ist. Hier schlendern wir über die Luxuseinkaufsstrasse an den für die reiche Klientel angepassten und daher eher etwas antiquierten Boutiquen entlang, bis wir ein schattiges Plätzchen für eine erholsame Mittagspause finden. Unter der Sonne Floridas folgen wir jetzt der palmengesäumten A1A dem Atlantik entlang in Richtung Miami.

Auf dieser Traumstrasse wimmelt es nur so von prunkvollen, prächtigen Protzbauten, die den verschwenderischen Luxus von aussen nur erahnen lassen. Genauso wie die unbezahlbaren Villen deuten auch die uns hier in Scharen entgegenkommenden Aston Martin, Rolls Royce, Bentley, Maybach oder Ferrari auf den hier wohl grenzenlos vorhandenen Reichtum hin. All das, was wir hier in aller Selbstverständlichkeit bestaunen dürfen, gehört in den USA genau zu der Normalität, die den vielgelobten American Way of Life ausmacht. Unter anderem eine Ursache, warum es uns hier so gut gefällt. Anders als zuhause leben die coolen Amis im Allgemeinen ein freieres Leben und kümmern sich dabei viel weniger darum, was die anderen Leute von ihnen denken. Dies führt dazu, dass der Neid hier in den USA nicht wie bei uns in der Heimat eine Hauptrolle spielt. In der Hauptsache jedoch fühlen wir uns als Touristen nirgendwo sonst auf der Welt so willkommen wie hier in Florida. Die Einheimischen sind meist sehr aufgeschlossen, höflich und aufgestellt und gegenüber Touristen kennen sie kaum Vorurteile.

Die traumhafte Fahrt über die A1A den Atlantik entlang endet mitten in Miami Beach am berühmten Art Deco District. Nur ein paar Schritte entfernt entdecken wir direkt am Wasser das berühmte Steakhouse SMITH & WOLLENSKY. Während wir uns riesige Steaks servieren lassen, beobachten wir die zum Greifen nah an uns vorbeirauschenden Kreuzfahrtschiffe. Mit dem vorläufigen Ende unseres Floridatraums eröffnet sich jetzt der Traum einer fantastischen Karibik-Kreuzfahrt.

Von unserer Balkonkabine aus beobachten wir interessiert die Ausfahrt mit der ZENITH aus Fort Lauderdales Kreuzfahrthafen Port Everglades. Die 11-tägige

Kreuzfahrt in die südliche Karibik verspricht Stopps in Venezuela, Curaçao, Grenada, Martinique, Antigua und in San Juan auf Puerto Rico. Soweit als möglich wollen wir uns alle Yachthäfen auf dieser Reise anschauen, denn irgendwann einmal, so unser Traum, möchten wir die Karibik mit der eigenen Yacht entdecken. Deshalb verzichten wir auch auf die von der Reederei angebotenen Tagesausflüge und nehmen nach jedem Anlegen im Hafen gleich mal ein Taxi, mit dem wir uns direkt zum nächsten Yachthafen fahren lassen. Dies ermöglicht uns einen ersten Eindruck von der Welt der Yachties in diesem Teil der Welt.

Diese Art von Ausflügen klappt überall wunderbar, mit Ausnahme von Caracas, der absolut nicht sicheren Hauptstadt Venezuelas. Ausgerechnet hier bleibt uns nichts weiter übrig, als uns einer dieser geführten Touren anzuschliessen. Als totaler Sicherheitsfanatiker, der normalerweise niemals einen Bus, einen Kleinwagen, ein Kleinflugzeug oder einen Helikopter besteigen würde, muss ich mich tatsächlich überwinden, in einen Reisecar einzusteigen. Dies allerdings auch erst nachdem ich die riesigen Rostlöcher an den absolut verkehrsuntauglichen VW-Käfer-Taxis entdeckt habe.

Je weiter hoch die Fahrt über die steile und kurvige Strasse hinauf in das immerhin um die 900 Meter hoch gelegene Caracas führt, desto mehr überkommt mich die Angst, hier wieder heil runterzukommen. Die einzige Sehenswürdigkeit von Caracas ist die nicht unbedingt sehenswerte Militärparadestrasse und die ist dann auch rasch besichtigt, sodass es zeitig wieder zurückgehen soll. Doch zu meinem grossen Schock heisst es plötzlich, unser Bus sei infolge einer Panne ausser Betrieb. Uff ... das ist krass, da habe ich mich doch schon ein wenig mit der Situation abgefunden und jetzt das. Eine knappe Stunde dauert es, bis wir endlich in den wenig Vertrauen erweckenden Ersatzbus einsteigen dürfen. Ich dränge mich vor und setze mich gemeinsam mit Birgit in die vorderste Reihe direkt beim Ausgang und neben dem Fahrer. Noch bevor die Fahrt losgeht, besteche ich den Chauffeur mit zwanzig US-Dollar und bitte ihn darum, unbedingt ganz langsam den steilen Berg hinunterzufahren. Zu meiner Freude hält sich der Fahrer exakt an meine Anweisung, und zwar so strikt, dass er die gesamte Strecke im Schneckentempo zurücklegt. Sogar dann, als sich einige Passagiere über den langsamen

Fahrstil des Chauffeurs lautstark beschweren, lässt sich dieser nicht beirren und bringt uns sicher zurück zum Schiff. Seine Freude über einen weiteren Zustupf zeigt uns der Venezolaner schliesslich mit einem zufriedenen Grinsen.

Ansonsten verläuft die traumhafte Seereise durch die Karibik ohne nennenswerte Zwischenfälle. Neben aussergewöhnlich vielen fantastischen Eindrücken erleben wir auch zahlreiche kulinarische Höhepunkte an Bord und diese sind schliesslich auch schuld daran, dass wir beim Verlassen des Kreuzfahrers in Fort Lauderdale einige Kilo mehr wiegen als zuvor.

Auch wenn wir schon ein Dutzend Mal in Las Vegas waren, so hält uns das nicht davon ab, auch bei diesem Amerikatrip einen Abstecher in die leuchtende Spielermetropole zu unternehmen. Ganz im Gegenteil, nirgendwo sonst auf der Welt haben wir so viel Spass und können so gut abschalten wie hier in Vegas. Wieder einmal hat unsere liebe Freundin Arna alles top organisiert. Kaum bei der Gepäckausgabe angekommen entdecken wir einen ganz in schwarz gekleideten und mit dunkler Sonnenbrille getarnten Gentleman, der ein Schild mit unseren Namen in die Höhe hält. Nach einer typisch lässig-amerikanischen Begrüssung folgen wir dem Fahrer mit einem Gepäckträger im Schlepptau zu seiner Limousine. Mit den Worten *«Please enjoy yourself!»* bittet uns der coole Ami an Bord seiner hochglänzend schwarzen und unendlich langen Stretchlimousine. Nachdem er uns eine kalte Erfrischung angeboten hat, widmet er sich dem Gepäck, das er nun mit aller Gewalt in den für das riesige Auto eher winzigen Kofferraum zu verstauen versucht. Nur zu froh darüber, dass wir unser wertvolles Louis-Vuitton-Handgepäck zuvor bereits zu uns in den Fahrgastraum genommen haben, können wir kaum glauben, was der Mann da veranstaltet. Mehrmals versucht er die vier grossen Koffer erfolglos in den Kofferraum zu quetschen. Beim dritten Versuch will ich ihm meine Hilfe anbieten, doch der professionelle Driver fühlt sich in seiner Ehre gekränkt und besteht darauf, seinen Job selbst zu erledigen. Irgendwie schafft er es dann doch, alle vier Koffer im Kofferraum zu verstauen, doch soviel er sich auch bemüht, der Kofferraumdeckel lässt sich einfach nicht schliessen. The Man in Black lässt sich natürlich nichts anmerken und beginnt nun ganz cool damit, den Kofferraumdeckel mit zahlreichen bunten Spanngurten zu sichern. Und so kommt es, dass wir mit der noblen, schwarzen Limousine ähnlich wie mein Grossvater anno dazumal in guter alter Markthändler-Manier mit halb geöffnetem Kofferraum über den Las Vegas Strip direkt zum CEASARS PALACE gefahren werden. Hier erwartet uns Arna bereits im VIP Room und verwöhnt uns zur Begrüssung mit Champagner- und Kaviarhäppchen.

Wie gewöhnlich in der Spielerstadt halten wir uns kaum in unserer super Suite auf und vergnügen uns lieber im Casino an den Black-Jack-Tischen, wo wir uns die Bonuspunkte erspielen, die uns schliesslich den 10-tägigen Aufenthalt in dieser Traumwelt finanzieren sollen. Daneben nutzen wir aber auch die Zeit für ausgiebige Spaziergänge über den Strip, Erkundungstouren durch andere Casinos, kulinarische Freuden und nicht zu vergessen für Besuche bei Sigfried und Roys berühmter Weisse-Tiger-Show und bei Magier David Copperfield. We love Vegas!

HAPPY
MILLIONÄR

Mit Rocky auf der APPLAUS in Palma

Weihnachtsessen mit meiner Prinzessin

Bei einem Rolls-Royce-Bentley-Händler in Fort Lauderdale   Beim Check-in zur Karibikkreuzfahrt mit CELEBRITY CRUISES

Unterwegs in der Karibik mit der ZENITH   Birgit, meine Traumfrau

Verliebt auf der ZENITH   Vor dem CEASARS PALACE Las Vegas

Kapitel 7

Das kommt mir spanisch vor

Las Vegas, Florida, Karibik hin oder her, uns fehlt der kleine Rocky. Nach einem Monat auf Reise fliegen wir **Anfang Februar 2001** von Las Vegas aus direkt nach Düsseldorf und von dort mit unserem süssen, kleinen Hund weiter nach Palma. Zurück auf der APPLAUS freut sich Rocky so sehr auf sein Zuhause, dass er erstmal einige Runden mit Vollgas um das Schiff rennen muss. Damit ist nicht nur Rocky wieder zuhause, auch wir sind wieder daheim angekommen. Zwar befinden wir uns noch inmitten eines nicht gerade milden Winters auf Mallorca, doch das vermag mich nicht davon abzuhalten, unseren ersten grossen Törn mit der APPLAUS zu planen. Dass es zu dieser Jahreszeit auf der Insel sehr kalt werden kann, ist nichts Ungewöhnliches. Ebenso ist das Mittelmeer für extreme Winterstürme in Orkanstärke bekannt und für bis zu 8 Meter hohe Wellen berüchtigt. Als ehemaliger Segler kenne ich mich mit den vorherrschenden Winden gut aus und verfolge daher auch immer ganz genau den Seewetterbericht. Zu einer guten Seemannschaft gehört natürlich auch ein tadellos gewartetes Schiff und deshalb kommt die 40 Tonnen schwere APPLAUS jetzt auch erstmal aus dem Wasser. Im Trockendock bekommt sie jetzt einen neuen Unterwasseranstrich.

Anfang März 2001 ist es dann endlich so weit. Laut Seewetterbericht soll sich das Meer in den nächsten Tagen von der freundlichen Seite zeigen. Wir nutzen die Gunst der Stunde, lösen frühmorgens bei Sonnenschein und milden Temperaturen die Leinen und verlassen den Hafen von Palma bei kompletter Windstille in Richtung offenes Meer. Unser heutiges Ziel ist das um die 140 Seemeilen*, knapp 260 Kilometer entfernte Alicante am Festland Spaniens. Bei einer durchschnittlichen Reisegeschwindigkeit von um die 17 Knoten** sollte die Überfahrt in maximal 9 Stunden zu bewältigen sein. Im gut beheizten Salon habe ich von meinem bequemen Kapitänsstuhl aus den Bug meiner Yacht stets fest im Blick. Während die Steuerung der Yacht längst der Autopilot übernommen hat, serviert Birgit das liebevoll zubereitete Frühstück bestehend aus Kaffee und warmem Schinken-Käse-Toast. Mit dem Verlassen der weitläufigen Bucht von Palma bekommen wir nach der Umrundung des Cap de Cala Figuera dann allerdings doch noch wie erwartet den angesagten kräftigen Westwind zu spüren. Das Meer wird rau und die Fahrt zunehmend ungemütlicher, so sehr, dass ich mich auf der Höhe von Ibiza entscheide, den nächsten Hafen anzulaufen. In dem während der Sommersaison stets überfüllten Yachthafen Marina Botafoch finden wir auf Anhieb einen Liegeplatz und sind nun sehr froh, die doch ziemlich ungemütliche Überfahrt unterbrochen zu haben.

Wie gewöhnlich begebe ich mich vor und genauso auch nach jeder Fahrt zwecks kurzen Checks in den Motorenraum. Dabei werfe ich auch immer noch einen zusätzlichen Blick in den separaten Ruderraum im Heck des Schiffes. In der Bilge unterhalb der Steueranlage entdecke ich eine nicht unwesentliche Menge Wasser, das hier keinesfalls sein darf. Als Erstes erscheint es mir als das Wichtigste herauszufinden, ob es sich um Süss- oder um Salzwasser handelt. Süsswasser wäre das geringere Übel, denn dieses kann ja nur vom Trinkwassertank kommen. Salzwasser hingegen wäre ein Indiz für ein Leck und bedeutet in der Regel den Katastrophenfall. Ich mache den Test, indem ich ganz einfach ein wenig des Wassers koste, und tatsächlich schmeckt das Wasser salzig. «*Wir haben ein Leck!*», rufe ich erschrocken zu Birgit hoch. Sie eilt mir sofort zu Hilfe und gemeinsam beginnen wir das Wasser von der Bilge zu entfernen und alles fein säuberlich zu trocknen. Gott sei Dank können wir auf den ersten Blick keinen direkten Wassereinbruch feststellen und lassen es deshalb für heute gut sein, wollen aber morgen unbedingt der Ursache auf den Grund gehen. In Ibiza Stadt stossen wir abends auf eine rustikale Kneipe, die uns eine so sensationelle Paella serviert, dass wir unseren Ärger für den Rest des Tages glatt vergessen.

Meine spätere Nachtruhe wird dann allerdings aufgrund mehrmaliger Kontrollgänge zum Ruderraum massiv gestört. Am folgenden Morgen begebe ich mich noch vor dem Frühstück erneut in den Ruderraum, um dem Problem auf den Grund zu gehen. Nun, wo ich entdecke, dass sich über Nacht zwar wieder etwas Salzwasser angesammelt, dieses jedoch nur in kleinster Menge vorhanden ist, macht sich Erleichterung breit. Ich habe eine Vermutung und bitte Birgit den Autopiloten zu betätigen, während ich mich in den engen Ruderraum zwänge, um die Bewegungen der beiden Ruderschäfte genau zu beobachten. Und tatsächlich entdecke ich bei dem sich durch den Autopiloten bewegenden Ruderschaft an Steuerbord ein Leck, aus dem es zwar geringfügig, aber stetig tröpfelt. Damit lässt sich die gestrige Wasseransammlung erklären, und zwar so, dass der Autopilot wegen des starken Seegangs gezwungen war, ununterbrochen zu arbeiteten, worauf die Polyesterummantelung um den Ruderschaft irgendwie undicht geworden sein muss. Das ist zwar überhaupt nicht gut, erscheint mir jetzt aber nicht so bedrohlich wie zuerst angenommen. Den Plan, das Schiff sofort aus dem Wasser zu nehmen, verwerfe ich deshalb wieder und ich entscheide mich für eine vorsichtige Überfahrt bei ausschliesslich ruhigem Wetter nach Alicante. Dort allerdings muss die Yacht sofort in die Werft.

In der Zeit, wo wir auf gutes Wetter warten, mache ich mich an die Notreparatur mit handelsüblichem Zwei-Komponenten-Epoxidharz und flicke die betroffene Stelle so gut als möglich. Dann warte ich einen ganzen Tag ab, zwänge mich erneut in den Ruderraum, und während Birgit den Autopiloten fleissig arbeiten lässt, überprüfe ich die Reparatur auf Dichtigkeit. Nach einer intensiven Stunde bin ich mir sicher, keinen einzigen Tropfen Wasser mehr zu entdecken. Es bleibt trocken, die provisorische Reparatur scheint zu halten. Trotzdem starte ich die beiden Dieselmotoren am folgenden Morgen mit einem etwas mulmigen Gefühl, steuere die APPLAUS in das offene Meer hinaus und nehme Kurs auf das knapp 100 Seemeilen* entfernte Alicante. Wegen des strahlend sonnigen Wetters mit angenehmen Temperaturen um die 15 Grad wollen wir die etwa sechsstündige Überfahrt zum Festland oben auf der Flybridge verbringen. Dass wir uns dabei wegen des doch ziemlich kalten Fahrtwindes ganz schön warm einpacken müssen, nehmen wir gerne in Kauf, vor allem auch deshalb, weil sich das Mittelmeer heute beinahe spiegelglatt präsentiert. Aus gutem Grund verzichte ich gänzlich auf den Einsatz des Autopiloten, steuere die Yacht von Hand und überzeuge ich mich jede halbe Stunde davon, dass der Ruderraum auch sicher trocken ist. Und so soll es auch bleiben, bis wir am späten Nachmittag die grosse Mole von Alicante hinter uns lassen und erleichtert den Yachthafen ansteuern.

In der MARINA ALICANTE legen wir direkt am Schwimmsteg der Tankstelle an. Dem freundlichen Hafenmeister erkläre ich kurz unser Problem und bitte ihn um seinen Rat bei der Suche nach einer entsprechenden Fachwerkstatt. Der Mann gibt sich zuversichtlich, zeigt auf das gegenüberliegende riesige Werftgelände und verspricht mir, bis morgen die nötigen Mechaniker zu organisieren. Schliesslich lässt er uns sogar noch über Nacht an der Tankstelle liegen, das nenne ich einen tollen Service, der mir für einmal gar nicht spanisch vorkommt. Wir sind gerade am Frühstück, als zwei Männer in blauen Overalls mit ihrem Werkstattboot anlegen, uns freundlich zuwinken und wissen wollen, wie sie uns behilflich sein können. Nach kurzer Begutachtung steht fest, dass das Schiff nun wie befürchtet aus dem Wasser muss.

Kurz darauf pilotiere ich die APPLAUS behutsam durch das riesige Werftgelände, um dort schliesslich mit dem Bug voran in die Box zu fahren, wo der Kran bereits auf uns wartet. Ohne weiteres wird mein 40-Tonnen-Schiff in Rekordzeit aus dem Wasser gehievt, an einen Stellplatz gebracht und mit schweren Holzklötzen stabilisiert. Im Trockendock lässt sich der Schaden natürlich viel besser begutachten und so dauert es auch gar nicht allzu lange, bis die beiden Mechaniker sich über die Ursache und die nötigen Schritte einig sind. Vor allem der ältere scheint ein Profi auf seinem Gebiet zu sein und erklärt mir jetzt in aller Ruhe das Problem. Dabei kommt heraus, dass es sich bei der Art und Weise, wie die beiden Ruderschäfte verbaut wurden, seiner Ansicht nach eindeutig um einen Konstruktionsfehler handelt. Die Möglichkeit einer Reparatur sei zwar gegeben, aber wenn ich das korrekt gemacht haben will, dann empfiehlt mir der Profi unbedingt eine Totalsanierung. Dafür müssten allerdings erst beide Ruderschäfte demontiert werden, um dann in der Folge einer kompletten Neukonstruktion wieder eingebaut zu werden. Dadurch, dass mir der Spanier aufgrund seines beeindruckenden Fachwissens alles sehr plausibel erklären kann, zweifle ich nicht am Können der beiden und gebe die sehr teure Reparatur in Auftrag. Mindestens eine Woche sollen die Arbeiten dauern, und da ein Leben an Bord im Trockendock nicht möglich ist, kommt Plan B zum Zug. Wir packen die Koffer, mieten das erstbeste Auto und begeben uns auf Tour kreuz und quer über das Festland der Costa Blanca. Dabei erleben wir mit Rocky eine besonders schöne Zeit, welche die Woche in Windeseile verstreichen lässt.

Zurück im Werftgelände treffen wir auf eine frisch gewaschene, blitzblank saubere APPLAUS, die in den Tragegurten des Krans nur noch darauf wartet, wieder eingewassert zu werden. Enthusiastisch starte ich die Motoren und steuere die APPLAUS mit den beiden Mechanikern an Bord durch den Hafen Alicantes für eine ausführliche Probefahrt ins Meer hinaus. So wie es zu erwarten war, verläuft diese äusserst befriedigend, sodass ich jetzt wieder Kurs auf die MARINA ALICANTE nehmen kann. Glücklich und zufrieden parke ich unser Schiff in den uns zugewiesenen Liegeplatz, wo wir endlich den sonnigen und im Vergleich zu Mallorca doch bedeutend milderen Winter an der Costa Blanca geniessen können.

Doch die Reiselust drängt und lässt uns bereits **Mitte März 2001** wieder die Leinen lösen, um ohne bestimmtes Ziel in nördliche Richtung in See zu stechen. Trotz frühlingshaft warmen Traumwetters mit Temperaturen um die 20 Grad begegnen wir auf unserem gesamten Törn keiner einzigen Yacht und auch in den zahlreichen kleineren und grösseren Häfen entlang der Küste treffen wir kaum auf Touristen. Uns allerdings könnte das so besser nicht gefallen, sich das Meer mit nur ein paar Fischern teilen zu müssen verleiht der Reise doch erst den richtigen Hauch von Abenteuer. Und genau um uns dieses besondere Gefühl von Abenteuer aufrechtzuerhalten, vermeiden wir nach Möglichkeit auch immer den Aufenthalt in Marinas und suchen uns lieber einen freien Liegeplatz zwischen Fischkuttern in den öffentlichen Häfen. Sollte mal gar kein Platz frei sein, dann legen wir uns einfach längsseits an einen Fischkutter, worüber sich die ausnahmslos freundlichen Fischer freuen, die uns auch gerne beim Anlegen behilflich sind. Meistens tauschen wir Schweizer Schokolade oder ein echtes Schweizer Sackmesser gegen frischen Fisch, den Birgit dann gleich in die Pfanne haut. Eine gute Entschädigung dafür, dass man, um an Land zu kommen, umständlich über den Fischkutter klettern muss und pünktlich um 5 Uhr morgens durch die lauten Dieselmotoren der Fischer aus den Federn geworfen wird. Dann nämlich beginnt der strenge Arbeitstag der Fischer, die jetzt blitzartig auslaufen wollen und erwarten, dass wir den Liegeplatz nun sofort verlassen. Ja, so ein Yachtleben, das ist lustig, und wenn man es richtig lebt, dann hat das auch recht wenig mit Schickimicki zu tun.

Von einem fantastischen Sonnenaufgang motiviert nutzen wir die Gunst der Stunde und begleiten die Fischerflotte am frühen Morgen auf das noch spiegelglatte Meer hinaus. Anders als die hart arbeitenden Männer nehmen wir es gemütlich und lassen den Autopiloten die Yacht steuern, während wir uns erstmal ein ausgiebiges Frühstück schmecken lassen. Nach einigen Stunden erkennen wir schon von weitem eine Halbinsel, auf deren Hügel eine mittelalterliche Burg thront. Der Blick auf den Kartenplotter bestätigt den Ort Peñíscola als unser nächstes Ziel. Ich nehme direkten Kurs auf den Hafen der Stadt, deren Geschichte bis ins Jahr 1000 vor Christus zurückgeht, und je mehr wir uns nähern, desto eindrücklicher kommt die Schönheit dieses geschichtsträchtigen Ortes zum Vorschein. Spätestens bei der Liegeplatzsuche im Hafen wird klar, dass wir inmitten einer Touristenhochburg gelandet sind. Uns soll's recht sein, endlich ist wieder mal etwas los. Dasselbe denken sich wohl auch die zahlreichen Touristen, die sich gerade in Scharen am Stadt-Quai versammeln, um sich unser Anlegemanöver nicht entgehen zu lassen. Nach drei Nächten wird es für uns Zeit, das wunderschöne Peñíscola wieder zu verlassen und uns nach einem wunderbaren spanischen Winter wieder auf den Heimweg in Richtung des etwa 120 Seemeilen* entfernten Palma de Mallorca zu machen. Die Nonstop-Überfahrt bei absolutem Traumwetter dauert gerade mal sechseinhalb Stunden und so erreichen wir unseren Heimathafen Palma noch vor Sonnenuntergang.

Um dem grossen Osterandrang auf Mallorca zu entfliehen, setzen wir uns frühzeitig in den Flieger in die Heimat und konzentrieren uns hier auf die bevorstehende Messe-Frühlingssaison. Nach diesem wohltuend sonnenverwöhnten Winter gehen wir mit Leichtigkeit an die Arbeit. Unsere gute Laune überträgt sich auf unsere Mitarbeiter sowie auch auf unsere Kundschaft, die das offensichtlich zu schätzen weiss, denn die Geschäfte laufen hervorragend.

Während wir an der Berner Landwirtschaftsmesse BEA im **Mai 2001** erfolgreich sind, beginnen daheim die Bauarbeiten an unserem bodenständigen Einfamilienhaus, das zur Traumvilla umgebaut werden soll. Die Entscheidung für diesen ganz nach unseren Wünschen, sehr individuell geplanten Totalumbau ist bereits vor

Monaten gefallen. Den Start der Bauarbeiten haben wir bewusst so geplant, dass wir uns nach der BEA für den Sommer auf die APPLAUS verziehen können.

Eine so grosse Portion Sommer auf der APPLAUS wollen wir bis zum letzten Sonnentag ausnutzen und dabei möchten wir die Balearen so genau auskundschaften wie nie zuvor. Dabei sollen keine Insel, keine Bucht und kein Hafen unentdeckt bleiben. Nachdem wir Mallorca einmal ganz umrundet und dabei längere Stopps in der Cala Figuera und im Hafen von Cala Ratjada eingelegt haben, steuern wir Anfang Juni von Pollença aus die Nordseite Menorcas an. Hier landen wir in einer unbewohnten, von allen Winden gut geschützten Bucht von unbeschreiblicher Schönheit und finden so ganz überraschend das letzte Paradies der Balearen. Über dem glasklaren, türkisblauen Wasser lassen wir den Anker in den Sandgrund fallen und geniessen hier das süsse Nichtstun, solange es uns gefällt. Irgendwann im September geht dieser traumhafte **Sommer 2001** dann aber auch für uns zu Ende.

Daheim in der Schweiz erwartet uns dagegen nichts als Ärger mit den Bauarbeiten unserer vermeintlichen Traumvilla. Hier ein Fenster, das da nicht hingehört, dort eine Gartenmauer, die so nicht bewilligt wird, und ein Sternenhimmel, der plötzlich dreimal so viel kosten soll wie offeriert – dies sind nur wenige Beispiele dafür, dass sich der anfängliche Traum von der Villa mit Pool und Palmen so langsam aber sicher in Richtung Alptraum zu entwickeln droht. Das, was sich die Leute vom Bau so alles einfallen lassen oder halt eben nicht, strapaziert meine Nerven dermassen, dass ich vom frischen Nichtraucher ganz zum Verdruss meiner Frau wieder zum Raucher werde.

Abhilfe und den nötigen Abstand zum Chaos auf der Baustelle verschaffen uns die beginnende Messe-Herbstsaison und die damit verbundenen Hotelaufenthalte in Lausanne und St. Gallen. Auch wenn sich weiterer Ärger nicht vermeiden lässt, findet auch dieser Schrecken ein Ende. Mit dem Bezug unserer Traumvilla Anfang **Dezember 2001** freuen wir uns nicht nur über unsere neue luxuriöse Bleibe, sondern auch darüber, dass ich nun endlich doch noch zum definitiven

Nichtraucher geworden bin. Dennoch bleibt die wahre innerliche Freude über das vermeintliche Traumhaus zumindest von meiner Seite her aus. Trotz beheiztem Aussenpool, des Sternenhimmels im Esszimmer, der Philippe-Starck-Badezimmer und luxuriösen Fahrzeugparks hält es mich nicht allzu lange in der Schweiz. Direkt nach der familiären **Weihnachtsfeier 2001** dränge ich zum Abflug, mache den Pool winterdicht und weg sind wir. Mein Schiff, mein Traum, mein Glück.

Auf der APPLAUS fühle ich mich wie ausgewechselt und bin mit Birgit und Rocky an meiner Seite bereit für neue Seeabenteuer. Wir verlieren keine Zeit, nutzen das milde Wetter aus und überqueren **Anfang Januar 2002** von Palma aus das Mittelmeer in einem Nonstop-Törn bis Denia an der Costa Blanca. Hier treffen wir uns mit Schweizer Freunden und cruisen dann ganz ohne Zeitdruck und unter ständiger Beobachtung des Seewetterberichtes die Küste entlang in Richtung Süden. Knapp vor Málaga besuchen wir alte Seglerfreunde, die wir aus Mallorca kennen, und lassen die APPLAUS schliesslich im gut geschützten Yachthafen der MARINA DEL ESTE für ein paar Tage stehen. Von hier aus fahren wir mit dem Mietwagen bis nach Gibraltar und zurück. Das teils schon sommerliche Wetter, die traumhafte Gegend Andalusiens, der Yachthafen von Marbella, das Bergdorf Ronda und nicht zuletzt Granada mit der eindrücklichen Alhambra machen uns jetzt definitiv zu Spanien-Fans. Ein Grund für uns, die APPLAUS im Yachthafen von Alicante zurückzulassen und direkt von hier aus in die Schweiz zurückzufliegen.

Nach jedem langen Urlaub scheint unsere Arbeitslaune immer besser zu werden. Motiviert wie nie zuvor stellen wir uns der diesjährigen Frühlings-Messesaison. Zufälligerweise gehört die nur alle paar Jahre in der Schweiz stattfindende internationale Hundeschau IHA 2002 in St. Gallen auch dazu. So ganz nebenbei meldet sich Birgit mit Rocky zur Teilnahme am Wettbewerb an und unglaublicherweise stiehlt Rocky allen die Show. Der Kleine wird am **26. Mai 2002** zum grossen Champion gekürt und macht Birgit zur stolzesten und glücklichsten Hundemama der Welt.

Im heissen **Sommer 2002** geht uns unser Traum vom süssen Leben auf der AP-PLAUS in die nächste Runde. Dieses Mal geht's mit der APPLAUS direkt nach Ibiza, wo wir die meiste Zeit dieses märchenhaft schönen Sommers verbringen. Wie gewöhnlich vergeht die Zeit wie im Fluge und schon bald stehen wir wieder zufrieden und aufgestellt unserer Kundschaft zur Verfügung.

In Ausnahme zu den vorhergehenden Jahren ergibt sich während der Basler Herbstmesse ein ganz besonderes Vorhaben. Die übliche 14-tägige Messepause von **Mitte November 2002** wollen wir dafür nutzen, die APPLAUS von Palma nach Alicante zu überführen. Direkt nach Beendigung der Messe fliegen wir nach Palma, warten ein paar Tage auf einigermassen gutes Wetter und starten dann frühmorgens zur Überfahrt, die sich dann doch viel weniger komfortabel herausstellt als gewünscht. Für den Traum eines neuerlichen Abenteuertörns die spanische Küste entlang bis nach Nordafrika nehmen wir die etwas raue Überfahrt aber gerne in Kauf. So sind wir mit Alicante unserem Ziel doch schon mal sehr viel näher und wer weiss, ob der Januar diese Überfahrt überhaupt noch zugelassen hätte.

HAPPY
MILLIONÄR

*1 Seemeile = 1.85 km   **10 Knoten = 18.50 km/h   ***10 Beaufort / Windstärken = 89 bis 102 km/h

Ankunft in Ibiza

Einfahrt in den grossen Hafen von Alicante

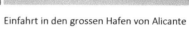

Die APPLAUS in der Werft von Alicante

Wir zwei in der Marina von Alicante

Crew Birgit bereit zum Anlegen in Peñíscola

Birgit und Rocky mit frischem Fisch von den Fischern

Die Villa, die nicht zu unserem Traumhaus wurde

Internationale Hundeshow St. Gallen 2002   Stolze Birgit mit Vize-Champion Rocky

 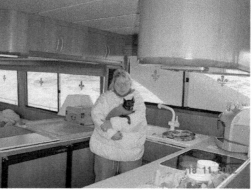

Ungemütliche Überfahrt von Palma de Mallorca an die Costa Blanca im Herbst 2002

Kapitel 8

Abenteuer Nordafrika

Statt wie gewohnt in Palma landet unsere Maschine an diesem vorletzten Tag des alten Jahres 02 in Alicante. Von der winterlich kalten Schweiz kommend freuen wir uns hier über das frühlingshafte Wetter bei strahlendem Sonnenschein. In der Silvesternacht halten wir uns, schon dem kleinen Rocky zuliebe, von sämtlicher Knallerei und jeglichem Feuerwerk fern. Ganz nach Schweizer Tradition feiern wir mit einem Fondue Chinoise und einer Flasche Champagner, an Bord unseres Traumschiffes, in das **neue Jahr 2003** hinein.

Nach einer besonders strengen Herbstsaison brauchen wir jetzt erstmal etwas Erholung und geniessen die absolute Ruhe an Bord der APPLAUS. So gut es uns an unserem Liegeplatz in der MARINA ALICANTE auch gefällt, so sehr können wir unser nächstes grosses Abenteuer kaum erwarten. Doch zuvor sind diverse wichtige Vorbereitungen nötig, die man auf keinen Fall vernachlässigen sollte. Abgesehen davon, dass das Schiff komplett auf seine Funktionalität durchgetestet wird, gilt es die Sicherheitsausrüstung zu überprüfen, verschiedene Routen auf dem Plotter festzulegen, uns wettermässig auf dem neuesten Stand zu halten und nicht zuletzt das Schiff mit genügend Proviant zu beladen. Erst wenn das alles erledigt ist, heisst es den richtigen Moment abwarten, um dann die im Winter nicht ganz ungefährliche Seereise in den Süden bis Nordafrika in Angriff zu nehmen. Doch das soll noch eine Weile dauern, denn obwohl hier im Yachthafen kaum etwas zu spüren ist, zwingt uns das draussen auf See herrschende ziemlich stürmische und unsichere Wetter zum Abwarten. Der sonst beinahe grenzenlosen Freiheit mit der eigenen Yacht lässt sich in diesem Fall nur mit viel Geduld entgegensteuern. Gerade im Winter kann es Wochen dauern, bis sich das Meer auf ein Niveau beruhigt, das es wieder befahrbar macht. Das Auslaufen der Fischer ist meist das beste Zeichen dafür, dass sich das Wetter bessert. Auch wir halten uns daran und fassen am **13.**

Januar 2003 schliesslich trotz nur mittelmässig guten Seewetterberichts den Entschluss, den sicheren Hafen am folgenden Morgen zu verlassen.

Auf Birgits Kommando *«Alle Leinen los!»* lege ich die Gänge ein und steuere die APPLAUS mit dem Sonnenaufgang durch den weitläufigen Hafen von Alicante ins offene Meer hinaus. Während ich als Kapitän auf der Flybridge entspannt meinen Kaffee geniesse, muss die Crew an Deck wahre Schwerstarbeit verrichten. Und so bleibt es ganz alleine an Birgit hängen, all die schweren Fender und die vielen Leinen nach dem Ablegen wieder zu verstauen. Mein Schatz macht das allerdings voller Leidenschaft und mit der Leichtigkeit eines echten Profis. Zweifellos sind wir ein eingespieltes Team, das es liebt, gemeinsam auf dem Meer herumzuschippern. Heute allerdings soll unsere grosse Liebe zum Meer gleich mal auf die Probe gestellt werden. Sofort nach dem Passieren der kleinen, vor Alicante liegenden Insel Tabarca bläst uns ein kräftiger und vor allem auch eiskalter Wind direkt auf die Nase. Die über die Flybridge fliegende Gischt der immer höher werdenden Wellen zwingt uns in den Salon. Hier lässt sich die Yacht vom zweiten Steuerstand aus allerdings bequem navigieren. Das Wetter bereitet uns aber so viel Sorge, dass wir bereits nach wenigen Stunden nach einem sicheren Hafen Ausschau halten. Doch je länger wir durchhalten, desto mehr klart es auf und um die Mittagszeit herrscht plötzlich das schönste Wetter. Warm verpackt geniessen wir den Rest des Tages wieder oben auf der Flybridge. Abends finden wir in einem kleinen, gemütlichen Hafen einen sicheren Liegeplatz längsseits an der öffentlichen Mole inmitten einer Fischerflotte. Die sich über die weit und breit einzige Yacht wundernden Fischer zeigen sich spendierfreudig, sodass das Nachtessen nun auch schon feststeht.

Den Wecker für den nächsten Morgen brauchten wir erst gar nicht zu stellen, Punkt halb sechs lassen uns die laut knatternden Dieselmotoren der Fischereiflotte aus dem Bett fallen. Uns soll's recht sein, denn wir haben uns fest vorgenommen, das gute Wetter auszunutzen und täglich von Sonnenaufgang bis Sonnenuntergang möglichst zügig unterwegs zu sein. Tapfer finden wir uns mit der verfrühten Tagwache ab und verlassen den Hafen mit den Fischern noch vor Sonnenaufgang. Während Birgit das Frühstück zubereitet, gebe ich Gas und ziehe mit der APPLAUS flott an den Fischern vorbei. Mit rassigen 18.5 Knoten** gleiten wir in Richtung Süden und erleben wenig später einen schon beinahe kitschigen Sonnenaufgang. Dieses einmalige Erlebnis in Verbindung mit der Schönheit des Meeres weckt in uns den Ehrgeiz, das Ziel Marokko raschestmöglich zu erreichen. Und so schaffen wir es bereits an unserem zweiten Reisetag bis zur MARINA DEL ESTE. Poseidon, der Gott der Meere, bleibt uns gut gesonnen, so sehr, dass das Meer ganz unüblich für die Jahreszeit während der gesamten Strecke spiegelglatt bleibt. Und so schaffen wir das uns selbst gesteckte Ziel mit Leichtigkeit und ohne jemals auch nur einer einzigen Yacht zu begegnen. Nach insgesamt nur 3 Reisetagen erreichen am **16. Januar 2003** den von Alicante 270 Seemeilen* entfernten Yachthafen von Marbella noch kurz vor Einbruch der Dunkelheit.

PUERTO BANUS, der tolle Yachthafen Marbellas, begeistert auf Anhieb. Die Gegend, die hier mitten im tiefsten Winter mit beinahe sommerlichen Temperaturen von um die 20 Grad lockt, könnte mit Costa del Sol wohl kaum einen treffenderen Namen tragen. Ein Spaziergang entlang der durch sonnenhungrige Touristen aus aller Welt besiedelten Hafenpromenade wirkt wie ein Beweis dafür, dass solche Wintertemperaturen hier zur Normalität gehören. Ein weiteres Indiz dafür scheinen mir die überfüllten Terrassen der zahlreichen Restaurants zu sein. Auch wir können nicht widerstehen, setzen uns an einen der schwer zu findenden freien Tische und geniessen leckere Tapas bei einem Glas Sangria unter spanischer Sonne. Während Birgit sich schon bald zum Shoppen verabschiedet, bleibe ich noch so gerne sitzen und beobachte mit Hochgenuss das bunte Treiben der Schickeria und die andauernd vorbeifahrenden Luxusschlitten allerhöchster Güte. Hier im südlichsten Teil von Spanien auf Bugatti, Pagani Zonda oder Maybach zu treffen erstaunt sogar mich und ist der eindeutige Beweis dafür, dass Marbella ein Treffpunkt der Schönen und Reichen ist. Und weil es hier so schön ist, wird das Tempo unserer Reise so ganz gegen unseren ursprünglichen Plan ein wenig gedrosselt und der Aufenthalt im mondänen Yachthafen kurzerhand verlängert.

Nachdem wir uns eine Woche lang durch die verschiedenen Feinschmeckerlokale gegessen haben, gibt uns die aufsteigende Sonne am Horizont am Morgen des **23. Januars 2003** das Zeichen zur Weiterfahrt. Unser nächstes Ziel ist nur 66

Seemeilen* entfernt und für uns somit ein Katzensprung. Also haben wir es gar nicht so eilig, von Marbella wegzukommen, und verlassen das uns liebgewordene PUERTO BANUS erst gegen die Mittagszeit. Mit Leichtigkeit gleitet die APPLAUS über das ruhige Mittelmeer und hält Kurs auf die inmitten Marokkos liegende spanische Enklave Ceuta, deren Hafen für uns zwingend als Einklarierungshafen gilt. Das eigentliche Ziel, die MARINA SMIR, liegt etwa 10 Seemeilen* weiter südlich an der marokkanischen Küste und somit eigentlich ziemlich genau gegenüber von Marbella. Im Gegensatz dazu macht Ceuta allerdings eher den trostlosen Eindruck einer etwas einsamen Grenzstation, die vor allem auf die Jagd nach Drogenschmugglern spezialisiert zu sein scheint. Darauf hin deuten in jedem Fall die zahlreichen Schnellboote in verschiedenen Grössen, die direkt bei der Hafeneinfahrt vertäut sind. Mit einem ziemlich mulmigen Gefühl steuere ich die APPLAUS bedacht durch den nicht sehr grossen, leicht überschaubaren Hafen und halte Aussicht nach einem Beamten, der uns vielleicht einweisen will. Da wir aber niemanden entdecken können, legen wir uns als die einzige Transityacht einfach mal längsseits an die Tankstelle. Es dauert nicht lange, bis sich drei uniformierte, ernst dreinschauende Zollbeamte nähern und unser Schiff erstmal mit kritischen Blicken begutachten. Zwei der Beamten verlangen Zutritt, übergeben uns ein Formular zum Ausfüllen und fragen zu meiner Überraschung als Erstes nach den elektronischen Geräten an Bord. Der eine, der etwas Englisch spricht, erklärt, dass wir verpflichtet seien, sämtliche mitgebrachten Geräte inklusive aller Seriennummern fein säuberlich in das Einklarierungsformular einzutragen. Gemeint ist damit jedes nicht fest im Schiff verbaute Gerät wie beispielsweise der Notsender Epirb, das tragbare GPS, der Motor des Beiboots, aber auch sämtliche Mobiltelefone und sogar die Kaffeemaschine und die Gefrierbox. Während Birgit schon mal routinemässig mit dem Ausfüllen des Einklarierungsformulars beginnt, hake ich nochmals nach, um herauszufinden, ob sich das Vorgehen nicht doch vielleicht abkürzen lässt. Doch ich beisse auf Granit und muss jetzt wohl mit einer noch strengeren Kontrolle rechnen. Das gefällt mir allerdings überhaupt nicht, denn je länger wir hier herumtrödeln, desto unwahrscheinlicher wird es, den Hafen Smir heute noch bei Tageslicht erreichen zu können. Und im Dunkeln auf dem marokkanischen Meer herumzuschippern, das erscheint sogar mir als zu abenteuerlich. Birgit lasse ich deshalb schon mal wissen, dass wir uns wohl besser auf eine Nacht in diesem ziemlich ungemütlichen Hafen einstellen sollten.

Ich habe es kaum ausgesprochen, da drängen die Zöllner auch schon auf eine gründliche Inspektion im Innern des Schiffs. Birgit öffnet die Schiebetüre zum Salon und bittet die beiden Typen mit einem freundlichen Lächeln hinein in die gute Stube. Exakt in dem Moment, wo die zwei den Salon betreten, rennt ihnen unser Rocky wie eine Furie laut bellend entgegen und beisst einen um den anderen aggressiv in die Hosenbeine. Erschrocken über die vermeintliche Bestie retten sich die beiden mit einem Sprung über Bord auf die Hafenmole. Wir müssen uns das Lachen verkneifen, weil wir natürlich ganz genau wissen, dass unser kleiner Rocky niemals wirklich jemanden beissen würde. Die noch sichtlich geschockten Zöllner verlangen nun aus sicherer Entfernung das bereits notdürftig ausgefüllte Einklarierungsformular zurück und begeben sich damit wortlos in ihren mit spanischer Flagge gekennzeichneten Bürocontainer. Wir schauen uns etwas ratlos an und fürchten uns davor, was als Nächstes passieren wird. Es dauert zwanzig Minuten, bis einer der Zöllner mit grimmiger Miene zurückkommt, uns das abgestempelte Formular übergibt und uns eine sichere Weiterfahrt wünscht. *«Das ist ja gerade nochmal gut ausgegangen, jetzt aber nichts wie weg von hier»*, lache ich, starte die Maschinen und mache mich daran, diesen Hafen schnellstmöglich zu verlassen.

Dank Rocky sind wir plötzlich wieder voll cool im Zeitplan und schippern ganz gemütlich die marokkanische Küste entlang in Richtung MARINA SMIR. Von der Flybridge aus geniessen wir die Aussicht auf das uns fremde Land und freuen uns über das wunderbar spiegelglatte Meer. Plötzlich beginnt Rocky laut zu bellen und wie verrückt mit dem Schwanz zu wedeln. Offensichtlich hat der Kleine etwas entdeckt, das uns bisher verborgen geblieben ist, doch jetzt sehen auch wir das neben uns herschwimmende Delfinpaar, das uns offensichtlich in Marokko willkommen heissen will. Sofort drossle ich die Maschinen und lasse das Schiff im Standgas vom Autopiloten steuern. Alle drei machen wir uns auf zum Bug des Schiffes, von wo aus wir jetzt begeistert die fantastische Show der Delfine aus aller Nähe beobachten. Vor allem Rocky traut seinen Augen kaum, als er den Delfinen beim Vorführen ihrer Kunststücke im türkisblauen Wasser zusieht. Rocky, der sich normalerweise auf dem durch die hohen Bordwände gut geschützten Deck frei bewegen kann, flippt völlig aus, bellt und zappelt so sehr, dass wir Angst bekommen, er könnte ins Wasser springen, und wir ihn festhalten müssen. Während Birgit den

Kleinen in den Armen hat, schiesse ich ein paar Fotos und halte diesen wunderbaren Moment fest.

Mit der eindrücklichen Kulisse des marokkanischen Gebirges im Hintergrund cruisen wir die letzten Seemeilen unserer Reise an kilometerlangen und einsamen Sandstränden vorbei zum Ziel unserer Reise. Die erst vor wenigen Jahren neu erbaute Ferienanlage MARINA SMIR und der moderne Yachthafen sind zwischen den flachen Sandstränden leicht zu erkennen. Beim Einlaufen in den Yachthafen staunen wir über die moderne Marina und die schön darum gebaute Anlage im mediterranen Stil. Alles macht einen gepflegten Eindruck und doch fehlt da etwas. Ausser einer Handvoll Yachten und einem alten, verrosteten Kahn ist der Yachthafen nämlich komplett leer. Und beim näheren Hinsehen lässt sich auch rasch erkennen, dass die Ferienanlage ihre besten Zeiten bereits hinter sich hat und deshalb auch einen ziemlich verlassenen Eindruck macht. Unsere Enttäuschung hält sich allerdings in Grenzen, denn in Anbetracht dessen, wo wir hier gelandet sind und dem was wir erwartet haben, ist die MARINA SMIR doch ein schöner Ort zum verweilen. Dementsprechend gut ist auch unsere Laune und die Vorfreude auf die nächsten Tage in Marokko weckt unseren Drang zum Abenteuer.

Nachdem ich die gelbe Einklarierungsflagge gehisst und das vom Meerwasser salzige Schiff ordentlich mit Süsswasser gewaschen habe, machen wir uns gemeinsam auf ins nahe Hafenbüro. Die Begrüssung durch die Marina-Crew ist herzlich und die Einklarierungsformalitäten sind schnell erledigt. Zum Dank für den netten Service verteilen wir grosszügig Schweizer Schokolade und zwei Sackmesser. Nun ist es an der Zeit, einen Spaziergang durch die etwas angestaubte Ferienanlage zu unternehmen. Während Rocky freudig schwänzelnd den hübsch durch Pflastersteine gekennzeichneten Weg abschnuppert und die eine oder andere Palme kennzeichnet, bestätigt sich unser erster Eindruck schon nach wenigen Metern. Hier gibt's nichts und niemanden, kein Restaurant, keinen Laden, kein gar nichts, alles ist geschlossen, die Anlage ist total vereinsamt. Wir gehen davon aus, dass das wohl an der Wintersaison liegt, und bekommen dies auch kurz darauf im Hafenbüro bestätigt. Hier erfahren wir auch von einem geöffneten, nahegelegenen Hotel, das über eine hervorragende Küche verfügen soll.

Gegen Abend erreichen wir nach einem 15-Minuten-Fussmarsch das Luxushotel einer französischen Hotelkette. Das offensichtlich erst vor kurzem neu eröffnete Fünfsternehaus macht einen imposanten und sehr noblen Eindruck. Angenehm überrascht betreten wir die feudale, menschenleere Lobby und treffen hier an der Rezeption auf zwei aussergewöhnlich hübsche und genauso freundliche Marokkanerinnen, die uns in perfektem Englisch begrüssen. Sie freuen sich über unseren Rocky und stellen ihm gleich Wasser hin. Wo unser Hund willkommen ist, bleiben wir gerne und deshalb fragen wir nach dem Restaurant. Die beiden ständig lächelnden Schönheiten bitten uns um eine halbe Stunde Geduld und schlagen uns vor, in der Zwischenzeit das wirklich schöne Hotel zu besichtigen. Nachdem wir uns etwas umgesehen haben, fragen wir nach einem Mietwagen für den morgigen Tag. Einfach so ein Auto zu mieten und damit herumzufahren ist laut Aussage der Damen in Marokko schlichtweg unmöglich. Doch die beiden wissen uns mit schlagkräftigen Argumenten davon zu überzeugen, dass es in diesem fremden Land doch eh besser sei, ein Auto mit Fahrer anzuheuern. Dass der Spass beträchtliche $ 500 kosten soll, das teilen sie uns allerdings erst am Schluss des Verkaufsgespräches mit. Doch auch das vermögen die beiden wirklich sehr netten Damen wegzulächeln und sie schaffen es so, uns für morgen ein Fahrzeug mit Tour-Guide zu verkaufen. Natürlich ist uns dabei auch bewusst, dass wir hier in der verlassenen MARINA SMIR sonst wohl kaum zu einem Auto gekommen wären, und schliesslich siegt auch die Vorfreude auf den morgigen Ausflug nach Tanger.

Gegen Ende des Gesprächs betritt ein junger, gutaussehender Mann die Lobby, steuert auf uns zu und stellt sich uns höflich als Francoise, der französische Hoteldirektor, vor. Nach einem kurzen Smalltalk bittet er uns, ihn samt Rocky in sein marokkanisch-französisches Gourmet-Restaurant zu begleiten. Stolz zeigt er uns das opulente, reichlich mit Gold verzierte, orientalisch gestylte Lokal mit ungewöhnlich hohen Decken, mächtigen Kronleuchtern und einer traumhaften Aussicht auf den imposanten und zauberhaft schön beleuchteten Pool. Francoise führt uns zum, wie er betont, schönsten Tisch im Lokal, wünscht uns einen genussreichen Abend und zieht sich dann diskret wieder zurück. Es folgt eine herzliche Begrüssung durch das aufsehenerregend orientalisch gekleidete Service- und Küchenteam. Allen voran kommt der Oberkellner an unseren Tisch, öffnet eine Flasche vom allerbesten französischen Champagner und betont dabei, dass es sich bei dieser Flasche um eine Aufmerksamkeit des Hoteldirektors handle. Zeitgleich serviert uns der französische Chefkoch persönlich ein Amuse-Bouche, das so aussergewöhnlich gut schmeckt, dass wir seiner Empfehlung folgen, die Speisekarte beiseitelegen und uns nun auf ein Überraschungsmenü freuen. Was folgt, ist eine Geschmacksexplosion nach der anderen, die in Form eines prächtig präsentierten, beinahe nicht enden wollenden und unheimlich leckeren, französisch-orientalischen 10-Gänge-Menüs serviert werden.

Wie am Vorabend versprochen fährt Punkt 10 Uhr morgens ein dunkelblauer Daewoo auf die Hafenmole direkt vor unser Schiff. Ein junger Mann steigt aus und stellt sich uns höflich in perfektem Englisch als Jamal vor. Nachdem ich ihm erklärt habe, dass ich selbst fahren will, während er uns vom Rücksitz aus den Weg weisen soll, übergibt mir der etwas verdutzte Marokkaner die Autoschlüssel. Los geht die Fahrt mit Birgit und Rocky als meine Beifahrer und Jamal als Navigator auf dem Rücksitz. Die Reise soll erst durch die Stadt Tétouan und dann hoch übers Gebirge, abseits jeglicher Touristenrouten vorbei an abgeschiedenen marokkanischen Dörfern bis nach Tanger führen. Bei unserem ersten Halt in einem Bergdorf befinden wir uns mit einem Mal in einer komplett anderen Welt. Das bunte Treiben eines gerade stattfindenden Marktes erlaubt uns einen kurzen Einblick in das Leben dieser bescheidenen Leute. Gemeinsam mit Jamal wagen wir uns in die Menschenmenge und staunen darüber, wie sehr anders das Leben hier in Marokko im Vergleich zu dem unseren doch ist. Doch nicht nur wir geben uns neugierig, auch die Einheimischen starren uns an, als kämen wir geradewegs von einem anderen Planeten. Jamal ignoriert die Blicke, lächelt freundlich und führt uns souverän durch den quirligen, lebendigen Bauernmarkt, der authentischer nicht sein könnte.

Etwa zweieinhalb Stunden nach unserem Start in der MARINA SMIR erreichen wir die etwa 75 Kilometer entfernte Stadt Tanger. Die an der Nordwestspitze Marokkos liegende Stadt zwischen zwei Meeren und zwei Kontinenten macht auf uns trotz ihrer knapp eine Million Einwohner nicht wirklich den Eindruck einer Millionenmetropole. Ganz im Gegenteil! Der Gang durch das alte Stadttor in die Altstadt Tangers führt uns in eine komplett fremde Welt und ist der Beginn der krassesten Zeitreise überhaupt. Indem wir Jamal durch die engen Gassen folgen, landen wir plötzlich im tiefsten Mittelalter und finden uns in einem einzigen, riesigen orientalischen Bazar wieder. Die Vielfalt der Angebote ist schier unendlich, und auch wenn wir jetzt im Winter quasi die einzigen Touristen sind, so wimmelt es hier nur so von kauffreudigen Einheimischen, die ihre Einkaufstaschen füllen wollen. Von frischem Fisch über lebendige Hühner, Eier, Fleisch, Gemüse, Früchte bis hin zu tausenden von Gewürzen und Oliven in sämtlichen Variationen findet man hier alles, was das Herz eines jeden Feinschmeckers begehrt. Allerdings muss man dabei in Kauf nehmen, dass der frische Fisch auch mal einfach so vom schmutzigen Gehsteig aus angeboten wird und hier auch sonst überall auf eine ordentliche Kühlung verzichtet wird. Hie und da wissen sich die Einheimischen mit Eis zu helfen, halt eben genauso wie schon anno dazumal vor einigen hundert Jahren. Auch die Ledergerberei, auf die wir bei unserer Entdeckungstour durch die Stadt treffen, zeugt von einer Jahrhunderte alten Tradition, bei der das Leder noch komplett in Handarbeit gefertigt wird. Bei so vielen alten Sitten will sich Birgit natürlich unbedingt ein Erinnerungsstück in einer echten marokkanischen Trachtenboutique kaufen, und während die Anprobe ewig zu dauern scheint, frage ich Jamal nach dem besten Restaurant der Stadt. Stolz führt uns der herzliche, freundliche Einheimische in das zugegebenermassen recht hübsche und vor allem zu einhundert Prozent authentische, original marokkanische Speiselokal, das er für das beste hält. Leider wimmelt es hier drinnen nur so von dicken, speckigen Fliegen, die dafür sorgen, dass wir nach einem raschen Foto die Flucht ergreifen. Hungrig begeben wir uns wieder auf Tour und folgen Jamal, der uns jetzt erst einem Teppichhändler und dann auch noch einem Gewürzhändler vorstellt. Schliesslich stossen wir auf einen vermeintlich freundlichen Berufskollegen, der schön bunten Nougat anbietet, und ich sehe endlich meine Chance auf etwas Essbares. Doch als Birgit ein Foto knippst, passt das dem Markthändler überhaupt nicht, sodass er uns wütend davonjagt. Nur wenige Meter weiter stehen wir plötzlich staunend vor einem toll präsentierten Gebäckstand und lassen uns jetzt die Gelegenheit nicht nehmen, endlich etwas Essbares zu bekommen.

Auf der Rückfahrt über das Gebirge verdrücken wir schliesslich die letzten süssen Kekse aus der grossen Papiertüte und geniessen nochmals die teilweise atemberaubende Aussicht auf das Mittelmeer. Dabei erzählt uns der ausgesprochen nette und offensichtlich auch gebildete Jamal von den unzähligen Hollywood-

Filmen, die noch bis vor wenigen Jahren hier in Marokkos Wüste gedreht wurden. Stolz reicht er uns ein Foto, das ihn mit niemand Geringerem als Filmstar Omar Sharif zeigt. Sein persönlicher Assistent sei er gewesen, doch dann seien immer weniger Filme in Marokko gedreht worden, was schliesslich dazu geführt habe, dass er diesen tollen Job verloren habe, lässt er uns mit Bedauern wissen.

Eine nicht minder spannende Geschichte erfahren wir tags drauf auf ziemlich unerwartete Art und Weise. Wir befinden uns gerade draussen auf dem Achterdeck und geniessen unser verspätetes Frühstück um die Mittagszeit, als uns ein grossgewachsener, älterer Mann in Begleitung einer bedeutend jüngeren Frau anspricht. Mit einem freudigen Lachen begrüsst uns der grauhaarige Hüne in perfektem Deutsch und mit unüberhörbarem Dialekt, der ihn unweigerlich als Norddeutschen verrät. Aufgeschlossen wie wir sind, kommen wir ins Gespräch und laden Knuth und Linda zu Kaffee und Kuchen an Bord ein. Rasch gibt sich der Hamburger als passionierter Seemann zu erkennen, zeigt dabei sichtlich wehmütig auf das gegenüber an der Mole fest vertäute und deutlich in die Jahre gekommene, rote Frachtschiff namens NEPTUNUS 4 und beginnt uns jetzt seine Geschichte zu erzählen. Alles begann vor vielen Jahren damit, dass sich Kapitän Knuth mit der NEPTUNUS 4 sein eigenes kleines Transportunternehmen auf dem Mittelmeer aufgebaut hatte. Die Arbeit als selbstständiger Reeder bescherte dem begeisterten Kapitän neben zahlreichen Abenteuern auch ein recht gutes Einkommen, das ihm sein Traumleben auf See ermöglichte. Das war es, was er sich immer gewünscht hatte, und so war er stets glücklich und zufrieden auf dem Mittelmeer unterwegs, bis sich der Kapitän eines Tages aufgrund eins schwerwiegenden mechanischen Problems gezwungen sah, den nächsten Hafen anzusteuern. Seither liegt sein stählerner, tonnenschwerer, etwa 60 Meter langer Frachter an der Aussenmole der MARINA SMIR und rostet vor sich hin. Die Verbitterung darüber ist dem ins Alter gekommenen Hamburger zwar anzumerken, doch irgendwie scheint der sympathische Seebär mit Linda hier in der MARINA SMIR doch noch sein Glück gefunden zu haben.

Eine ganze Woche lang geniessen wir die absolute Ruhe in diesem einzigartigen Yachthafen, als glückliche Eigner der weit und breit einzigen Transityacht, unternehmen mit Rocky stundenlange Spaziergänge den Strand entlang, chillen an Bord und lassen uns zwischendurch im nahen, erstklassigen Hotel-Restaurant kulinarisch verwöhnen. Als Knuth und Linda uns unbedingt zum Nachtessen in ihre in der Anlage der Marina befindliche Wohnung einladen wollen, sagen wir spontan zu. Während uns Kapitän Knuth bei einem Glas Rotwein mit allerlei spannendem Seemannsgarn zu unterhalten weiss, macht sich Linda voller Begeisterung an die Zubereitung eines echt marokkanischen Couscous. Natürlich verwendet sie ausschliesslich frische Zutaten, wobei es schon beim Kochen so gut riecht, dass uns das Wasser im Mund zusammenläuft. Endlich ist es so weit, Linda stellt die grosse Schale in die Mitte des Tisches und wünscht guten Appetit. Erst glauben wir noch, sie hätte das Besteck vergessen, doch in dem Moment, wo Linda sowie auch Knuth mit ihren Fingern herzhaft in die Schale greifen und zu essen beginnen, erinnern wir uns wieder daran, in Marokko zu sein. Auch wenn es anfangs im Besonderen mich Überwindung kostet, mit den Fingern in den Topf zu fassen, so schmeckt das Abendessen schliesslich umso besser und macht diesen wunderschönen Abend zum Schluss unvergesslich. Umso schwerer fällt uns der Abschied, als uns Knuth und Linda drei Tage später von der Hafenmole aus noch so lange nachwinken, bis wir die beiden aus den Augen verlieren.

Ganz besonders für mich gilt das Anlaufen des Hafens von Gibraltar mit dem eigenen Schiff als die Erfüllung eines langersehnten Traums. Aufgrund des wunderbaren Wetters und der kurzen Distanz zum Ziel nehmen wir die sonst doch eher strengen Bordregeln für einmal nicht ganz so genau. So tun wir etwas, was wir sonst eigentlich niemals täten, und tun genau genommen nämlich überhaupt nichts. Statt uns wie gewöhnlich die Arbeit zu machen, den Teaktisch und die Stühle vom Achterdeck sicher im Salon zu verstauen, lassen wir für heute einfach mal alles so stehen, wie es ist, und geniessen stattdessen lieber oben auf der Flybridge die gemütliche Fahrt nach Gibraltar. Auch navigatorisch stellt die kurze Strecke von nur 23 Seemeilen* absolut keine Herausforderung dar. Theoretisch könnte ich locker auf Kartenplotter und Radar verzichten und ganz einfach nach Sicht fahren. Doch bezüglich Navigation und Seemannschaft kenne ich keinen Spass und halte mich deshalb streng an das, was ich damals vor etwa 20 Jahren anlässlich meiner absolvierten Hochseeprüfung gelernt habe. Zwar habe ich noch immer zu jedem Seegebiet die passenden Seekarten in verschiedenen

Massstäben vorliegen, doch das klassische Navigationsbesteck benötige ich kaum noch. Also gebe ich wie gewohnt die Route bequem über meinen Plotter ein, und weil das Meer auch heute wieder wunderbar ruhig ist, lasse ich die APPLAUS vom Autopiloten in gemütlicher Marschfahrt mit 10 Knoten** über das spiegelglatte Meer schieben. Die sehr kurze Strecke die marokkanische Küste entlang in Richtung Ceuta ist ein wahrer Genuss, schon bald werden wir das Kap von Ceuta erreichen und uns der Strasse von Gibraltar nähern. Für mich ein ganz besonderes Erlebnis, auch deshalb, weil ich von dieser Meeresenge schon einige furchterregende Geschichten gelesen habe, die denen vom Bermuda-Dreieck in nichts nachstehen. In Anbetracht dessen und auch der Tatsache, dass die Strasse von Gibraltar immerhin das Mittelmeer mit dem Atlantik verbindet, bin ich jetzt allerdings schon ein wenig über die hier herrschende Normalität enttäuscht. Ausser einer leichten frischen Brise ist hier gerade rein gar nichts zu fühlen oder zu entdecken, was auf die Gefahren dieses angeblich magischen Ortes hindeutete. Aber was nicht ist, kann ja noch werden.

Nur Minuten später ändert sich mit dem Passieren des Kaps auf einen Schlag alles. Wo noch vor einem Moment Sonnenschein und spiegelglatte See die Szene dominierten, herrscht plötzlich Ausnahmezustand mit Starkwind und einen Meter hohen Wellen. Anfangs gebe ich noch Gas und versuche uns so durch den Sturm zu bringen, doch je mehr wir uns in den Mittelpunkt der gefährlichen, nur 14 Kilometer schmalen Meeresenge begeben, desto extremer wird der Sturm. Die immer höher werdenden Wellen brechen sich am Bug und lassen die Gischt weit über die Flybridge hinaus spritzen. Weil wir innert kürzester Zeit völlig durchnässt werden, sehe ich mich gezwungen, die Fahrt zu reduzieren, um uns umgehend im Salon in Sicherheit zu bringen. Hier schalte ich die Scheibenwischer ein, den Autopiloten aus, übernehme das Steuer und steuere die APPLAUS nun dem starken Seegang entsprechend auf einen sicheren Kurs. Inmitten der Strasse von Gibraltar sehen wir uns allerdings mit einem solch ausgewachsenen Sturm der Stärke 9*** konfrontiert, dass die Sicht inzwischen gleich null ist. Mein Blick klebt von nun an auf dem Radar, der mir die zahlreichen Frachter um uns herum anzeigt und so eine einigermassen sichere Navigation in langsamster Fahrt zulässt. Unglaublich, aber wahr, der Sturm legt sich nach einer halben Stunde genauso, wie er gekommen ist, und der Spuk hat quasi von einer Minute auf die andere ein Ende. Das

Meer beruhigt sich, es klart auf und plötzlich sehen wir den berühmten Felsen von Gibraltar vor uns. Das Ziel ist zum Greifen nahe.

In Gibraltar haben wir die Wahl aus insgesamt drei Marinas, die berühmteste davon liegt direkt neben der lauten Landebahn, weshalb wir uns für die erst vor kurzem eröffnete, zwar etwas teurere, dafür aber auch mehr Ruhe versprechende QUEENSWAY MARINA entscheiden. In der gut bewachten Nobel-Marina legen wir uns längsseits an den sauberen Quai und freuen uns über den sehr schönen und vom wieder deutlich stärker werdenden Wind gut geschützten Liegeplatz mit toller Aussicht aufs Meer hinaus. Nachdem wir wie immer als Erstes mit Rocky Gassi gegangen sind, installiere ich den Wasserschlauch und beginne damit, das Schiff vom Salz zu befreien. Birgit kümmert sich derweil um das Aufräumen an Bord und vermisst dabei einen unserer Schiffsstühle, der im Sturm offensichtlich über Bord gespült wurde. Das soll mir eine Lehre in Sachen korrekter Seemannschaft sein.

Als alles wieder an seinem Platz ist und das Schiff wieder glänzt, machen wir uns auf zu einer kurzen Erkundungstour rund um den Hafen und stossen hier auf echte Kanonen und anderes Zeugs aus vergangenen Zeiten. Am folgenden sonnigen Morgen staunen wir nicht schlecht über den draussen trotz strahlend blauen Himmels wütenden, 11 Windstärken starken, orkanartigen Sturm, der ein Auslaufen absolut verunmöglicht. Dies bestätigt auch unsere Beobachtung, wie ein tausende Tonnen schweres Kriegsschiff beim Auslaufen aus dem Hafen vom Sturm in Schräglage gebracht wird. Es gelingt mir, das, was mir später sowieso keiner geglaubt hätte, in einem Foto festzuhalten. Die Wahl des Hafens hat sich als wahrer Glückstreffer herausgestellt, denn ausser der gebotenen tollen Aussicht sind wir hier von allen Winden gut geschützt absolut sicher und können uns nun sorgenlos auf grosse Erkundungstour machen. Die Stadt Gibraltar erreichen wir bequem zu Fuss, so wie alles hier in dem nur 6.5 km^2 kleinen britischen Überseegebiet, das mit 35'000 Einwohnern und nur 5300 Einwohnern pro km^2 in Sachen Bevölkerungsdichte weltweit einen Spitzenplatz einnimmt. Nur Monaco vermag diese engen Verhältnisse noch zu toppen, dort müssen nämlich um die 37'000 Einwohner auf gerade mal 2.02 km^2 zusammenleben und das ergibt sage und schreibe eine Bevölkerungsdichte von 18'406 Einwohnern pro km^2. Arme, reiche Monegassen!

Aufgrund der Enge von Gibraltar ist es dann auch nicht verwunderlich, dass die Stadt ausser ein paar Banken, einigen Pubs, ein paar Souvenirläden und wenigen Boutiquen nicht sehr viel zu bieten hat. Und so bleibt nur noch der Spaziergang hinauf zum Affenfelsen, um der Enge Gibraltars zu entfliehen. Für den steilen Aufstieg entschädigen eine atemberaubende Aussicht über die Strasse von Gibraltar bis nach Afrika und die gebotene Unterhaltung der hier massenweise wild herumlungernden Berberaffen. Diese Art von Unterhaltung stellen wir allerdings spätestens dann in Frage, als die frechen Affen unseren Rocky anzugreifen drohen. Birgit verstaut unseren Liebling aber kurzerhand im Rucksack und bringt den Kleinen so vor der wilden Meute in Sicherheit. Da draussen auf See der Sturm ununterbrochen weiter wütet, geniessen wir noch zwei weitere sonnige und gemütliche Tage auf unserer Yacht im königlichen Hoheitsgebiet.

Sobald es das Wetter zulässt, stechen wir wieder in See und peilen den Yachthafen an, der sich nicht zuletzt wegen seiner kulinarischen Verlockungen zu unserem absoluten Lieblingsziel gemausert hat. Natürlich ist die Rede vom nur 38 Seemeilen* entfernten Marbella mit seinem Nobelhafen MARINA PUERTO BANUS. Zwar begeben wir uns damit wieder in Richtung Rückreise, doch eilig haben wir es dennoch nicht, denn Marbella gefällt uns gerade so gut, dass wir uns entschliessen, den Rest des Winters hier zu verbringen. Am Schluss verlieben wir uns so sehr in Marbella, dass wir uns doch echt überlegen, die APPLAUS hierzulassen. Doch am Ende ist es uns dann doch zu weit weg vom Schuss, sodass wir uns knapp zwei Monate später, irgendwann **Mitte März 2003**, doch noch schweren Herzens entscheiden, die Leinen wieder zu lösen.

Bei der Weiterfahrt in Richtung Norden zeigt sich das Wetter unerwartet von seiner schlechtesten Seite. Aus heiterem Himmel wütet plötzlich ein ablandiger Sturm der Stärke 8*** und wühlt die See derart auf, dass an eine sichere Weiterfahrt nicht mehr zu denken ist. Das für heute eigentlich eingeplante Ziel Cartagena müssen wir deshalb aufgeben und wir müssen umgehend den nächsten geschützten Hafen anlaufen, in unserem Fall den kleinen Hafen von Mazarrón. Je mehr wir uns der Hafeneinfahrt nähern, desto kräftiger wird der ablandig tosende Sturm, der uns jetzt mit Böen von bis zu 11 Windstärken** entgegenbläst. In dem kleinen, vor uns liegenden Hafenbecken scheint das Wasser zu kochen, es pfeift durch die Masten der vom Sturm in Schräglage gebrachten Segelyachten und die äusserst schmale Hafeneinfahrt macht gerade einen furchterregenden, beinahe unüberwindbaren Eindruck. Ich reisse all meinen Mut zusammen und gebe ganz gegen meine Gewohnheit Gas. Pfeilschnell rauschen wir durch die gefährlich schmale Einfahrt und landen inmitten des brodelnden Hafenbeckens. Hastig halte ich Ausschau nach einem möglichen Liegeplatz und entscheide mich für die Doppellücke in der hintersten Ecke des Hafens. Währenddessen kämpft Birgit längst an Deck gegen den Starkwind an und befestigt teils auf allen vieren alle verfügbaren Fender und die nötigen Leinen. Das alles geschieht innert Augenblicken und ist so auch nur möglich, weil wir ein eingespieltes Team sind. Unter Einsatz der beiden Motoren und des starken Bugstrahlruders gelingt es mir, das Schiff so lange einigermassen auf Position zu halten, bis mir Birgit mit nach oben zeigendem Daumen grünes Licht für das riskante Anlegemanöver gibt. Dann plötzlich geht alles ganz schnell. Ich steuere die APPLAUS in die obere Mitte des Hafenbeckens, drehe die Yacht mit dem Heck zur Mole, lege den Rückwärtsgang ein und gebe ziemlich unzimperlich Gas, um die APPLAUS im ersten Versuch mit dem Heck voran in die Lücke zwischen Mole und Motoryacht zu platzieren. Da uns der Wind zur Motoryacht hinüberdrückt, wirft Birgit sofort die Steuerbordleinen dem zu Hilfe gekommenen Marinero zu und fest sind wir. Nachdem die APPLAUS fest vertäut und durch zusätzliche Sturmleinen gesichert ist, fühlen wir uns in diesem Schutzhafen nun gut aufgehoben. Der Sturm wütet schliesslich eine knappe Woche in unverminderter Stärke weiter und zwingt uns zu einem sehr ruhigen Aufenthalt in diesem verschlafenen, kleinen Fischerort.

Mit dem Abflauen des Sturmes zeigen sich schon bald die ersten Sonnenstrahlen und mit dem Auflockern des Himmels beginnt sich auch die aufgewühlte See wieder langsam zu beruhigen. Zeit für uns, den Hafen zu verlassen. In einem zweiten Anlauf wollen wir nun die Stadt Cartagena erreichen. Im örtlichen Yacht-Club freut man sich über den raren winterlichen Besuch und lässt uns ganz prominent längsseits am Gästequai anlegen. Hier bekommen wir sozusagen von der ersten Reihe aus eine exklusive Aussicht auf den historisch bekannten Marinestützpunkt und kommen so in den Genuss einer nicht alltäglichen maritimen Show in Form von diversen an uns vorbeiziehenden U-Booten.

Auch unser nächstes Ziel darf als einzigartig beschrieben werden. Der PUERTO DE-PORTIVO TOMÁS MAESTRE von La Manga del Mar Menor liegt nämlich direkt am Eingang zu Europas grösster Salzwasser-Lagune. Hier inmitten dieser zwar schönen, für unseren Geschmack aber zu sehr auf den Massentourismus abgestimmten Gegend verbringen wir die letzten Tage vor unserer definitiven Rückreise nach Alicante. Kurz vor **Ostern 2003** beenden wir unseren grossen Wintertörn und cruisen von Alicante aus wieder zurück nach Palma de Mallorca, wo die APPLAUS nun erstmal bis zum kommenden Sommer zur Ruhe kommt.

Nach einer kurzen, aber anspruchsvollen Frühlingssaison verbringen wir **den Sommer 2003** ganz unspektakulär mit Törns auf den Balearen und freuen uns nach so viel Bordleben dann auch tatsächlich wieder auf die Arbeit im kommenden Herbst.

HAPPY
MILLIONÄR

*1 Seemeile = 1.85 km   **10 Knoten = 18.50 km/h   ***10 Beaufort / Windstärken = 89 bis 102 km/h

Gut gelaunter Kapitän kurz vor dem Ablegen   Team APPLAUS auf der Fahrt nach Marbella

Unter Marbellas Wintersonne bei 22 Grad Celsius   Frühmorgens vor dem Auslaufen in Marbella

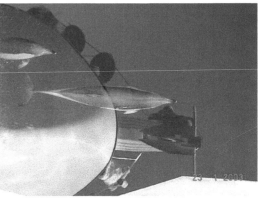

Anlegemanöver in Ceuta   Delfine vor der marokkanischen Küste

MARINA SMIR Marokko

Übers Gebirge nach Tanger

In einem marokkanischen Bergdorf

Mit Tour-Guide Jamal in die Altstadt von Tanger

Auf dem Fisch- und Fleischmarkt in Tanger

Im «besten» Restaurant Tangers

Endlich etwas Essbares in Tanger

Aggressiver «Berufskollege» in Tanger

Zeitreise! Tanger wie vor einigen hundert Jahren

ROLEX Tanger

Birgit mit Teppichhändler über den Dächern von Tanger

In den Gassen Tangers

Birgit beim Shoppen in Tanger

Traditionelle Ledergerberei inmitten Tangers

Tüchtiger Olivenverkäufer in Tanger

Echt marokkanisches Couscous bei Linda und Knuth

Die NEPTUNUS 4 an ihrem Liegeplatz in der MARINA SMIR

Auf dem Affenfelsen mit Rocky   Atemberaubende Sicht auf Gibraltar

In der Strasse von Gibraltar mit dem Felsen von Gibraltar im Hintergrund

Die APPLAUS vor dem Sturm gut gesichert im Hafen von Mazarrón

Im Hafen von Cartagena mit Sicht auf den U-Boot-Hafen

Kapitel 9

Prinzessinnen-Geburtstag

Die kleine, mittelalterliche Schweizer Stadt Bremgarten im Kanton Aargau, deren Geschichte weit über die Gründung der Schweizer Eidgenossenschaft im Jahr 1291 hinausgeht, ist für uns im doppelten Sinn eine Reise wert. Einerseits findet hier jeweils Anfang Dezember einer der schweizweit attraktivsten Weihnachtsmärkte statt und andererseits bedeutet dieser Anlass für uns das finale Saisonende, das uns ein Weihnachtsgeschenk in Form von 4 Monaten Urlaub beschert. Mit dem morgigen 8. Dezember gibt's allerdings noch einen dritten triftigen Grund zur Freude, und zwar Birgits Geburtstag, der damit grossartigste Tag vom Jahr. Während der vergangenen Jahre fiel dieser wichtige Tag jedoch meistens auf den Bremgarten Weihnachtsmarkt und Birgit war gezwungen, an ihrem Geburtstag zu arbeiten. Auch wenn ihr das angeblich rein gar nichts ausmachte und sie sich immer über die zahlreichen Glückwünsche freute, so will ich die glückliche Fügung in diesem Jahr nutzen und habe mir für ihren vierzigsten Geburtstag am kommenden, arbeitsfreien Montag etwas ganz Spezielles einfallen lassen. Gerade noch rechtzeitig schaffen wir es vom verschneiten Bremgarten in die heimische warme Stube, wo Birgits Papa, den ich mit Hintergedanken zum Rocky-Hüten engagiert habe, uns schon erwartet. Pünktlich lasse ich die Korken knallen und singe gemeinsam mit Papa: «*Happy Birthday to you, happy Birthday to you, liebe Birgit …*». Sichtlich müde, aber total happy stösst das fröhlich lachende Geburtstagskind mit uns an und freut sich nun auf die verdiente Nachtruhe. Dass ich diese zu verhindern weiss, gehört zu meinem Plan. «*Birgit, mein Liebling, ich habe eine Überraschung für dich. Statt dich schlafen zu legen, solltest du vielleicht besser die Koffer packen, denn in wenigen Stunden hebt dein Geburtstagsflieger ab*», gebe ich fröhlich lachend bekannt. Birgit lächelt gleichermassen müde wie erstaunt und schaut mich mit ihren grossen blauen Augen fragend an: «*Las Vegas?*» Meine klar positive Antwort lässt Birgit ihre Müdigkeit glattweg vergessen, sodass sie mir um den Hals fällt und fragt: «*Wann geht der Flieger?*»

Zeit zum Schlafen bleibt uns an diesem Montagmorgen des **08. Dezember 2003** nicht. Papa, der Rocky nach Deutschland in die Ferien mitnehmen wird, fährt uns an diesem frühen Wintertag zum Flughafen in Zürich. Schon bald geniesse ich hoch über den Wolken meinen obligaten Champagner in der Business-Class der SWISS, währenddessen beginnt Birgit es sich bequem zu machen, um endlich ein wenig schlafen zu können. Doch dafür ist es noch etwas zu früh. Mit den Worten *«Alles Gute zum Geburtstag, meine Süsse»* präsentiere ich meiner Liebsten ein hübsch verpacktes, quadratisches Päckchen in der Grösse einer Pralinenschachtel. Meine Birgit, die Überraschungen liebt, ist auf wundersame Weise plötzlich gar nicht mehr so müde. *«Was ist denn da drin?»,* will sie neugierig wissen und macht sich sogleich daran, das Geschenk zu öffnen. Genüsslich löst sie erst die rote Schlaufe, entfernt dann das weisse Geschenkpapier und öffnet schliesslich die kleine Box. *«Wow! Rote Schoggi-Herzen»,* freut sie sich, und während sie schon am Naschen ist, lacht sie mich neckisch an und fragt: *«Ist da vielleicht sonst noch etwas drin?»* Aus dem neckischen Lachen wird ein Strahlen, dem mit dem Auspacken des in weisses Seidenpapier eingewickelten Geschenks ein leises, freudiges Kreischen folgt: *«Du bist ja verrückt!»* Birgit freut sich wie ein kleines Kind über die HAPPY-SPORT-Armbanduhr von CHOPARD, die sie sich schon immer gewünscht hat.

Kaum in Los Angeles gelandet müssen wir uns beeilen, unseren Anschlussflug nicht zu verpassen. Um die Zollkontrolle zu passieren, das Gepäck abzuholen, mit dem Flughafenbus zum nächsten Terminal zu gelangen, dort wieder einzuchecken, um schliesslich den Flieger nach Vegas zu besteigen, bleiben uns gerade mal fünfzig Minuten. Schaffen wir das nicht, droht ein fünfstündiger Aufenthalt im Flughafengebäude. Als geübte Weltenbummler stellen wir uns diesem Wettrennen von Terminal zu Terminal und schaffen es gerade noch als Letzte, den Flieger zu besteigen, worauf hinter uns die Türen geschlossen werden.

Als Belohnung für das an den Tag gelegte Tempo entspannen wir schon bald in der Stretchlimousine, die zur besonderen Überraschung des Geburtstagskindes dieses Mal nicht wie gewohnt vor dem CEASARS PALACE, sondern vor dem nicht minder pompösen Haupteingang des VENETIAN anhält. Auch ein vergangener

Wunsch meiner Liebsten, den ich ihr heute erfüllen will und der mit dem Öffnen der Türe zur begehrten Honey Moon Suite nun in Erfüllung geht. Vor der atemberaubenden Kulisse der Spielerstadt kann Birgit ihr Glück kaum fassen, umarmt mich nochmals fest, kann jetzt aber nicht mehr und lässt sich total übermüdet in das überdimensionale Bett fallen, worin sie sofort einschläft. Dabei wird mir zum ersten Mal bewusst, dass ich bei meiner Planung doch tatsächlich vergessen habe, die Grenzen der Müdigkeit einzuberechnen. Glücklicherweise bleiben uns dennoch einige wenige Stunden zum Schlafen, bevor die nächste Überraschung für das Geburtstagskind losgeht.

Nachdem wir uns eben noch auf den gewünschten Weckruf hin zwingen mussten wach zu werden, stehe ich nun gemeinsam mit meiner wunderschönen, vor Glück strahlenden Prinzessin um Punkt 20 Uhr vor dem Haupteingang des VENETIAN. Die längste und schönste Limousine auf diesem Planeten fährt vor, die Türen öffnen sich und ganz zur Überraschung des Geburtstagskindes werden wir an Bord gebeten. Bei der Fahrt über den in allen Farben funkelnden Las Vegas Boulevard nimmt Birgit meine Hand und meint überglücklich: *«Ich komme mir vor wie Aschenputtel.»* Weiter über den Strip geht es vorbei an Old Town Las Vegas ans untere Ende der Spielerstadt. Mit dem Halt vor dem Hotel und Casino STRATOSPHERE TOWER endet die Spritztour und die Türen der Limousine öffnen sich wieder. Nun weiss Birgit nur zu gut, was sie erwartet, denn hier befindet sich eines unserer Lieblingsrestaurants. Das Drehrestaurant mit dem passenden Namen TOP OF THE WORLD liegt allerdings ganz oben auf Amerikas höchstem freistehendem Turm, dem STRATOSPHERE TOWER, und um dahin zu kommen, müssen wir zuerst einen dieser bedienten Höchstgeschwindigkeitslifte besteigen. Dieser katapultiert uns innert nur 36 Sekunden in das im 108. Stockwerk befindliche und 277 Meter hohe Restaurant. Cape Canaveral lässt grüssen! Honoriert wird dieses Wagnis mit einer spektakulären Aussicht auf die Glitzerstadt, die bei uns gleichzeitig auch schöne Erinnerungen wach werden lässt. Gerne folgen wir der Hostess zu unserem in vorderster Front reservierten Tisch, den wir anscheinend nicht ganz für uns alleine haben. Als letzte Überraschung des Abends sitzt hier nämlich unsere liebe Freundin Kathy, die wir genauso wie Arna vor Jahren im CEASARS PALACE kennengelernt haben. Den grossartigen Rest des wunderschönen Abends geniessen wir bei einer guten Flasche Rotwein und wir lassen uns die saftigen US-Steaks schmecken. Auf das Dessert allerdings verzichten wir Birgit zuliebe, die sich jetzt nur noch ein weiches Bett wünscht. Gute Nacht, Las Vegas.

Das war Birgits Turbo-Geburtstag, der dank der Zeitverschiebung ganze 9 Stunden länger als gewöhnlich gedauert hat. Doch auch wenn der eigentliche Geburtstag damit vorüber ist, bedeutet das noch lange nicht, dass die Zeit der Überraschungen vorbei ist. Denn auch unsere Freundin Arna hat sich etwas einfallen lassen und zu Birgits Ehren das Weihnachtsessen kurzerhand in ein Geburtstagsessen umgewandelt. Und so kommen wir in den Genuss eines original amerikanischen Weihnachtsessens mit Tannenbaum, einem saftigen Truthahn und allem, was dazugehört. Ein traumhafter Abend mit wunderbaren Menschen, der uns den Wert guter Freundschaften zeigt.

Auch wenn sich die anfängliche Leidenschaft für das Glücksspiel über die Jahre gründlich entspannt hat und wir den Traum vom grossen Gewinn inzwischen längst aufgegeben haben, bleibt unsere Begeisterung für Las Vegas ungebrochen. Nach wie vor wagen wir hie und da ein Spielchen am Black-Jack-Tisch und vergnügen uns liebend gerne stundenlang an den Pokermaschinen, doch die Prioritäten haben sich verändert. Heute schlendern wir viel lieber an einem sonnigen Tag über den Strip, beobachten neugierig das Geschehen um uns herum und lassen uns von Kasino zu Kasino treiben. Dabei kommt Birgit zu ihrem heissgeliebten Shoppen, und während sie die zahlreich vorhandenen Boutiquen durchstöbert, kann ich in der Zwischenzeit mein Glück an den einarmigen Banditen versuchen. Heute scheint das Glück auf meiner Seite zu sein, denn kau m habe ich ein oder zwei Dollar in einen dieser belanglosen Automaten geschmissen, klingelt und bimmelt es plötzlich wie verrückt über mir. Die Leute um mich herum beginnen zu klatschen und eine Mitarbeiterin des VENETIAN gratuliert mir zu meinem Gewinn. Total geflasht habe ich gerade keine Ahnung, um was es hier gehen soll, bis mir einige Minuten später eine mit zusammengerollten Dollarnoten gefüllte und in Klarsichtfolie eingewickelte Kaffeetasse überreicht wird. Sofort mache ich mich auf die Suche nach Birgit und präsentiere ihr meine mit Dollar gefüllte Bingo-Tasse mit immerhin 800 US-Dollar in cash. Auch die nachfolgenden Tage verhelfen uns zum totalen Abschalten, sei es während des Zockens, beim Besuch einer fantastischen Las-Vegas-Show oder ganz einfach beim Dinner in einem der unzähligen tollen Restaurants.

Die wahren Highlights dieser mit Überraschungen gespickten Geburtstagsreise stehen mit dem Ende dieses kurzweiligen Las-Vegas-Trips allerdings erst noch bevor. Zu Birgits Vierzigstem habe ich mich nicht lumpen lassen und hinter den Kulissen eine etwa 8-wöchige Ferienreise geplant, die meinen Schatz bestimmt noch das eine oder andere Mal zum Staunen bringen wird. Natürlich will ich dabei ganz zum Verdruss meiner neugierigen Frau auch meinen Spass haben und verrate das nächste Reiseziel jeweils erst am Flughafen. Nächstes Ziel: Los Angeles!

In LA angekommen besteigen wir für einmal nicht das nächste Flugzeug, sondern eine Limousine, die uns zu einer der weltweit extravagantesten Nobeladressen, dem RODEO DRIVE in Beverly Hills, fährt. Mit dem Wissen, dass sich genau hier das BEVERLY WILSHIRE Hotel befindet, in dem damals Birgits Lieblingsfilm PRETTY WOMAN mit Julia Roberts und Richard Gere in den Hauptrollen gedreht wurde, habe ich hier eine Suite reserviert. Und so darf sich Birgit für die nächsten Tage selbst wie ein kleiner Filmstar fühlen, die Boutiquen am Rodeo Drive durchstöbern, die Sterne der grossen Stars auf Hollywoods Walk of Fame entdecken, und in den UNIVERSAL STUDIOS schliesslich Hollywood hautnah live erleben, wobei wir allerdings beinahe vom weissen Hai gefressen werden. Hochkarätig wird es im JEWELRY DISTRICT, einem der weltweit grössten seiner Art in Downtown Los Angeles. Hier liegen die teuren, goldenen Rolex ganz primitiv in Plastikfolie eingepackt bergeweise in den Schaufenstern, wobei es sich bei dieser Uhrenmarke hier bei weitem nicht um die teuerste handelt. Die unglaubliche Vielfalt an teurem Schmuck und High-End-Uhren fasziniert uns so sehr, dass wir die Geschäfte ganze zwei Tage lang durchstöbern.

Nach einer spannenden Zeit in LA und Umgebung verrate ich Birgit beim Frühstück unser nächstes Reiseziel Miami, wo wir noch am selben Tag bei warmen 28 Grad landen. Viel Zeit, uns vom Reisestress der vergangenen Tage zu erholen, bleibt allerdings nicht, Silvester steht vor der Türe und dafür habe ich mir etwas ganz Besonderes einfallen lassen. Mit nicht weniger als zwei aneinandergefügten Kreuzfahrten auf zwei verschiedenen Schiffen will ich Birgit möglichst die gesamte Karibik zeigen. Mit der RADIANCE OF THE SEAS geht es von Fort Lauderdale aus zuerst für 11 Tage in die nördliche und danach mit dem Schwesterschiff BRILLI-ANCE OF THE SEAS nochmals genauso lange in die südliche Karibik. Nach guten drei Wochen auf See dürfen wir behaupten, einen ordentlichen Eindruck der Karibik bekommen zu haben, sind nun aber auch froh, wieder festen Boden unter den Füssen zu haben.

Vom Kreuzfahrtschiff steigen wir auf den Strassenkreuzer um und begeben uns mit der bequemen Cadillac-Fleetwood-Limousine auf grosse Florida-Rundreise, die wir nach einem Abstecher nach Key West schlussendlich in Miami beenden. Jetzt brauchen wir Urlaub vom Urlaub und mieten uns in einem direkt am Yachthafen gelegenen Hotel in Coral Gables ein, wo wir für den Rest unserer langen Reise hängenbleiben.

Ziemlich genau zwei Monate nach unserem Start in Zürich holt uns Birgits Papa am **5. Februar 2004** gemeinsam mit dem kleinen Rocky wieder an Zürichs Flughafen ab. Die lange Trennung von unserem Baby war für uns nur möglich, weil wir Rocky bei Papa in den allerbesten Händen wussten. Trotzdem kommen wir beim Wiedersehen mit unserem geliebten kleinen Hund um einige Tränen nicht herum. Zu Hause angekommen ist alles wunderschön eingeschneit, sodass wir für zwei Wochen den Schweizer Winter geniessen, bevor es uns wieder in die Wärme zieht. Am **25. Februar 2004** besteigen wir das Flugzeug nach Alicante und geniessen noch am selben Abend in unserem Lieblingsrestaurant mit Freunden die leckersten Tapas in ganz Spanien.

HAPPY
MILLIONÄR

Silvesterparty auf der RADIANCE OF THE SEAS

Tolle Aussicht über Antigua

Kapitel 10

Glücksrad

Unser Leben fühlt sich gerade an wie eine unendliche, wunderschöne Fahrt auf einem niemals endenden Glücksrad. Einem Rad, das sich unaufhörlich dreht und uns die schönsten Erlebnisse Tag für Tag, Stunde für Stunde und Minute für Minute geniessen lässt. Doch ausgerechnet während des traumhaften **Sommers 2005** schlägt das Schicksal auf Mallorca gnadenlos zu, lässt die unbeschwerte Fahrt im Glücksrad brüsk stoppen. Plötzlich ziehen über uns dunkle Wolken auf und verdrängen den ewigen Sonnenschein aus unserem sonst so perfekten und glücklichen Leben. Völlig unerwartet erreicht uns im Spital von Palma de Mallorca anlässlich Birgits Routineuntersuchung eine Hiobsbotschaft, die nur schwer zu ertragen ist. Der selbst geschockte Arzt entdeckt in Birgits Unterleib eine beinahe tennisballgrosse Zyste und empfiehlt dringendst eine sofortige Operation. Wir lassen alles stehen und liegen und fliegen mit dem nächsten Flug zurück in die Schweiz.

Birgits Frauenarzt empfängt uns bereits am folgenden Tag und führt umgehend die nötigen Untersuchungen durch. Bis die Laborergebnisse feststehen, bittet er uns um Geduld. Nach unendlich langen Tagen des Wartens und genau dann, als die Ergebnisse endlich vorliegen sollten, verweist uns der Arzt unseres Vertrauens aufgrund seiner anstehenden Ferien an eine Kollegin. Doch statt der erwarteten Erleichterung in Form einer kompetenten Aussage enttäuscht die Ärztin mit Unwissenheit und ist nicht in der Lage, uns über den wahren Stand der Krankheit zu informieren, stattdessen vertröstet sie uns übers Wochenende auf die nächste Woche. Das ist der Beginn einer qualvollen Leidenszeit und die wohl schlimmste Zeit unseres Lebens. Wir haben Angst und befürchten das Schlimmste. Andauernd stellen wir uns die Frage: *«Was ist, wenn…?»* Und das bringt uns in einen Nervenstress, den wir uns so zuvor niemals hätten vorstellen können.

Endlich! Birgits Vertrauensarzt ist zurück aus dem Urlaub und eine weitere Konsultation soll nun Klarheit schaffen. Die Angst vor der Wahrheit ist riesig, doch der Wunsch, dieser elendigen Ungewissheit ein Ende zu setzen, überwiegt. Birgits Frauenarzt, dem nun die Untersuchungsberichte vorliegen, kommt direkt zur Sache und lässt uns zuallererst wissen, dass der allerschlimmste Fall Gott sei Dank nicht eingetreten ist. Doch aller Euphorie zum Trotz rät er Birgit zur sofortigen Operation, wofür sie noch heute in die Klinik eintreten soll. Der grösste Schock ist verflogen, doch nun kommt die grosse Angst vor der Operation.

Der **29. August 2005** ist der Tag der Operation und damit wohl der schwärzeste Tag in unserem sonst so hell erleuchteten, glücklichen Leben. Zwar gibt sich Birgit überaus gefasst und lässt alle Untersuchungen und Vorbereitungen tapfer über sich ergehen, doch je näher der Termin rückt, desto weniger kann auch sie ihre Angst unterdrücken. Der Moment, wo Birgit im Krankenbett zum Operationssaal gefahren wird, kommt mir so unwirklich vor, ich fühle mich jetzt nur noch hilflos und fürchte mich unsäglich wie niemals zuvor. Kaum verschwindet sie mit dem Krankenbett im Aufzug, verliere ich komplett meine Beherrschung, flüchte beinahe ohnmächtig vor Schmerz ins Freie und weine wie ein Schlosshund. Nachdem ich mich etwas gefangen habe, setze ich mich ins Auto und fahre ziellos durch die Gegend, bis ich plötzlich vor dem Haus eines in der Nähe wohnenden Freundes lande. Völlig aufgelöst erzähle ich ihm unter Tränen, was augenblicklich gerade abgeht. Auch wenn mir zurzeit niemand wirklich helfen kann, so tut mir die Gesellschaft des Freundes halt doch gut und hilft wieder etwas runterzukommen. Nach einer gefühlten Ewigkeit klingelt mein Handy und ich bekomme gerade in diesem Moment die schönste Nachricht meines Lebens: «*Herr Bosshard, hier ist Schwester Margrit von der Klinik St. Anna, die Operation ist gut verlaufen und Ihre Frau wird schon bald wieder in ihrem Zimmer sein.*» Erleichtert fahre ich sofort in die nur zehn Minuten entfernte Luzerner Privatklinik und warte am Krankenbett darauf, dass meine Birgit aufwacht. In dem Moment, wo sie ihre Augen öffnet und mich mit ihrem liebevollen Blick anlächelt, überfährt mich ein unbeschreibliches Glücksgefühl und plötzlich ist alles wieder gut. Ich halte ihre Hand und begrüsse die Liebe meines Lebens mit den Worten: «*Ich liebe dich, mein Schatz!*»

Birgit hat den Eingriff gut überstanden, muss sich jetzt aber noch ein paar Tage im Spital erholen, bis sie wieder nach Hause darf. Selbstverständlich bin ich wann immer möglich an ihrem Krankenbett und gemeinsam schmieden wir bereits wieder neue Reisepläne. Das Erlebte gibt uns neuen Schub, das Leben fortan noch intensiver zu leben und künftig absolut keine Träume mehr aufzuschieben. Diese neue Erkenntnis verleitet mich dazu, noch während Birgits Spitalaufenthalt im Luzerner Reisebüro einen Stopp einzulegen und mich nach der Superreise zu erkundigen, die alles Bisherige in den Schatten stellen soll. Die erst vor kurzem in Dienst genommene QUEEN MARY 2 erscheint mir als geradezu perfekt, um meine neuesten Reiseträume mit meiner Birgit Wirklichkeit werden zu lassen. Kurzerhand buche ich die sechswöchige Kreuzfahrt mit Businessflug und allem Drum und Dran für den Januar des kommenden Jahres und stelle meine Prinzessin am Krankenbett einfach vor vollendete Tatsachen, indem ich ihr die bunten Reiseprospekte präsentiere. Tatsächlich gelingt es mir, meiner Birgit ein Lächeln ins Gesicht zu zaubern und sie zum Schwärmen und zum Träumen zu bringen. Damit ist mir gelungen, was ich erreichen wollte, und nur schon das alleine macht die gebuchte Reise bereits jetzt wertvoll.

Wieder daheim freut sich Birgit vor allem über den kleinen Rocky und erholt sich schon bald so gut, dass wir im **Herbst 2005** bereits wieder gemeinsam ganz happy hinter die Theke unseres rosa SCHLOSS SCHLARAFFENLAND dürfen. Damit ist Gott sei Dank noch einmal alles gut gegangen und es steht uns nun auch nichts mehr im Weg, das Glücksrad erneut zu besteigen und die Fahrt so lange, wie es uns vergönnt ist, ausgiebig zu geniessen.

HAPPY
MILLIONÄR

Kapitel 11

Das Queen-Mary-Desaster

Für das QUEEN-MARY-2-Abenteuer müssen wir erstmal nach New York City fliegen, wo am **Freitag, dem 13. Januar 2006** diese unglaubliche Geschichte im 13. Stock des legendären Hotels WALDORF ASTORIA ihren Anfang nimmt. Während wir den reichlich mit Gold verzierten Aufzug des prunkvollen Hauses betreten und Birgit den Knopf des dreizehnten Stockwerks drückt, meint ein anderer Hotelbesucher amüsiert: *«Sie wissen aber schon, dass heute Freitag, der 13. ist?»* Dass uns dies bisher noch nicht negativ aufgefallen ist, wird sich rasch ändern. Unser Zimmer mit der Nummer 1343 entpuppt sich nämlich als äusserst bescheidene Absteige, die so gar nicht dem entspricht, was wir von einem WALDORF ASTORIA erwartet haben. Zudem beginnen wir spätnachts zu frieren und bemerken, dass die Heizung trotz eisiger Aussentemperaturen nicht funktioniert. Prompt holen wir uns passend zu diesem Freitag, dem 13. auch noch eine Erkältung, die uns dann definitiv dazu bewegt, uns beim Chef-Concierge über die unhaltbaren Zustände zu beschweren. Immerhin nimmt dieser unsere Reklamation für bare Münze und verspricht das Geschehene wieder gutzumachen.

Geplagt von einem leichten Schnupfen fahren wir mit dem Taxi so lange kreuz und quer durch das eisig kalte Manhattan, bis wir plötzlich schon von weitem den markant roten Schornstein des zurzeit grössten und wohl auch berühmtesten Transatlantikliners der Welt erkennen können. Und da liegt sie nun vor uns in ihrer ganzen Pracht und fest vertäut am Hudson River, die berühmte QUEEN MARY 2. Gemeinsam mit Passagieren aus aller Welt begeben wir uns ehrfürchtig an Bord des Schiffes, das wir bisher nur vom Hörensagen kennen und das uns die Reise aller Reisen ermöglichen soll. Ein nicht alltägliches, sechswöchiges Kreuzfahrtabenteuer vom Allerfeinsten wird uns von New York City über Florida in die Karibik bringen. Von dort geht es dann über den Atlantik nach Salvador de Bahia, weiter bis nach Rio de Janeiro und schliesslich sogar bis zu den argentinischen Feuerland-

Inseln, von wo aus wir dann unser endgültiges Ziel Ushuaia an der Südspitze Südamerikas ansteuern.

Eine wahrlich verlockende Reise, die wir kaum abwarten konnten, wird nun Wirklichkeit. Mit Einbruch der Dunkelheit verlässt der Ozeanriese unter dem lauten Tuten der originalen Dampfpfeife des traditionsreichen Vorgängerschiffs QUEEN MARY 1 aus dem Jahr 1936 den Hafen von New York City. Nur schon die Fahrt vorbei an der Freiheitsstatue und der atemberaubende Blick auf die Skyline New Yorks macht diese Reise zum ganz besonderen Erlebnis. Wie gewöhnlich am ersten Seetag wollen wir am folgenden Morgen nach einem ausgiebigen Frühstück gutgelaunt das Schiff erkunden und landen dabei irgendwie und irgendwann bei einer etwas abgeschiedenen, kleinen, aber luxuriösen Poolanlage auf dem Achterdeck. Ein ungeholbelter junger Mann gibt sich als Sicherheitsmitarbeiter aus, macht uns an und will wissen, was wir hier verloren haben. So aber gar nicht, denke ich mir und bestehe darauf zu erfahren, was sein Problem ist. Der Typ gibt mir von oben herab zu verstehen, dass wir uns hier im First-Class-Bereich befinden. Na und, deshalb gebe ich mich noch lange nicht beeindruckt. Nun aber, wo der Typ sogar Anstalten macht handgreiflich zu werden, gebe klein bei und ziehe mich mit Birgit zurück.

Daraufhin erinnere ich mich auch wieder an die Warnung der Reisebüro-Fachfrau, die mir die Kreuzfahrt verkaufte und mich damals ausdrücklich auf die Zweiklassengesellschaft an Bord der QUEEN MARY 2 aufmerksam machte. Doch ich war damals zu sehr auf dieses Schiff fixiert, als dass ich mich von meinen Plänen hätte abbringen lassen. Und so regte ich mich zwar kurz darüber auf, dass die First-Class-Passagiere in ihrem eigenen, von den anderen Gästen komplett abgetrennten Speisesaal zu dinieren haben, nahm aber diese mir absolut lächerlich erscheinende Regelung nicht allzu ernst. Stattdessen pfiff ich auf die First-Class und bat meine Beraterin , alternativ das Allerbeste zu buchen, wobei uns die Gelegenheit gegeben werden soll, mit den gewöhnlichen Gästen, sprich normalen Leuten, im grossen Hauptspeisesaal zu dinieren. Dass diese, offensichtlich aus dem letzten Jahrhundert stammende Vorschrift allerdings das grosse Problem auf diesem Schiff sein würde, damit rechnete ich beim besten Willen nicht. Es ist nämlich tatsächlich so, dass sich diese zu verabscheuende und herabwürdigende Klassentrennung von Reich und Arm wie ein roter Faden durch das ganze Schiff zieht.

Denn egal ob an der Bar, im Kasino oder sonst wo auf dem Schiff treffen wir ständig auf diese sich seltsam benehmenden Snobs einer Möchtegern-Gesellschaft, die nicht wissen, wie blöd sie sich zu verhalten haben.

Unsere durch ihren bestechenden britischen Humor umso unterhaltsameren, aus Liverpool stammenden Tischnachbarn sind dafür umso sympathischer. Die zum Schreien lustige Geschichte des etwas seltsam gekleideten Paares vom verlorenen Gepäck, die eigentlich zum Weinen ist, sorgt für ununterbrochenes Gelächter an unserem Tisch. Tatsächlich wurde den äusserst sympathischen Engländern das eigene Gepäck mit grosser Verspätung und ohne jegliche Benachrichtigung völlig durchnässt vor ihre Kabine gestellt. Nachdem sich die beiden ihrer vor Wasser triefenden Koffer angenommen und sich so langsam wieder bekriegt hatten, begaben sie sich zur Rezeption, um sich über diese Ungeheuerlichkeit zu beschweren. Auf eine ziemlich magere Entschuldigung folgte die lapidare Erklärung, dass ihre Koffer beim Verladen unglücklicherweise im New Yorker Hudson River gelandet seien. Und während sich die beiden halb kaputt lachen, weisen sie auf die ihnen offensichtlich nicht ganz passenden Kleider hin, die ihnen grosszügigerweise zur Verfügung gestellt worden sind. Eine wirklich sehr komische Geschichte, die, wie sich bald zeigen wird, nur zu gut zum miserablen Gesamteindruck dieses Schiffes passt.

Augenscheinlich verwundert uns hier an Bord gar nichts mehr. Je genauer wir uns den Kahn unter die Lupe nehmen, einen desto heruntergekommeneren, schmuddeligeren Eindruck macht die gerade mal knapp vier Jahre junge QUEEN MARY 2. Aus eigener Erfahrung kann dieses sehr schlecht gewartete Schiff einem Vergleich mit Kreuzfahrtschiffen renommierter Reedereien wie CELEBRITY oder ROYAL CARIBBEAN keinesfalls standhalten. Überall dort, wo man achtsam hinschaut, ist es schmutzig, sogar im grossen Pool entdecken wir hässliche, fette braune Schmandränder. Zudem ist der Service an Bord himmeltraurig und das Essen schmeckt auch nicht besonders. Alles in allem ist die QUEEN MARY 2 ein noch nicht einmal sauberer Blender, den man sich am besten nur von aussen betrachtet.

Der erste Stopp in Fort Lauderdale vermag zwar unsere Meinung über das Schiff nicht zu ändern, sorgt aber immerhin für bessere Laune. Auch wenn dieser

Stopp keinen Landgang vorsieht und nur zum Aufladen von Passagieren dient, sorgt dieser kurze Aufenthalt im riesigen Hafen für Abwechslung. Darüber hinaus verspricht die Reise von nun an ja auch spannend zu werden, sodass wir bereit sind, über das eine oder andere an Bord hinwegzuschauen. Zuerst können wir uns auf die zwei Karibikstopps in Barbados und Saint Kitts freuen. Von dort aus geht's dann für drei Tage über den Nord- und Südatlantik nach Salvador de Bahia in Brasilien und weiter nach Rio de Janeiro. Auf diesen Teil der Reise, vor allem auf Rio, freuen wir uns ganz besonders. Es dauert nicht sehr lange, bis die neuen Passagiere aufgenommen sind, und schon legen wir wieder ab. Als absolute Nautikfans verfolgen wir das Manöver der QUEEN MARY 2 aus dem Hafen von Port Everglades ganz genau und freuen uns über die tolle Aussicht vom Balkon, die uns auch noch eine direkte Sicht in die Brücke zum Kapitän erlaubt.

Bei der flotten Fahrt aus dem Hafen ist es Birgit, die sich über die ungewöhnliche Nähe zum Ufer erschreckt. Dann aber fällt dasselbe auch mir auf und beide staunen wir über die mächtigen Heckwellen, die teilweise sogar in die Gärten und Pools der Villen hineinschwappen. Dass hier etwas nicht stimmt, bestätigt auch das unter uns fahrende Lotsenboot, das offensichtlich verzweifelt versucht, das riesige und viel zu schnelle Schiff vom Ufer fernzuhalten. Plötzlich spüren wir eine mächtige Erschütterung, die in einem Zittern durch das ganze Schiff zu spüren ist. Beim direkten Blick in die Brücke erkennen wir den weissbärtigen Kapitän und die Crew, die planlos auf der Brücke hin und her zu rennen scheint. Wir fragen uns gerade, was hier wohl passiert sein könnte, als die QUEEN MARY 2 nur wenige Minuten danach unter Volldampf aus dem Hafen in den Ozean hinausrauscht. Alles scheint in bester Ordnung, also denken wir uns nichts weiter dabei und machen uns auf den Weg zum Pool. Hier fällt uns auf, dass der neuerliche Vorfall das Gesprächsthema Nummer eins unter den Passagieren ist. Also war da doch etwas und hatten wir uns die Erschütterung doch nicht nur eingebildet? Bei einem eisgekühlten Drink geniessen wir die Ruhe auf See, durchstöbern die mitgebrachten Zeitschriften und sind gerade dabei, unseren ersten entspannten Moment auf dem Schiff zu erleben, als wir plötzlich eine Verlangsamung der Fahrt wahrzunehmen glauben. Schliesslich ist diese so krass spührbar, dass die Passagiere aus ihren Liegestühlen aufspringen und sich in Scharen zur Reling begeben, um nachzusehen, was da möglicherweise passiert sein könnte. So, und das war's dann auch schon mit der Entspannung auf der QUEEN MARY 2. Bald wird nämlich klar, dass der berühmteste Transatlantikliner der Welt inmitten des Atlantischen Ozeans komplett zum Stillstand gekommen ist.

Dieser genauso unglaubliche wie beängstigende Zwischenfall löst sofortige Unruhe unter den Passagieren aus und bestätigt nun auch definitiv, dass wir wohl bei der Ausfahrt Grundberührung hatten, respektive aufgelaufen sind. So zumindest ist meine momentane Einschätzung der Lage, weshalb denn sonst soll die QUEEN MARY 2 mitten im Ozean sämtliche Antriebe ausschalten? Ich reagiere sofort, nehme mein brandneues, internettaugliches Sony-Ericsson-Handy zur Hand und sende meinem Freund Eibi in Miami die folgende E-Mail: «*ACHTUNG DRINGEND!! Hi Eibi, die QUEEN MARY 2 hat soeben alle Maschinen gestoppt. Wir treiben etwa 5 Meilen vor der Küste Fort Lauderdales und so, wie es aussieht, ist das Schiff navigationsunfähig! Bitte verständige sofort alle Medien! DAS IST KEIN SPASS!! Danke und LG Stephan.*» Eibi bestätigt den Erhalt umgehend und versichert mir sofort alle Medien zu informieren. Etwa eine Viertelstunde später taucht der erste Helikopter am Horizont auf. Weitere folgen, bis wir schliesslich von mindestens drei mit riesigen Kameras ausgerüsteten Helikoptern umkreist und gefilmt werden. Und so sind wir uns immerhin sicher, im Blickpunkt der Öffentlichkeit zu sein, statt einsam im Atlantik unser Schicksal abwarten zu müssen. Denn wer weiss schon, wie gross die Gefahr eines Sinkens ist und ob wir ein Leck haben oder nicht?

Mindestens 2 Stunden müssen wir, sowie natürlich auch alle anderen Passagiere ohne jede Benachrichtigung der Crew in Angst und Schrecken ausharren. Zum Schlimmsten kommt es glücklicherweise nicht, doch irgendwie reicht es auch schon, dass tatsächlich ein paar Schlepper auftauchen und die absolut navigationsunfähige QUEEN MARY 2 an Land schleppen müssen. Erst jetzt erfahren wir durch die Lautsprecher, dass wir aufgrund eines technischen Problems zurück in den Hafen von Fort Lauderdale geschleppt werden. Was wir hier auf diesem Schrottkahn gerade erleben, ist so krass und unglaublich, wie ich mir das in meinen kühnsten Träumen nicht hätte vorstellen können.

Bei der Ankunft am Dock in PORT EVERGLADES erwartet uns bereits ein Riesenaufgebot an TV-Übertragungswagen und Reportern. Für mich, als selbst sturmerprobter Hobbykapitän mit ausreichender Erfahrung und dem entsprechenden Respekt gegenüber dem Meer, steht fest, dass die Reise mit diesem

Unglücksschiff sofort abgebrochen wird. Ich verliere keine Zeit, begebe ich mich gemeinsam mit Birgit in die Lobby und suche das Gespräch mit einer Gästebetreuerin. Sofort komme ich auf den Punkt und gebe der jungen Dame bekannt, dass wir die Reise hier und jetzt abbrechen wollen. Die Hoffnung, auf Verständnis zu stossen, scheint fehl am Platz, stattdessen werde ich ohne jede Entschuldigung abgeputzt und darauf hingewiesen, dass es absolut unmöglich sei, das Schiff zu verlassen. Zwischenzeitlich hat sich die Lobby mit um die 100 besorgten und teilweise auch ziemlich aufgebrachten Gästen gefüllt. Die tumultähnliche Situation beruhigt sich erst mit der längst überfälligen Lautsprecherdurchsage. Endlich hält man es für nötig, die Passagiere über die Vorkommnisse zu informieren. Dabei wird bestätigt, dass die QUEEN MARY 2 während des Verlassens des Hafens Grundberührung hatte und dabei einer der vier Antriebe beschädigt worden ist. Man verspricht, dass eine Reparatur in Abklärung sei, und weist darauf hin, dass sich aufgrund dessen die Weiterreise leider um einen Tag verzögern werde. Zum Trost bietet man einen Landgang an, der maximal bis 18 Uhr dauern soll. Mit dieser Nachricht geben auch wir uns fürs Erste zufrieden, und da wir eh keine andere Wahl zu haben scheinen, machen wir jetzt halt einfach das Beste aus der Situation.

Nach einem kurzen Landgang im uns eh schon bestens bekannten Fort Lauderdale begeben wir uns mit den anderen Passagieren pünktlich zurück an Bord. Kaum angekommen meldet sich der 66-jährige, britische Kapitän Ronald Warwick höchstpersönlich aus dem Lautsprecher. Der Kapitän, aus dessen Stimme sich seine schlechte Gemütsverfassung nur zu gut erahnen lässt, gibt jetzt Unglaubliches bekannt: *„Liebe Gäste, ich habe die Pflicht, Ihnen mitteilen zu müssen, dass sich unsere Reise leider um einen weiteren Tag verzögern wird. Der Grund liegt am defekten Antrieb, der nun leider doch nicht wie erst gedacht repariert werden kann und deshalb nun komplett demontiert werden muss. Das ist allerdings überhaupt kein Grund zur Sorge, denn die QUEEN MARY 2 ist durchaus in der Lage, die Reise problemlos mit drei Antrieben fortzusetzen. Allerdings ist mit einer verminderten Reisegeschwindigkeit zu rechnen. Und aufgrund der in Rio de Janeiro auf uns wartenden Passagiere sehen wir uns zudem leider gezwungen, die geplanten Karibik-Stopps in Barbados und Saint Kitts nun auf nur einen einzigen Stopp in Barbados zu beschränken. Ich bedanke mich für das Verständnis und wünsche allen Passagieren einen schönen Aufenthalt an Bord.»*

Von wegen schöner Aufenthalt an Bord! Nun bin ich mir ganz sicher, im falschen Film gelandet zu sein, und begebe mich direkt wieder zur Rezeption. Hier haben sich bereits unzählige verzweifelte, teilweise weinende Gäste in eine lange Schlange eingereiht. Mit dem festen Willen, mich dieses Mal nicht abwimmeln zu lassen, halte ich Ausschau nach einem kompetenten Ansprechpartner, den ich in einem weiss uniformierten und mit einigen goldenen Streifen dekorierten Offizier zu erkennen glaube. Hartnäckig bestehe ich darauf, angehört zu werden, gebe dem Mann unsere Beweggründe für das vorzeitige Verlassen des Schiffes bekannt und verlange sofort von Bord gelassen zu werden. Der höfliche Offizier hört mir zwar aufmerksam zu, blockt dann aber auch gleich wieder ab und beruft sich auf die US-Einwanderungsbehörde, die jede Einreise in die USA von Bord der QUEEN MARY 2 aus absolut verunmöglichen soll. Da dies nichts anderes bedeutet, als dass wir uns als Gefangene auf diesem verfluchten Unglücksschiff zu betrachten haben, bleiben wir erstmal wortlos und geschockt stehen. In diesem Moment entdecke ich den weissbärtigen Kapitän im hinteren Teil der Rezeption und rufe ihm laut zu: «*Captain! Please, I would like to speak to you.*» Dieser jedoch zeigt keinerlei Interesse, mit mir zu sprechen, genauso wenig wie er es nicht für nötig hält, die Passagiere durch seine persönliche Anwesenheit zu beruhigen. Ein Skandal, der die hier herrschende Zweiklassengesellschaft nochmals deutlich unterstreicht. Ein Feigling wie Kapitän Ronald Warwick würde sich wohl niemals zum gewöhnlichen Volk herunterlassen. QUEEN MARY 2, das Katastrophenschiff!

Egal was die uns hier erzählen, wir lassen uns nicht einsperren und bevormunden schon gar nicht. Wir müssen um jeden Preis von Bord. Es muss doch eine Möglichkeit geben, von diesem offensichtlich verfluchten Schiff wieder runterzukommen. Ich strenge meine Hirnzellen an und lasse meiner Kreativität gedanklich freien Lauf. Schon bald komme ich auf die Idee einer mit ziemlicher Sicherheit wirksamen, aber wenig eleganten Methode, die uns vielleicht doch noch von Bord bringen könnte. Allerdings muss ich dabei äusserst behutsam vorgehen, denn wenn mein Plan nicht funktioniert, könnte das schlimmste Konsequenzen zur Folge haben. Um von diesem Gefängnis zu entfliehen bin ich jedoch zu fast jedem Risiko bereit. Zurück in der Kabine durchsuche ich als Erstes die mitgebrachten Reiseunterlagen und stosse dabei auf die Telefonnummer der in Miami ansässigen US-Zentrale der zuständigen Reederei CUNARD LINES. Ohne mich gross vorzubereiten, rufe ich dort spontan an und verlange nach dem Manager oder Supervisor.

Die Telefonistin bittet mich kurz um Geduld und verbindet mich gleich weiter an eine freundliche Dame. Aufgeregt wie ich von der ganzen Sache bin, improvisiere ich jetzt einfach mal wild drauflos, erkläre in kurzen, wenigen Sätzen die Situation und verlange zum Schluss umgehend von Bord gelassen zu werden. Die Frau entschuldigt sich höflich für die Unannehmlichkeiten, macht aber sofort klar, dass sie mir nicht weiterhelfen könne. Das zu akzeptieren bin ich allerdings nicht bereit und gehe fliessend zu Teil 2 meines Plans über. Jetzt werde ich energischer, informiere die Dame darüber, dass meine Frau aufgrund einer kürzlich erfolgten Operation psychisch labil sei und sie sich deshalb an Bord gefangen fühle. Nun wird die Dame schon hellhöriger, geht auf mich ein, versucht mich zu beruhigen und bittet mich am Apparat zu bleiben, weil sie mich weiter verbinden wolle. Mit ruhiger Stimme und äusserst gewählten Worten meldet sich jetzt eine Frau Doktor, die ganz genau wissen möchte, wo das Problem liegt. Zuversichtlich, auf dem richtigen Pfad zu sein, gebe ich Gas und improvisiere weiter wild drauf los. Doch Frau Doktor gibt sich zäh und zeigt sich wenig beeindruckt von meiner Geschichte. Auch sie verweist ein weiteres Mal auf die amerikanischen Einreisebestimmungen und sieht für uns absolut keine Möglichkeit, das Schiff zu verlassen. Somit sehe ich keine weitere Option mehr, als mit Tuten und Blasen in die Schlacht zu ziehen und jetzt ohne Rücksicht auf Verluste die Bombe platzen zu lassen. Ich hole tief Luft und gebe den Satz zum Besten, der uns definitiv den Weg in die Freiheit bereiten soll. *«Jetzt hören Sie mal aufmerksam zu! Wenn Sie uns nicht umgehend vom Schiff lassen, dann werden wir gemeinsam über Bord springen. War das jetzt deutlich genug?»*, rufe ich laut in den Hörer. Auf der anderen Seite wird es für einen Moment ganz still, dann meldet sich Frau Doktor mit sanfter und ganz ruhiger Stimme zurück: *«Sir, bitte bewahren Sie Ruhe und bleiben Sie auf dem Zimmer, es wird sich sofort jemand um Sie kümmern.»* Dann geht plötzlich alles ganz schnell.

Es dauert gerade mal 10 Minuten, bis es an der Türe klopft. Höflich, aber bestimmt fordern uns zwei ganz in schwarz gekleidete Männer dazu auf, alles zusammenzupacken und ihnen unverzüglich zu folgen. Mit einem etwas flauen Gefühl in der Magengegend folgen wir den beiden Security-Typen, die uns, ohne nur einem einzigen Menschen zu begegnen, durch verborgene Gänge führen und schliesslich zu einem Lastenaufzug bringen, der offensichtlich im Bauch des Schiffes verschwindet. *«Was geht hier vor, wohin bringen Sie uns?»*, will ich wissen. Eine Frage, die unbeantwortet bleibt. Während wir den beiden komischen

Gestalten mit dem ganzen Gepäck im Schlepptau weiter durch die langen, mit Neonlicht beleuchteten Gänge folgen, beginne ich mich zu fragen, ob ich mit meiner Show vielleicht doch etwas zu weit gegangen bin. Der lange Weg ins Ungewisse fühlt sich schrecklich an und löst in mir Ängste aus, die alle in der Vorstellung enden, hier an Bord an einem geheimen Ort festgehalten zu werden. So abwegig sich das auch anhören mag, so oft hört man ja immer wieder von unzähligen auf hoher See verschollenen Passagieren, die niemals mehr aufgetaucht sind.

In unserem Fall geht die halbstündige Odyssee durch den Schiffsbauch der QUEEN MARY 2 dann aber doch noch glimpflich aus und endet vor einem speziell für uns versammelten, uniformierten CUNARD-LINE-Empfangskomitee. Eine ebenso hochnäsige wie hochrangige CUNARD-Managerin überreicht mir, ohne uns eines Blickes zu würdigen, die Pässe und macht verständlich, dass wir ihr zu folgen haben. Als grosses Finale unserer waghalsigen Aktion durchlaufen wir jetzt eine gläserne Passerelle, die uns aus dem Schiff hinaus in ein komplett verlassenes Zollterminal führt. Ohne dass unsere Pässe jemals kontrolliert werden, geht es im Laufschritt hinaus auf die Pier ins gelobte Land USA. Als effektiv die einzigen von über 2500 Passagieren schaffen wir es schliesslich gegen 20 Uhr, tatsächlich amerikanischen Boden zu betreten. Hier werden wir wie Superstars von dutzenden Reportern und hellen Blitzlichtgewittern empfangen. Ein CBS4-Reporterteam rennt auf uns zu und will vor laufenden Kameras wissen, was wir denn jetzt fühlen. Beide strahlen wir vor Glück und ich bedanke mich gar mit den Worten: «*God save America!*» Nach einigen weiteren dankbaren, aber auch mahnenden Worten in die Kameras rufe ich sofort unseren Freund Eibi an, um ihm zu erzählen, was passiert ist. Dieser lacht laut und meint, er habe uns ja gerade eben live im TV gesehen und sei deshalb bereits auf dem Weg zu uns.

Die Quintessenz der Geschichte ist schliesslich die, dass uns das Schicksal wieder ins schöne Miami geführt hat, wo für uns die Welt augenblicklich wieder in Ordnung ist. Freund Eibi organisiert uns in einem First-Class-Hotel in Coral Gables eine wirklich traumhafte Suite mit direktem Zugang zum riesigen Pool zum Vorzugspreis. Wir buchen direkt für mehrere Wochen und unternehmen von hier aus mit dem Cadillac kleinere und grössere Florida-Touren. Nachdem wir das schaurige Erlebnis QUEEN MARY 2 etwas verdaut haben, bitten wir das Hotel um einen

Unterbruch und buchen spontan eine neue Kreuzfahrt bei der uns bekannten, erstklassigen CELEBRITY CRUISE LINE.

Komplett stressfrei geniessen wir die traumhafte 9-tägige Kreuzfahrt durch das Inselparadies der Karibik auf der wunderschönen INFINITY. Auf der Rückreise nach Miami steuert das Kreuzfahrtschiff am siebten Reisetag den Hafen von Nassau auf den Bahamas an. Schon bei der Ansteuerung Nassaus fällt uns von weitem das dominant alles überragende ATLANTIS-Hotel auf. Sofort nach dem Anlegen machen wir uns auf den Weg zu diesem aussergewöhnlichen Luxusresort mit eigenem Yachthafen. In den palastartigen Gemäuern des Megaresorts, das der versunkenen Stadt Atlantis nachempfunden wurde, fühlen wir uns auf Anhieb so wohl, dass wir gleich nach einem freien Zimmer fragen. Als wir diese Möglichkeit abgecheckt haben, machen wir uns umgehend zurück an Bord der INFINITY und bitten, das Schiff frühzeitig verlassen zu dürfen. Der sehr nette Kapitän höchstpersönlich bringt uns grosses Verständnis entgegen und begleitet uns zum Schluss sogar noch selbst bis zum Ausgang des Schiffs. So geht Kreuzfahrt!

Im ATLANTIS angekommen geniessen wir schon bald die atemberaubende Aussicht aus einer der schönsten, zuoberst gelegenen Suiten. In der traumhaften Anlage des grosszügigen Resorts verbringen wir einen so tollen Urlaub, dass wir beginnen, die Bahamas zu lieben. Eine Woche später, zurück in Miami, zeigen sich bei uns jetzt allerdings erste Müdigkeitserscheinungen, was das Hotelleben angeht. Vor allem aber fehlt uns unser kleiner Rocky inzwischen schon so sehr, dass wir beschliessen, den Urlaub vorzeitig zu beenden, um unseren Kleinen schon bald wieder bei Papa in Essen in die Arme schliessen zu können. Am **14. Februar 2006** geht es mit der Lufthansa nach Düsseldorf, wo uns Papa mit Rocky abholt.

Aus den News erfahren wir später, dass Kapitän Ronald Warwick tatsächlich die Tollkühnheit besessen hatte und die Fahrt über den Atlantik mit nur drei Antrieben wagte. Dies allerdings nach insgesamt dreitägiger Verspätung und mit der Konsequenz, dass die beiden Stopps in der Karibik sowie der im brasilianischen Salvador de Bahia gestrichen wurden. Das war nötig, um nach der Nonstop-Atlantiküberquerung die in Rio wartenden 1000 Passagiere noch rechtzeitig aufnehmen zu können. Für die Passagiere bedeutete dies, für 9 Tage ohne Stopps und ohne jemals Land zu sehen, an Bord der QUEEN MARY 2 eingesperrt gewesen zu sein. Es wurde berichtet, dass die Passagiere über Stress, Angst und Depressionen klagten und dass, obwohl die Reederei freiwillig die Hälfte des Reisepreises zurückerstatten wollte, eine Sammelklage gegen CUNARD erhoben wurde. In mehreren Medien wurde deshalb von der Meuterei auf der QUEEN MARY 2 berichtet.

Glücklicherweise blieb uns all das dank unverzüglicher Eigeninitiative und radikaler Courage erspart. Was blieb, war der Ärger mit American Express, die uns vorwarfen, dass wir das Schiff ja nicht hätten verlassen müssen, und sich deshalb trotz der vielgelobten Reiseversicherung unserer schwarzen Centurion-Karte vehement weigerten, für die Kosten aufzukommen. Ich liess mir das nicht bieten, kündigte die Mitgliedschaft und schaltete einen Anwalt ein, der die Angelegenheit am Ende zu unseren Gunsten regelte. Am Ende hat das QUEEN-MARY-2-Desaster einmal mehr gezeigt, dass in Notsituationen nur Verlass auf sich selbst ist.

Anmerkung: *Die britisch-US-amerikanische* **Carnival Corporation & plc** *ist das grösste Kreuzfahrtunternehmen der Welt. Unter seinen Marken AIDA Cruises, Carnival Cruise Line, Costa Crociere, Cunard Line, Holland-America Line, P&O Cruises, P&O Cruises Australia, Princess Cruises und Seabourn Cruise Line betreibt es weltweit mehr als 100 Schiffe. Die Hauptverwaltung befindet sich in Miami, Florida, in den Vereinigten Staaten.*

HAPPY
MILLIONÄR

Das legendäre Hotel WALLDORF ASTORIA in New York City Birgit im 13. Stock des WALLDORF ASTORIA

QUEEN MARY 2 in Manhattan Sicht auf die Brücke mit Kapitän Ronald Warwick

QUEEN MARY 2 bei der verhängnisvollen Ausfahrt aus dem Hafen Port Everglades in Fort Lauderdale

Die QUEEN MARY 2 wieder zurück in Fort Lauderdale

Um Klassen besser! INFINITY irgendwo in der Karibik

Kapitel 12

Traumdenken

Verlockungen für ein dauerhaftes Leben unter Palmen haben wir auf unseren Reisen um die Welt schon einige entdeckt. Der Gedanke an eine permanente Auswanderung ins Paradies ist bei uns daher seit Jahren ein Thema. Zur Verwirklichung des Auswanderertraums braucht es drei Dinge, einen Traum, ein Ziel und einen guten Plan. Der Traum ist definitiv da. Doch wie sieht es mit der Wahl des richtigen Ziels aus? Was nutzten schliesslich Sonne, Meer und Palmen, wenn man nach einer gewissen Zeit plötzlich herausfände, am falschen Ort gelandet zu sein? Domizile mit Sonne, Meer, Strand und Palmen, wo das ganze Jahr über Badetemperaturen herrschen, gibt es sprichwörtlich wie Sand am Meer. Solche aber, wo auch das ganze Drumherum noch stimmt, sind äusserst rar. Und wenn der neue Lebensmittelpunkt dann möglichst auch noch dem gewohnten Lebensstandard aus der Heimat entsprechen soll, dann verringert sich die Auswahl auf ein Minimum. Und soviel kann ich jetzt schon verraten, am Ende bleibt tatsächlich nur noch ein einziges Domizil übrig. Bitte einsteigen, Platz nehmen und anschnallen, die fiktive Reise um den Globus geht jetzt los.

Zu unseren absoluten Lieblingsgegenden gehört die französische Côte D'Azur mit dem traumhaften Saint-Tropez. Da unser Wunschdomizil aber ganzjährige Badetemperaturen bieten muss, lassen wir das Mittelmeer einfach mal weg und überqueren den Ozean.

Das naheliegendste Ziel wären die Kanarischen Inseln, doch die entsprechen so gar nicht unseren Vorstellungen vom perfekten Paradies und sind bei uns anlässlich eines Kurzbesuches vor einigen Jahren komplett durchgefallen. Ähnlich erging es uns in Neuseeland, wo wir in Auckland aus lauter Langeweile das Land bereits nach 48 Stunden wieder verliessen.

Ganz anders haben wir Sidney erlebt, die Hauptstadt Australiens hat uns auf Anhieb begeistert. Ein Traum von einer Stadt, die es mit den Grossstädten Europas und Nordamerikas in jeder Beziehung aufnehmen kann. Der knapp 1000 Kilometer lange Roadtrip von Sidney nach Brisbane erwies sich hingegen als der grösste Flopp aller unserer bisherigen Reisen. Statt so wie überall auf den gelben Verkehrsschildern angekündigt Kängurus und Koalabären zu begegnen, machten wir in den schäbigen Hotels Bekanntschaft mit Riesenkakerlaken. Als sich Surfers Paradise schliesslich auch noch als das Pendant zu Mallorcas Ballermann herausstellte und uns gar im 5-Sterne-Hotel eine wahre Monsterkakerlake im Bett das Fürchten lehrte, reichte das zur Flucht. Um das Land auf dem schnellsten weg wieder verlassen zu können haben wir sogar in Kauf genommen, das bereits bezahlte First-Class Round the World Ticket zu zerreissen und neue Tickets zu kaufen.

Gelandet sind wir im uns bestens bekannten und wunderschönen Phuket in Thailand. Hier werden nicht nur die Badetemperaturen unseren Ansprüchen zu einhundert Prozent gerecht, auch das mit den Krabbeltieren scheinen die netten Thais im Griff zu haben und vom thailändischen Essen kann ich eh nur schwärmen. Regelmässig überwinterten wir an Phukets Patong Beach in einem tollen Bungalow-Hotel direkt am Strand. Unsere Stopps in Bangkok bleiben unvergesslich, genauso wie der perfekte Urlaub auf der Insel Ko Samui. Dennoch reicht uns das bei weitem nicht für ein dauerhaftes Leben unter der Sonne Thailands. Zu gross sind die kulturellen Unterschiede und zu viele Abstriche müssten wir beim gewohnten Lebensstandard machen. Und dies gilt meiner Meinung nach für sämtliche südasiatischen Länder.

Dafür spricht auch der Stopp auf unserer Weltreise den wir in Manila auf den Philippinen eingelegt hatten. Auf der vielgelobten Ferieninsel Cebu flohen wir vom sogenannten Luxushotel bereits nach der ersten Übernachtung. Zurück in Manila war das Militäraufgebot mit dutzenden von Militärfahrzeugen und Panzern vor dem Flughafen schlichtweg zum Fürchten. Als wir nur noch wegwollten, liess ich Birgit zwecks Umbuchung der First Class Tickets am Schalter nur ganz kurz mit dem gesamten Gepäck im Taxi zurück. Als ich zurückkahm, fehlte jede Spur vom

Taxi und von Birgit. Einige bange Minuten später fand ich meinen Schatz umringt von Polizeibeamten, total aufgelöst und weinend wieder. Der Taxifahrer hatte versucht, Birgit samt Gepäck zu entführen. Nur dank Birgits lautem Geschrei wurde die Polizei aufmerksam und konnte so Schlimmeres verhindern. Weitere Kommentare zu den Philippinen erübrigen sich somit wohl von selbst

Mit dem inmitten des Südpazifiks gelegenen Französisch-Polynesien glaubten wir tatsächlich das Paradies auf Erden gefunden zu haben. Zum einen ist dem tatsächlich so! Doch so malerisch schön der Inselstaat Tahiti mit dem Hauptort Papeete und den umliegenden Inseln Moorea und Bora Bora auch sein mag, ist das Ganze hier, so wie es sich für ein Paradies gehört, ein reines Ferien- und Badeparadies. Wenn auch eines der allerschönsten auf dem Planeten. Diese Erkenntnis lässt mich vermuten, dass dies wohl auch auf andere Paradiese wie die Seychellen oder Mauritius zutrifft.

Das vom Hören und Sagen wunderschöne Südafrika haben wir bisher aus reinen Sicherheitsbedenken noch nie besucht. Über das, was ich nicht kenne, kann ich mir auch kein Urteil bilden. Unbestritten ist jedoch, dass das Land seit Jahren Probleme mit der Kriminalität hat. Für uns Grund genug, Südafrika nicht auf die Liste unserer möglichen Auswanderdestinationen zu setzen.

Dasselbe gilt für das bestimmt wunderschöne Brasilien und sein berühmtes Rio de Janeiro, wohin wir es ja bis heute aus bekannten Gründen *(Queen Mary 2)* noch nicht geschafft haben.

Mexiko bietet gleich mehrere berühmte Traumdestinationen. Cancún, Cozumel, Cabo San Lucas und das berühmte Acapulco haben wir zum Teil schon mehrmals besucht. Für Mexiko sprechen ein beinahe unschlagbares Touristikangebot, der ewige Sonnenschein, ein liebenswertes Volk und das hervorragende Essen. Dagegen spricht, dass Mexiko mit weiteren südamerikanischen Ländern zu den gefährlichsten der Welt gehört.

Noch gefährlicher ist es nur noch in zahlreichen Karibikstaaten. Egal wie schön es unter den karibischen Palmen auch sein mag, die Kriminalitätsrate ist erschreckend. Die vermeintliche Trauminsel Jamaika liegt im weltweiten Ranking der Tötungsdelikte gar direkt nach Venezuela auf dem zweiten Platz. Traurigerweise wechseln sich in dieser absonderlichen Hitparade die südamerikanischen mit den karibischen Staaten ab. Ganz zuoberst unter den ersten zwanzig finden sich Anguilla, Dominica, St. Vincent und die Grenadinen, St. Kitts und Nevis, Trinidad und Tobago, St. Lucia und zu meiner Überraschung auch die Bahamas. Auch wenn sich diese Statistik vor allem auf die überfüllten Hauptstädte und weniger auf die kleinen Inseln bezieht, so erscheint mir das doch als ziemlich besorgniserregend. Dennoch werden wir auch künftig nicht auf tolle Karibikferien verzichten und fürs Auswandern sehe ich die Karibik ohnehin nicht als geeignet.

Der zu den USA gehörende Inselstaat Hawaii, vor allem die Insel Honolulu mit der gleichnamigen Hauptstadt, kommt unseren Vorstellungen von einem sicheren und idyllischen Leben unter Palmen dann schon viel näher. An Honolulus Waikiki Beach, auf Maui und auf Big Island haben wir schon einige tolle Urlaube verbracht. Der 50. Bundesstaat der USA darf nicht zuletzt wegen des amerikanischen Einflusses als perfektes Ferienparadies angesehen werden. Für uns sind die Inseln jedoch zu weit weg vom Schuss und somit fällt auch Hawaii von unserer Liste.

Nirgendwo sonst auf der Welt wird einem so viel geboten wie in Kalifornien. Die in jeder Hinsicht landschaftlich betörende Schönheit der Pazifikküste gehört wohl zum Schönsten, was der Planet zu bieten hat. Der an der Grenze Mexikos beginnende amerikanische Teil der Küste erstreckt sich über 1440 Kilometer bis zur Grenze Kanadas. Unseren damaligen Roadtrip hatten wir in umgekehrter Richtung von San Francisco aus begonnen. Gerade für Touristen hat die wunderschöne Stadt unheimlich viel zu bieten. Dazu gehören eine Stadtbesichtigung mit den historischen Cable Cars, der Besuch der Lombard Street mit Blick auf die Golden Gate Bridge und natürlich das Verkosten der frischen Meeresfrüchte am Fisherman's Wharf. Schon Al Capone wusste all die Vorzüge San Franciscos zu schätzen, hatte er doch seine eigene Einzelzelle auf der berühmten Gefängnisinsel Alcatraz. Die Fahrt über den Highway 1 die Pazifikküste entlang in Richtung Los

Angeles ist an Attraktivität kaum noch zu übertreffen und mit etwas Glück kann man sogar vom Auto aus Wale entdecken. In der Weinregion Napa Valley lassen sich prämierte Weine der Spitzenklasse probieren, in Beverly Hills können die teuersten Boutiquen der Welt besichtigt werden und nur in Hollywood kann man sich die echten Sterne der Superstars anschauen. Und wem das alles noch nicht reicht, der darf sich im 1955 erbauten original DISNEYLAND oder im ebenso unterhaltsamen Themenpark UNIVERSAL STUDIOS nach Lust und Laune austoben. Kalifornien könnte die perfekte Auswandererdestination sein und alles andere beschämend hinter sich lassen, wären da nicht die konstante Gefahr von Erdbeben und die stetige Bedrohung durch immer wieder auftretende, verheerende Waldbrände. So gerne wir möchten, getrauen wir uns nicht hierher auszuwandern.

Wie angekündigt bleibt am Ende dieser Weltreise nur noch ein einziger Ort im Rennen um die perfekte Auswandererdestination. Florida, bekannt als der Sonnenstaat der USA, bietet ganz ähnliche Vorzüge wie Kalifornien, allerdings ohne der unberechenbaren Gefahr von Erdbeben oder Waldbränden ausgesetzt zu sein. Zwar ist auch bei den in Florida nicht selten vorkommenden Hurrikans von Gefahr auszugehen, doch diese ist in jedem Fall voraussehbar. Zudem beschränkt sich die Hurrikansaison auf die Monate von Mai bis November. Statistisch gesehen fegt demnach gerade mal alle zehn Jahre ein gefährlicher Hurrikan der Kategorie 5 über Florida. Es sei zu hoffen, dass die Statistik hält, was sie verspricht, und wenn nicht, dann bleiben immerhin bis zu drei Tage, um sich vor einem bedrohenden Hurrikan in Sicherheit zu bringen. Florida bietet ausser Sonne, Meer, Strand und Palmen noch sehr viel mehr. Vor allem die Gegend rund um Miami erscheint uns als die perfekte Auswandererdestination, die es in Sachen Lebensqualität und gebotener Unterhaltung jederzeit mit der Heimat aufnehmen kann. Vor allem, wer denkt, Florida sei ein Rentnerparadies, der sollte sich unbedingt mal Miami ansehen. Unser Ziel für eine mögliche Auswanderung wäre daher unbedingt Miami. Jetzt braucht's nur noch den richtigen Plan.

HAPPY
MILLIONÄR

Kapitel 13

Der Plan

Es ist **Ende Februar 2006**, seit knapp 2 Wochen sind wir zurück aus Miami und geniessen gemeinsam mit Rocky vor dem Cheminée sitzend die verschneite Winterlandschaft, wo mich plötzlich eine seltsame Laune überkommt. Aus heiterem Himmel beginne ich über den letzten Miami-Urlaub herzuziehen und glaube festzustellen, dass ich Miami so langsam, aber sicher satt habe. Vor allem beklage ich mich bei Birgit über das dauerhafte Shoppen und das nervige Hotelleben, worauf ich zum Schluss komme, dass es an der Zeit ist, sich nach einem neuen Feriendomizil umzusehen. Birgit kann und will mich nicht recht verstehen, widersprechen tut sie mir aber dennoch nicht.

Etwa 3 Wochen später überkommt mich wieder so eine spezielle Laune, dieses Mal allerdings im umgekehrten Sinn. Ich greife das Thema Miami erneut auf und beginne jetzt so sehr von Miami Beach zu schwärmen, dass es mit den folgenden Worten endet: *«Liebling, was hältst du davon, wenn wir mit Rocky für immer nach Miami Beach auswandern? So hätten wir den Kleinen immer dabei und brauchten auch nicht mehr im Hotel zu wohnen.»* Birgit strahlt wie ein Maikäfer, fällt mir um den Hals und sagt: *«Ja, das ist die beste Idee seit langem, lass es uns versuchen. Let's go Miami!»* Ganz ehrlich, mit so einer spontanen Zustimmung hätte ich beim besten Willen nicht gerechnet, umso grösser ist meine Freude über die unerwartete Einigkeit.

Nun, wo das Ziel definitiv feststeht, brauchen wir einen Plan. Und dieser sieht erstmal so aus, dass wir uns bei der amerikanischen Botschaft in Bern nach den verschiedenen Möglichkeiten für einen dauerhaften Aufenthalt in den USA erkundigen. Da wir eh vorhaben, in den USA ein Business in unserem gewohnten Geschäftsbereich hochzuziehen, scheint das E-2 Investor Visa geradezu perfekt für uns. Dafür muss man sich verpflichten, Arbeitsplätze zu schaffen, und bereit sein zu investieren. Dagegen ist rein gar nichts einzuwenden und das wäre auch ganz leicht zu bewerkstelligen, wenn es da nicht noch eine bedeutende Hürde zu über-winden gälte. Und diese besteht darin, dass dem E-2-Visa-Gesuch mit dem nach-vollziehbaren Businessplan und dem Finanznachweis auch noch ein aktueller Mietvertrag für eine Wohnung und in unserem Fall auch für das Geschäftslokal beizulegen ist. Erst dann, wenn all diese Anforderungen erfüllt sind, kann das Ge-such für das Visum eingereicht werden. Dabei ist es egal, wie viel man schon in-vestiert hat und welche Business-Verträge man bereits unterschrieben hat, es gibt keine Garantie dafür, dass das E-2-Visa-Gesuch am Ende tatsächlich gutgeheissen wird. Auf gut Deutsch gesagt heisst das, dass wir gezwungen sind, aufs Blaue hin-aus als Touristen in die USA einzureisen, und dann gerade mal drei Monate Zeit haben, um alles in die Wege zu leiten. Diese Tatsache vermag uns allerdings nicht im Geringsten von unserem festgenagelten Plan abzubringen.

Der Plan steht, also geht's jetzt ans Eingemachte, soll heissen, die Zeit zum Los-lassen ist gekommen. Als Erstes verkaufe ich meinen Ferrari und biete auch die anderen Luxusautos zum Verkauf an. Eine gut befreundete Häusermaklerin be-trauen wir mit dem Verkauf unserer Villa, die der Einfachheit halber gleich kom-plett eingerichtet angeboten werden soll. So überraschend leicht es mir fällt, mich vom Haus und von meinen Traumautos zu trennen, umso schwerer fällt mir die Entscheidung, die APPLAUS zu verkaufen. Doch ich komme nicht darum herum und beauftrage Broker Giulio mit dem Verkauf der APPLAUS. Doch noch ist es nicht so weit, der **Sommer 2006** steht vor der Türe und die Gelegenheit für einen letzten grossen Törn mit meinem Traumschiff lasse ich mir nicht entgehen.

HAPPY
MILLIONÄR

Kapitel 14

Sturmgeschichten

Mit gemischten Gefühlen starte ich an diesem heissen Augusttag einen um den anderen der beiden Schiffsdiesel. Wir, die Crew der APPLAUS, bestehend aus meiner Frau Birgit, Hund Rocky und mir selbst, starten hier und heute zu unserem wohl vorerst letzten grossen Seeabenteuer im Mittelmeer. Alle können wir es kaum erwarten, in See zu stechen, und freuen uns auf eine ganz besondere Route, deren Ziel mit dem rund 500 Seemeilen* entfernten Tunesien ziemlich ambitioniert ausgewählt wurde. Von Palma de Mallorca aus geht es auf direktem Kurs nach Menorca. Wegen der noch andauernden Sommerferien in der zweiten Hälfte des **August 2006** wird unser anfänglicher Übereifer an der Tankstelle in Mahón allerdings erstmal durch die Warteschlange italienischer Yachten gedämpft. Erst nach stundenlanger Wartezeit gelingt es uns spät abends, längsseits an der Tankstelle anzulegen. Dies bedeutet früh aufstehen, aber auch, dass wir Mahón, Europas grössten Naturhafen, bereits gegen 9 Uhr morgens wieder mit randvollen Tanks in Richtung Sardinien verlassen können. Die mit viertausend Litern Diesel und eintausend Litern Wasser voll beladene Yacht wiegt nun gut und gerne 40 Tonnen. Bei Gleitfahrt liegt der Treibstoffverbrauch so um die 150 Liter Diesel die Stunde. Nichtsdestotrotz gebe ich Gas, beschleunige die APPLAUS auf Reisegeschwindigkeit und lasse die Yacht mit zügigen 18 Knoten** über das dunkelblaue, schon fast schwarze, da bis zu 2600 Meter tiefe Mittelmeer gleiten.

Um die 12 Stunden dauert die Fahrt bis zur etwa 200 Seemeilen** entfernten Isola di San Pietro. Wir schaffen es gerade noch bei Tageslicht, die der Küste Sardiniens vorgelagerte Insel zu umrunden, müssen dann aber doch unseren Zielhafen Carloforte im Dunkeln anpeilen. Aufgrund der teils gefährlichen Untiefen verlasse ich mich jetzt auf meinen Plotter und steuere den Hafen mit äusserster Vorsicht an. Umso mehr freuen wir uns über das uns entgegenkommende Empfangskomitee in Form zweier freundlicher Marineros in ihrem Schlauchboot. Wir folgen ihnen in den Yachthafen, wo sie uns einen freien Liegeplatz zuweisen und uns auch gleich noch beim Vertäuen der Yacht helfen. Ein überraschend toller Service, den wir so in Spanien nicht kennen. Dank den Marineros schaffen wir es gerade noch in ein einladendes Fischrestaurant, wo wir mit Speis und Trank verwöhnt werden. Zurück zur APPLAUS ist es gar nicht weit, denn die noble Marina Carlo Forte liegt inmitten dieser traumhaft schönen, typisch italienischen Kleinstadt. Carloforte gefällt uns so gut, dass wir beschliessen, bei der Rückfahrt hier nochmals einen Stopp einzulegen.

Am folgenden Morgen wollen wir das gute Wetter ausnutzen und laufen deshalb schon sehr früh wieder aus. Während der Autopilot die Yacht die naturbelassene Küste der Insel Sant'Antiocos entlang steuert, macht der erfrischende Fahrtwind die Hitze erträglich, sodass wir die tolle Fahrt über das ruhige Mittelmeer im Schatten des Sonnendachs geniessen können. Und wenn Birgit dann zu Mittag auch noch ihren selbstgemachten Kartoffelsalat mit einem frisch gebratenen Schnitzel auftischt, dann ist das einfach nur noch perfekte Welt. Dabei vergessen wir beinahe, dass die Yacht beim Übers-Meer-Gleiten ganz schön durstig sein kann. Spätestens dann, wenn die Kraftstoffreserven noch ein Viertel anzeigen, wird es so langsam, aber sicher Zeit, eine Tankstelle anzusteuern. Laut Hafenhandbuch liegt die nächste in Faro di Porto Ponte Romano nahe dem gleichnamigen Hauptort der Insel Sant'Antioco. Auf den ersten Blick macht der Fischerhafen einen recht verschlafenen Eindruck und auf den zweiten Blick einen ziemlich verlassenen. Ob wir hier tatsächlich Diesel bekommen werden, lässt mich zweifeln. Trotzdem will ich mein Glück versuchen, zwar würden wir es noch bis Cagliari schaffen, doch wer weiss, was uns dort erwartet. Also gebe ich Birgit das Zeichen zum Anlegen, worauf der kleine Rocky wie gewöhnlich beim Anlegemanöver vor Freude wild und laut zu bellen beginnt. Kaum angelegt will Rocky immer als Erster von Bord, doch Rausspringen ist nicht erlaubt, und weil der Kleine das weiss, wartet er brav, bis er an der Reihe ist. Jetzt aber schnell Pipi machen!

Auch beim näheren Hinschauen macht die Tankstelle einen komplett verlassenen Eindruck. Wie es aussieht, ist das eher eine Einrichtung für die hier angesiedelte Fischereiflotte denn für durchreisende Yachten. Während sich Birgit gemeinsam mit Rocky die Füsse vertritt und dabei gleich mal einer heimatlosen Katze Milch und Futter hinstellt, entdecke ich an der Tanksäule eine Telefonnummer. Auch wenn ich kaum ein Wort Italienisch spreche, nehme ich mein Handy zur Hand, versuche mein Glück und tatsächlich ist da jemand in der Leitung: *«Pronto, Pronto ...»* Verstanden habe ich rein gar nichts und so entschliessen wir uns noch etwas zu warten. Wegen der Hitze ziehen wir uns in den klimatisierten Salon zurück, wo Birgit einen Salat zubereitet. Wir sind gerade am Essen, als ein älteres Ehepaar auftaucht und nachfragt, ob wir Diesel brauchen. Erleichtert übernehme ich den mir zugereichten Tankschlauch und befülle meine vier Tanks nacheinander. Wegen der für die Berufsfischer konzipierten Hochdruck-Tankanlage verläuft der Tankvorgang im Turbo, sodass wir bereits nach einer halben Stunde wieder bereit zum Ablegen sind. Auch wenn der italienische Dieselpreis mit über 2 Euro pro Liter eine astronomisch hohe Rechnung zur Folge hat, schenken wir den beiden liebenswerten Italienern zwei Tafeln Schweizer Schokolade und sagen: *«Ciao Amici.»*

Je weiter wir in den Süden kommen, umso mehr eröffnen sich uns mit den teilweise menschenleeren, weissen Sandstränden die wahren Schätze Sardiniens. Hier wollen wir einen Halt einlegen und landen schon bald im traumhaft in die Natur eingebetteten Yachthafen Porto di Teulada. Obwohl wir uns noch inmitten von Italiens Hauptferienzeit befinden, macht der kleine Yachthafen einen sehr verschlafenen Eindruck. Umso erfreuter zeigt sich die spärlich vorhandene Marina-Crew über unseren Besuch, kein Wunder, sind wir doch die einzigen Gäste in dieser irgendwo im Nirgendwo liegenden Marina. Wider Erwarten soll es zu unserer grossen Freude tatsächlich beim nahen Campingplatz ein gutes Ristorante geben. Dafür müssen wir allerdings erstmal dem wegweisenden Feldweg querfeldein folgen, der uns nach etwa einem Kilometer zu einer kleinen Bucht mit einer Art Hippie-Campingplatz führt. Die Empfehlung stellt sich nun als ziemlich improvisierte Schilfhütte mit Naturboden statt eines Ristorantes heraus. Nichtsdestotrotz begrüssen wir die zwei einzigen Gäste, die sich sofort als Deutsche zu erkennen geben, und setzen uns an einen der wenigen Tische. Die Wirtin freut sich über unseren späten Besuch und stellt uns zur Begrüssung gleich mal eine Flasche kühlen Rosé auf den Tisch. Während wir mit den Deutschen etwas Smalltalk betreiben, bestellen wir bei der netten Wirtin, hungrig wie wir sind, so ziemlich alles, was die bescheidene Speisekarte hergibt. Ohne sich etwas aufge-schrieben zu haben, verschwindet die Wirtin, die auch gleichzeitig noch Bedie-nung und Köchin ist, auch gleich wieder in der Küche. Es dauert eine Weile, bis die Einheimische beginnt, ihre offensichtlich ganz frisch zubereiteten Spezialitäten in aller Ruhe aufzutischen. Von diesem Moment an erleben wir eine leckere Überra-schung nach der anderen. Egal ob Miesmuscheln in Weissweinsauce, gegrillte Scampi, Calamari oder am selben Tag gefangener Fisch, alles wird der Reihe nach ganz frisch für uns zubereitetet und dann gleich aus der Pfanne serviert. Obwohl wir hier in einer Strandkneipe sitzen, fühlen wir uns gerade wie in einem Fünf-Sterne-Gourmettempel. Mit dem super Essen und dem süffigen Roséwein steigt auch die Stimmung, sodass die beiden netten Deutschen schon bald an unserem Tisch sitzen. Und so wird aus diesem kulinarisch ansehnlichen auch noch ein lus-tiger Abend. Zwar nicht weniger lustig, aber auch nicht ganz ungefährlich gestaltet sich der Nachhauseweg durch die stockdunkle Nacht, querfeldein in Richtung Ha-fen. Dank dem leuchtenden Sternenhimmel, der mitgebrachten Taschenlampe und Rockys gutem Spürsinn finden wir die APPLAUS dann aber doch noch irgend-wie.

Von Porto di Teulada aus sind es zur sardinischen Hauptstadt Cagliari nur noch um die 30 Seemeilen*. Eine Spazierfahrt, denke ich mir und lasse es deshalb trotz auffrischender Winde langsam angehen. Gut gelaunt geniessen wir während der frühmorgendlichen Fahrt ein ausgiebiges Frühstück auf der Flybridge und staunen dabei über die prächtige, mit unzähligen Sandstränden gesäumte Küste. Auf halbem Weg zum Capo Spartivento, dem südlichsten Punkt Sardiniens, ist es mit der Freude allerdings schlagartig vorbei. Die Temperaturanzeige der Backbordma-schine steigt aufs Maximum und zwingt mich zum sofortigen Zurücknehmen des Gases und letztendlich zum Ausschalten des betroffenen Motors. Eine zweifels-ohne ernstzunehmende Situation, weswegen ich die Fahrt unterbreche und mit der verbleibenden Maschine die nächste geschützte Bucht ansteuere. Dies führt uns in die malerisch gelegene und vor dem immer stärker werdenden Wind gut geschützte Tuerredda Beach ganz im Süden der Insel. Während ich von meinem erhöhten Steuerstand aus nach einem geeigneten Ankerplatz Ausschau halte, macht Birgit am Bug den Anker klar und lässt diesen dann schliesslich auf mein Kommando über nur 4 Meter Tiefe in das kristallklare Wasser fallen. Auch wenn wir uns hier wohl gerade in einem der schönsten Badeorte des Mittelmeers aufhalten, so ist der Anlass für mein frühes Baden, noch vor der Mittagszeit, nicht ganz freiwillig. Ich vermute den Grund des Temperaturanstiegs in einer Plastiktüte, die sich im Wassereinlass zum Motor festgesaugt hat, und komme deshalb nicht um diesen kurzen Tauchgang herum. Ausgerüstet mit Schnorchel und Flossen tauche ich unter mein Schiff und schaue mir im glasklaren Wasser alle in Frage kommenden Wasserein- und -auslässe penibel an, doch eine verstopfende Plastiktüte oder Ähnliches ist nicht zu entdecken. Mir wäre lieber, ich hätte etwas dergleichen gefunden, denn nun bleibt mir nichts anderes übrig, als mich nach unten in den inzwischen ganz schön aufgeheizten Maschinenraum zu begeben.

Obwohl ich weit davon entfernt bin, ein Mechaniker zu sein, sehe ich mich gezwungen, den für die Wasserförderung im Motor zuständigen und an der Rückseite des Motors befindlichen Impeller auszubauen und wenn notwendig zu tauschen. Die 50 Grad Hitze im inzwischen bereits tüchtig aufgeheizten Maschinenraum erleichtern diese kniffelige Arbeit nicht gerade. Nach über einer guten Stunde schaffe ich es wahrhaftig, den grossen Impeller aus der schmalen Buchse zu entfernen und durch einen neuen zu ersetzen. Von den Saunatemperaturen komplett geschafft stürze ich mich jetzt freiwillig in das erfrischende Meer. Stolz über den erfolgreich erledigten Job bin ich mir sicher, das Problem gelöst zu haben, starte wieder beide Motoren und steuere die APPLAUS zurück ins Meer hinaus. Grund zur Freude besteht jedoch nicht, die Temperaturanzeige steigt sofort wieder aufs Maximum. Ziemlich frustriert schalte ich den Backbordmotor sofort wieder aus und halte nun mit nur noch einem Antrieb auf Cagliari zu. Als wäre dies nicht genug, bläst uns nach der Umrundung des Capo Spartivento urplötzlich eine steife Brise entgegen, die sich in der Bucht von Cagliari doch tatsächlich in einen ausgewachsenen Sturm verwandelt.

Mit einer Maschine machen wir gegen den Starkwind gerade noch knapp 8 Knoten** Fahrt und brauchen deshalb lange 3 Stunden bis Cagliari. Mit der Ankunft im stürmischen Hafenbecken Cagliaris beginnt jetzt der gefährliche Teil dieses unbequemen Törns. Saumässig blasen die Böen in Sturmstärke vom Berg hinunter direkt in das Hafenbecken. Der Windmesser zeigt Windgeschwindigkeiten

von teils unglaublichen 10 Beaufort* an, das sind Verhältnisse, bei denen normalerweise kein Schiff den sicheren Hafen verliesse. Dabei wäre das Auslaufen noch
das Einfachste, aber bei diesem Sturm an der Mole anlegen und das erst noch mit
nur einer Maschine? Das ist Hardcore und erscheint mir nun doch als etwas sehr
gewagt. Ich überlege mir, was für andere Möglichkeiten uns noch bleiben, doch
ausser inmitten des Hafenbeckens zu ankern, komme ich gerade nicht auf die ret-
tende Idee. Zudem brauchen wir dringend einen Mechaniker an Bord, sonst hängen wir womöglich ewig hier fest. Also haben wir kaum eine Wahl und müssen
dieses gewagte Anlegemanöver zumindest versuchen.

Ich gebe Birgit das Kommando zum Anlegen und sie weiss nun ganz genau,
was sie zu tun hat. Während ich oben auf der Flybridge die Yacht gegen den Wind
auf Position halte, sperrt sie den kleinen Rocky in den Salon und begibt sich an
Deck. Anhand des uns per Funk bereits durchgegebenen Liegeplatzes in der beinahe hintersten Ecke des Cagliari Yachtclub weiss sie exakt, wie und wo sie die
Leinen und Fender zu befestigen hat. Sobald sie ihren Job erledigt hat, signalisiert
sie mir das mit dem Daumen nach oben. Jetzt muss alles ganz schnell gehen und
dabei muss ich die Yacht unbedingt dauerhaft in Fahrt halten, sonst treiben wir
ab. Zuerst halte ich voll auf den Stadtquai zu, drehe dann das Schiff quasi in letzter
Minute mit dem Heck zum Anlegequai und steuere die APPLAUS nun mit Tempo
rückwärts in den einzig freien Liegeplatz zwischen zwei andere Yachten. Von unten herauf ruft mir Birgit andauernd zu, wie viel Abstand mir auf welcher Seite
noch bleibt, und so gelingt es mir, die APPLAUS unter Hilfe des Bugstrahlruders
tatsächlich beim ersten Anlauf unbeschadet in den Liegeplatz zu bugsieren. Während ich oben das Schiff weiter auf Position halte, bekommt Birgit unten Hilfe von
zwei tüchtigen Marineros, die ihr beim Befestigen der Yacht zur Hand gehen. Das
war tatsächlich mein bisher schwierigstes Anlegemanöver, und dass dieses so gut
geklappt hat, ist auch mit sehr viel Glück verbunden gewesen, das hätte auch anders ausgehen können.

Etwas später treffen wir im Hafenbüro auf Toni, den aufgestellten, jungen Direktor des noblen Yachtclubs. Wir erzählen ihm von unserem Motorenproblem
und er bietet uns sofort Hilfe an. Am folgenden frühen Morgen stehen da wirklich

zwei Mechaniker, die uns vom Steg aus etwas zurufen. Da wir gerade aufgestanden sind, bitten wir die beiden, in einer halben Stunde wiederzukommen, was sie auch tun. Ich lasse die Gangway runter, begebe mich auf den Steg und begrüsse die zwei im blauen Overall. Sie haben es offensichtlich eilig und drängen regelrecht darauf an Bord kommen zu dürfen. Ich lasse mich nicht gerne drängen und halte es zudem für angebracht, den beiden erstmal das Problem zu schildern. Doch so weit kommt es erst gar nicht, denn bevor ich zu Wort komme, tauchen zwei neue Mechaniker auf der Bildfläche auf. Es folgt eine laute Unterhaltung unter Italienern, die in einen heftigen Streit ausartet und dazu führt, dass sich die beiden zuerst Gekommenen kleinlaut wieder verziehen. Luigi und Paulo stellen sich bei uns als die für diesen Job legitimen Mechaniker vor und zeigen uns auch einen Wisch, der den Auftrag bestätigen soll. Eine Erklärung, was das mit den beiden anderen Typen auf sich hat, bleiben sie uns allerdings schuldig.

Die beiden machen mir einen anständigen Eindruck, also lasse ich sie an Bord. Allerdings ohne dabei an Rocky zu denken, der sich jetzt wie eine Furie mit lautem Gebell auf die Eindringlinge stürzt und den beiden unentwegt in die Hosenbeine ihrer Overalls beisst. Was wir als sehr lustig empfinden, lässt die beiden in Panik auf den sicheren Steg flüchten, von wo aus sie nun verlangen, dass die Bestie eingesperrt wird, bevor sie auch nur wieder einen Fuss an Bord setzen. Nachdem wir unseren zuckersüssen Liebling, der in Wirklichkeit keiner Fliege etwas zuleide tut, in den Salon gesperrt haben, begebe ich mich gemeinsam mit den Mechanikern in den Motorenraum. Genauso wie ich, vermuten auch die beiden Profis die Ursache der Motorenüberhitzung in einer angesaugten Plastiktüte, die irgendwo die Wasserzufuhr verstopft. Statt wie ich von aussen wollen sie das Problem aber von innen angehen und dafür soll das massive Kupferrohr, das vom Motor zum Hauptventil am Wasserspiegel führt, demontiert werden. Allerdings merken sie rasch, dass dafür ein Schraubenschlüssel in Übergrösse notwendig ist. Paulo lacht: «No Problem!», geht von Bord und kommt bald mit einem gigantischen, mehrere Kilo schweren Schraubenschlüssel zurück. Das Rohr ist rasch demontiert, jedoch absolut frei von Plastik oder Ähnlichem. Nun vermuten die zwei das Problem im verstopften Salzwasserdurchlaufsystem des Motors und beginnen alle möglichen Teile zu demontieren. Stunden später präsentieren sie mir das Ergebnis ihrer Arbeit, wobei tatsächlich eine gewisse Verschmutzung durch Salz- und

Kalkrückstände sowie Seegras zu erkennen ist. Jetzt schlagen mir die beiden Profis vor, das komplette Kühlsystem auszubauen, fein säuberlich zu reinigen und dann wieder sorgfältig einzubauen. Was nicht schadet, kann nur von Nutzen sein, denke ich mir und gebe deshalb dieselbe Arbeit gleich für beide Motoren in Auftrag.

3 Tage soll es dauern, bis die APPLAUS wieder seetüchtig ist, Zeit genug, die schöne Stadt Cagliari zu entdecken. Zu Fuss steigen wir die Treppen zur Altstadt hinauf und bemerken erst jetzt, wie heiss es tatsächlich ist. Die auf einer Werbe-tafel angezeigten 38 Grad fühlen sich eher wie 45 an und bringen uns beinahe zum Glühen. Den kleinen Rocky, den wir eh längst tragen, bespritzen wir regel-mässig mit der mitgebrachten Wasserflasche, deren Inhalt wir uns schliesslich auch selbst über den Kopf schütten. Die Entdeckung eines echten sardinischen Spezialitätengeschäftes bringt dank Klimaanlage die nötige Abkühlung, und weil wir uns hier drinnen so wohl fühlen, kaufen wir auch gleich den halben Laden leer. Da alles heute Abend zur Yacht geliefert wird, bleibt uns das Schleppen erspart und wir können bequem unsere Stadtbesichtigung fortsetzen.

Beim Weg durch die Altstadt fällt Birgit ein blonder, für einen Bettler auffällig gepflegter junger Mann mit seinem schönen Hund auf. Birgit spricht den Mann an und wir erfahren, dass der Blonde aus Deutschland kommt. Es folgt eine rührselige Geschichte von der verlorenen Liebe und sonstigen Unglückseligkeiten, die wir dem jungen Mann glatt abkaufen. Spontan mag ich den sympathischen Deut-schen, dessen Geschichte mich zugegebenermassen etwas berührt. Und weil ich an gutes Karma glaube, greife ich beinahe automatisch in meine Hosentasche, pa-cke das darin befindliche Bündel Bargeld und überreiche es dem verblüfften Blon-den mit meiner aufrichtigen Herzlichkeit und in der Überzeugung, dass Gutes zu tun sowieso immer einhundertmal zurückkommt. Dass es sich bei den Geldschei-nen in meiner Tasche um immerhin dreihundert Euro handelt, war mir jetzt zwar gerade nicht bewusst, aber das passt schon. Birgit freut sich mit mir und wir ver-abschieden uns von dem strahlend lachenden Heimatlosen. Inmitten der Altstadt finden wir an diesem immer noch heissen Sommerabend ein schattiges Plätzchen in einer einladenden Pizzeria, wo wir den Tag ausklingen lassen. Wir sind auf dem Nachhauseweg und spazieren im Dunkeln durch die überdachte und gut beleuchtete Ladenpassage Cagliaris, wo wir aus einer Nebengasse lautes Gelächter einer offensichtlich feiernden Gesellschaft hören. Wissbegierig drehen wir uns um und glauben jetzt unseren Augen nicht zu trauen. Wahrhaftig steht da doch der Blonde umringt von einem halben Dutzend Kumpels und schmeisst eine Party. Dabei vernehmen wir, wie er seinen Kumpanen ausgelassen zuruft: *«Eintausend Euro, Freunde, eintausend Euro … hat er mir geschenkt … ich lade euch alle ein, meine Freunde!»* Auch wenn der Deutsche einen offensichtlichen Drang zur Übertreibung hat, so freuen wir uns umso mehr, mit unserer Tat ein paar Menschen für einen Moment glücklich machen zu können.

Nach weiteren unfassbar heissen Tagen im Yachthafen von Cagliari freuen wir uns über den termingerechten Abschluss der Servicearbeiten. Die knapp dreitausend Euro bezahlen wir gerne und wir sind froh, endlich aus diesem kochenden Hexenkessel herauszukommen. Unbedingt wollen wir den Hafen noch vor Eintreffen der für die kommenden Tage angekündigten Sturmfront in Richtung Tunesien verlassen. Bei der Hafenausfahrt drücke ich die Hebel runter und blicke gespannt auf die Temperaturanzeige, die doch unfassbar bereits nach wenigen Minuten wieder aufs Maximum hochschnellt. Noch bei der Rückfahrt in den Hafen rufe ich die Mechaniker an, die uns dann auch tatsächlich am Steg erwarten. Die beiden Spezialisten geben sich erst ratlos, sind sich dann aber plötzlich sicher, dass es jetzt nur noch am Temperaturfühler des Motors liegen kann. Nervös beginnt Luigi zu telefonieren und kann uns nach einer halben Stunde mitteilen, dass es auf der anderen Seite der Insel tatsächlich noch ein einziges derart rares Ersatzteil geben soll. Am selben Nachmittag wird der neue Sensor innert einer Minute ausgetauscht und die nachfolgende Testfahrt bestätigt augenscheinlich, dass uns der ganze Aufwand erspart geblieben wäre, wenn wir gleich zu Beginn den nur siebzig Euro günstigen Temperaturfühler ausgetauscht hätten.

Weit entfernt vom ursprünglichen Zeitplan und trotz angekündigten Wetterwechsels wagen wir tags drauf die Überfahrt zur 120 Seemeilen* entfernten tunesischen Hafenstadt Bizerte. Die aufgehende Sonne, die sich wunderschön im spiegelglatten Meer wiedergibt, und auch der wolkenlos blaue Himmel versprechen einen ruhigen Seetag. Einen heissen Kaffee geniessend drücke ich die

Gashebel runter und mit Vollgas geht's in Richtung Nordafrika. Nach etwa einem Drittel der Strecke fürchte ich jedoch, dass der geradezu friedlich verlaufende Morgen nur die sprichwörtliche Ruhe vor dem Sturm gewesen ist. Denn mit einem Mal nehmen Wind und Wellengang beängstigend zu, so extrem, dass wir auf halber Strecke plötzlich gegen zwei Meter hohe Wellen anzukämpfen haben und wir uns letztlich in einem ausgewachsenen Sturm von 8 Windstärken* befinden. Die Flybridge, wo uns die Gischt mit aller Wucht um die Ohren geflogen ist, haben wir längst verlassen und wir befinden uns jetzt im sicheren Salon. Plötzlich gibt's einen lauten Knall und die APPLAUS legt sich schlagartig komplett auf die Seite, so stark, dass die Seitenscheiben für einen Agenblick im Wasser liegen. Alle drei fliegen wir völlig unkontrolliert im Schiff herum und befürchten wohl eine Schreckenssekunde lang das Schlimmste. Als die APPLAUS wieder aufsteht, wird mir klar, dass wir gerade unglücklich von einem Riesenbrecher getroffen worden sind, und ich begebe mich blitzartig zurück zum Steuerstand, schalte sofort den Autopiloten aus und steuere das Schiff jetzt von Hand. Das allerdings im Stehen, denn durch die Wucht des Aufpralls wurde der Steuerstuhl aus der Halterung gerissen und liegt jetzt am Boden. Am Boden zerstört sind auch die total geschockte Birgit und der kleine Rocky, die mir dieses Missgeschick wohl nicht so bald wieder verzeihen werden. Um keine Panik zu schüren, spiele ich das Geschehene herunter, allerdings mit der Gewissheit, dass das schlimm hätte ausgehen können. Dementsprechend habe ich meine Lehre daraus gezogen und ich werde das Schiff bei Sturm und hohem Wellengang niemals wieder dem Autopiloten überlassen. Das Problem liegt nämlich eindeutig darin, dass ein Autopilot keine Augen hat und somit eine Welle im Gegensatz zum Kapitän nicht kommen sehen kann. Dennoch zu einhundert Prozent mein Fehler. Noch befinden wir uns erst auf halber Strecke und trotz strahlend blauen Himmels wütet der Sturm unvermindert weiter. Das Steuer fest in der Hand halte ich die schwere, hochseetaugliche Yacht dann aber trotz immer höher werdender Wellenberge auf Kurs. Nach insgesamt über 14 Stunden auf hoher See rufe ich endlich: *«Land in Sicht, Land in Sicht!»* Der Rest ist Kinderkram, denke ich mir und steuere freudig auf die Küste zu. Die Überfahrt endet dann in einem kitschigen Sonnenuntergang mit einem uns bis zum Hafen freudig begleitenden Delfin. Beim Anlegen in dem von weissen Sandstränden umgebenen Yachthafen Bizertes kommt die gute Laune zurück und ich entdecke auf Birgits Gesicht auch wieder ein Lächeln.

Die Marina macht einen überraschend modernen und gepflegten Eindruck und die freundliche Crew ist sehr hilfsbereit. In unmittelbarer Nähe befindet sich der alte Hafen, der als das Herz von Bizerte gilt. Weissgetünchte Häuser, jahrhundertealte Mauern und viele bunte Fischerboote bilden eine tolle Kulisse für den geschichtsträchtigen Ort, der um 1100 v. Chr. durch die Phönizier als Handelsstützpunkt gegründet wurde. Beim Spaziergang entlang der alten Gemäuer zum jahrtausendalten Mittelpunkt der Stadt kommen wir in eine Art vergessene Welt. In dem nicht gerade von Touristen überrannten Ort fallen wir mit Rocky an der Leine auf wie bunte Hunde und sehen uns kritischen Blicken ausgesetzt. Ausser Moscheen, alten Häusern, einem für Touristen untauglichen Markt und zahlreichen seltsamen, misstrauischen Leuten gibt es hier nicht viel zu sehen. Dennoch beeindruckt die Schönheit der Altstadt und der Einblick in eine längst vergessene, jahrtausendealte Kultur vermag schon beinahe zu begeistern, wäre da nicht der Wunsch nach einem Restaurant, wo es etwas Leckeres zu essen gibt. Die Erfüllung dieses Wunsches bleibt allerdings reines Traumdenken.

Zurück in der Marina empfiehlt uns der sehr nette Hafenmeister das beste Restaurant Tunesiens. Und dieses befindet sich erst noch direkt gegenüber unserem Schiff und soll so gut sein, dass sogar der König Marokkos hier manchmal persönlich speisen soll. Also warten wir bis zur Essenszeit und besuchen hungrig und gespannt das königliche Restaurant MARINE CLUB. Freundliche Kellner heissen uns in dem für hiesige Verhältnisse sehr noblen Speiselokal willkommen und führen uns gleich zum schönsten Tisch in vorderster Front mit direkter Sicht auf den Yachthafen und die APPLAUS. Die frisch zubereitete Seezunge schmeckt hervorragend und auch sonst lässt das Lokal keine Wünsche offen. Ganz besonders gut schmeckt mir die als Hausspezialität angepriesene Vorspeise Brick. Dabei handelt es sich um eine typisch tunesische Spezialität, die mit Kartoffeln, Strudelteig und einem rohen Ei frisch zubereitet, frittiert und dann noch warm serviert wird. Alles schmeckt so gut, dass wir uns auch an den folgenden Abenden hier unser königliches Dinner servieren lassen. Am vierten Abend dann, es wäre ja zu erahnen gewesen, bekommt mir das Dessert mit dem rohen Ei überhaupt nicht gut und lässt mich so krank werden, dass ich für den nächsten Tag komplett ausfalle.

Irgendwie haben wir es jetzt auch gesehen und beschäftigen uns mit der Rück-reise nach Sardinien. Doch laut Seewetterbericht soll es noch zwei Tage dauern, bis sich das stürmische Wetter endgültig beruhigt hat. Birgit erscheint das zu lange, sie will jetzt nur noch weg, besser heute als morgen. Als uns der Skipper der gegenüberliegenden schwedischen 25-Meter-Segelyacht vom morgigen perfek-ten Segelwetter berichtet und sich sicher ist auslaufen zu wollen, fühlt sich Birgit bestätigt und drängt mich zur Beschleunigung unserer Reisepläne. Ich vertraue aber lieber dem verlässlichen bordeigenen Wetterfax und halte es deshalb für ver-nünftiger, noch einen Tag länger abzuwarten. Doch ausgerechnet heute kommt der seit Tagen versprochene Tanklastwagen im Hafen an, was dazu führt, dass wir sowieso den Liegeplatz an die Zoll-Pier verlegen müssen, was eigentlich die Ab-reise für den anderen Tag geradezu ideal macht. Das Betanken erweist sich auf-grund des fehlenden Drucks des Tanklastwagens als ziemlich langweilige Angele-genheit, die insgesamt um die zwei Stunden dauert. Doch in Tunesien hat man Zeit, viel Zeit. Dies zeigt uns auch gleich noch der Zahlmeister, der sich vehement weigert, Kreditkarten oder Euros anzunehmen. Tatsächlich besteht er darauf, dass die fälligen dreitausend Euro für die etwas mehr als dreitausend Liter Diesel in bar und in tunesischen Dinar bezahlt werden müssen. Der Zahlmeister, der gleichzei-tig auch der Zollmeister zu sein scheint, droht uns gar damit, uns die deponierten Pässe nicht wieder zurückzugeben, wenn wir nicht in tunesischen Dinar bezahlen. Um jedem Ärger aus dem Weg zu gehen, kommen wir seiner Aufforderung nach und folgen ihm in sein Büro. Hier will er die Euros in tunesische Dinar umwech-seln. Toll, denken wir uns, dann ist das ja rasch erledigt. Birgit macht den Anfang, legt dem Beamten 6 Stapel zu 500 Euros auf den Tisch und zählt ihm diese unter seinen kritischen Blicken schön langsam vor. Jetzt nimmt der Zahlmeister die Eu-ros zu sich, macht erneut einen grossen Stapel daraus und beginnt diesen nun in aller Ruhe nochmals durchzuzählen und dann nochmals und nochmals, bis er das schliesslich sechsmal wiederholt hat und die Summe ein letztes Mal in seinen rat-ternden Taschenrechner eingibt. Eine Stunde vergeht, bis der mir völlig schwach-sinnig vorkommende Beamte endlich den grossen, schweren Tresor hinter sich öffnet, die Euros darin versorgt und kiloweise Dinarnoten herausnimmt. Nun be-ginnt er damit Berge von Bündeln mit tunesischen Dinar aufzustapeln und, wen verwundert's, akribisch genau Bündel um Bündel durchzuzählen. Birgit und ich schauen uns nur noch fassungslos an, reissen uns zusammen und üben uns in

Geduld. Geschlagene zweieinhalb Stunden später überreicht uns die Nervensäge unsere Pässe und eine fein säuberlich handgeschriebene Quittung.

Wir bleiben über Nacht an der Zoll-Pier und starten frühmorgens in Richtung Sardinien. Man könnte meinen, Meeresgott Poseidon hat einen Pakt mit dem Teufel geschlossen, denn exakt auf halber Strecke erleben wir ein Déjà-vu, das jetzt nicht wirklich hätte sein müssen. Genauso wie bei der Hinfahrt verschlechtert sich innert Minuten das erst noch so schöne Wetter und Wind und Wellen nehmen bedrohlich zu. Es bleibt uns gerade noch Zeit, das Sonnendach notdürftig zurückzuklappen und uns in den geschützten Salon zu retten, bevor wir uns wieder inmitten eines tückischen Sturmes mit meterhohen Wellen befinden. Auch wenn ich mich dieses Mal keinen Moment vom Steuer entferne, so zwingt mich das Schwerwetter zur Kursänderung. Wieder dauert die knallharte Überfahrt um die 12 Stunden und sie bringt uns letztendlich zu dem uns ja bereits bekannten kleinen Hafen Marina Teulada. Nicht nur das Erlebte, auch das absolut ruhige Wetter vom folgenden Tag beweist, dass ich mich künftig wohl besser wieder auf den zuverlässigen Wetterfax verlasse.

Die nachfolgenden Tage im wunderschönen Carloforte sorgen dann wieder für Normalität und lassen uns die touristenfreundliche, kleine Hafenstadt in vollen Zügen geniessen, bevor wir die Heimfahrt in Richtung Heimathafen Palma angehen. Vor allem der tolle Wetterbericht und die zudem angesagte klare Vollmondnacht deuten auf eine gemütliche Überfahrt hin. Das wäre auch nötig, denn sonst wird Birgit bald kein Schiff mehr besteigen wollen. Daher will ich es dieses Mal auch unbedingt entspannt angehen und wähle für den Start zur etwa 280 Seemeilen* langen Passage nach Palma de Mallorca bewusst die Mittagszeit. Bei einer Reisezeit von 17 bis 20 Stunden sollten wir demnach zum Sonnenaufgang in Palma ankommen.

Wie in der Vorhersage versprochen herrscht tadelloses Wetter, die Sonne steht ganz oben am wolkenlosen, strahlend blauen Himmel und die spiegelglatte See lädt zum gemütlichen Cruisen ein. Nach dem Umrunden der Insel San Pietro nehmen wir direkten Kurs auf Palma, und nachdem Brigit einen wunderbaren Lunch gezaubert hat, lege ich mich glücklich und zufrieden oben auf der Flybridge hin. Während ich ein Nickerchen mache, steuert der Autopilot die Yacht zielgenau und Birgit wacht über die Umgebung. Plötzlich bemerke ich eine abrupte Verlangsamung der Fahrt und höre Birgit erschrocken rufen: *«Stephan, Stephan, da schwimmen überall Baumstämme. Schnell, schau mal!»* Sekunden später korrigiert sie sich und ruft: *«Oh nein, das sind alles Schildkröten, hunderte von Riesenschildkröten, Stephan, wach auf und schau dir das an!»* Ich drehe mich kurz zu ihr um und meine lachend: *«Du spinnst doch!»* Doch Birgit lässt nicht locker: *«Stephan, ich mache keinen Spass!»* Also reibe ich mir kurz die Augen, riskiere einen Blick aufs Meer hinaus und bin jetzt erstmal total geflasht. Soweit das Auge reicht, schwimmen über Kilometer verteilt überall um uns herum riesige, wunderschöne Wasserschildkröten, die an der spiegelglatten Oberfläche des Meeres immer wieder auf- und abtauchen. *«Das müssen hunderte sein!»*, rufe ich begeistert und stoppe die Maschinen komplett. Für ungefähr eine Stunde geniessen wir dieses wohl niemals wiederkehrende Naturschauspiel inmitten des tausende von Metern tiefen Mittelmeers.

Wie geplant steuern wir mit der APPLAUS in die von Millionen von Sternen hell beleuchtete Vollmondnacht und erreichen Palma nach einem wahrhaft traumhaften Nachttörn pünktlich zum Sonnenaufgang. Etwas schwermütig manövriere ich die APPLAUS wahrscheinlich zum letzten Mal rückwärts in den Liegeplatz und denke mir dabei: Das war's dann wohl. Auch Birgit bekommt ihre letzte Gelegenheit, ihr Geschick als Supercrew nochmals unter Beweisen zu stellen, und packt routiniert die beiden schweren Mooring-Leinen nacheinander, um diese schlussendlich zum allerletzten Mal am Bug des Schiffes festzumachen. Und das war's nun auch tatsächlich, mein geliebtes Bordleben als Kapitän auf der APPLAUS findet hiermit sein Ende. Auch wenn die APPLAUS schlussendlich nur ein Schiff und damit unbestritten etwas rein Materielles ist, so war dieses Schiff für mich halt doch immer viel mehr als nur ein gewöhnliches Spielzeug. Hier haben wir während der letzten 6 Jahre unsere glücklichsten Zeiten erlebt und das ist der Ort, wo Rocky aufgewachsen ist. Deshalb wird die Erinnerung an meine APPLAUS für alle Zeiten unvergesslich bleiben.

Jetzt, wo das Schiff zum Verkauf steht, muss es komplett ausgeräumt werden und das bedeutet, das alles, was nicht niet- und nagelfest ist, raus muss. Obwohl wir schon das meiste Schiffszubehör und dergleichen an die Nachbarn verschenkt haben, bleibt noch eine Unmenge an vollen Kartons übrig. So richtig melancholisch wird es nochmals am **3. September 2006** mit der Ankunft des aus der Schweiz bestellten Lastwagens, in den nun all unser Hab und Gut verladen werden soll. Nachdem das gelbe VW Golf Cabriolet eingeladen ist, folgen all die vielen Kartons, die den Laster schliesslich bis zum Dach füllen. Das war's, der Moment des Abschieds ist gekommen. Der Weg zum wartenden Taxi, weg von meiner geliebten APPLAUS, fällt mir noch viel schwerer als gedacht. Mit einem letzten Blick verabschiede ich mich mit ein wenig feuchten Augen von meinem absoluten Traumschiff und sage: Goodbye, APPLAUS. Birgit hat es nicht so wie ich mit dem Trennungsschmerz und schaut jetzt lieber in Richtung Amerika, wo ja schliesslich auch unsere neue Zukunft auf uns wartet.

HAPPY
MILLIONÄR

*1 Seemeile = 1.85 km   **10 Knoten = 18.50 km/h   ***10 Beaufort / Windstärken = 89 bis 102 km/h

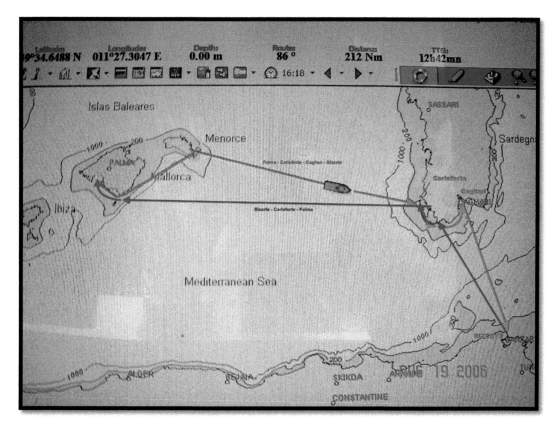

Unsere Route von Palma de Mallorca über Cagliari, Sardinien nach Bizerte, Tunesien und zurück

Die zwei von der Tankstelle in Faro di Porto Ponte Romano   Glücklicher Kapitän mit Rocky im Hafen Carloforte

Im Camping-Restaurant von Porto die Teulada

Die weltbesten Scampi!

Der Impeller der Backbordmaschine

Stürmische Fahrt nach Cagliari mit nur einer Maschine

Mechaniker mit riesigem Schraubenschlüssel in Cagliari

In der Stadt Cagliari

Katastrophale Überfahrt von Cagliari nach Bizerte

Gequältes Lächeln vom Kapitän

Vom starken Wellengang ausgebrochener Kapitänsstuhl

Genervte und verängstigte Crew

Ankunft bei Sonnenuntergang in Bizerte, Tunesien

APPLAUS im Yachthafen von Bizerte

Ausflug in Bizertes Altstadt

Ein ganzer Tankwagen nur für uns

Nerviger Zahlmeister

1 von über 100 Meeresschildkröten

Das letzte Foto der APPLAUS im REAL CLUB NAUTICO PALMA

Kapitel 15

Zwischen den Welten

Zurück in der Schweiz bleibt dann aber kaum noch Zeit für Sentimentalitäten.

Einerseits steht ein strenger Herbst vor der Türe, andererseits wartet der grosse Auswandererplan auf seine Durchführung und so gar nicht zu unserem Wohlwollen müssen wir Ende des Jahres auch noch zwei Kreuzfahrten antreten, die wir noch vor unserem Plan, in die USA auszuwandern, gebucht und bezahlt haben. Man könnte auch sagen, etwas zu viel des Guten.

Damit unser Schweizer Messegeschäft auch während unserer Abwesenheit reibungslos weiter laufen kann, braucht es mein gewohnt gutes Organisationstalent und ein tolles Team vor Ort, auf das man sich verlassen kann. Das Team steht mehr oder weniger bereit, wir müssen jetzt nur noch bereit sein loszulassen und unseren Mitarbeitern mehr Verantwortung zuzutrauen. Den letzten Schliff sollen unsere Leute während der **Mitte September 2006** startenden Messe- und Event-Herbstsaison bekommen. Den Teamleiter locken wir mit einem für seine Position aussergewöhnlich hohen Jahreseinkommen und zusätzlich grosszügigem, bezahltem Urlaub. Dadurch glauben wir die nötige Loyalität zu bekommen und hoffen ausserdem auf seine Ehrlichkeit. Zudem haben wir ein Kontrollsystem entwickelt, das grobe Verfehlungen verhindern soll. Und als letzte Sicherheit haben wir uns vorgenommen, dass für die ganz grossen Anlässe mindestens einer von uns nach Hause fliegt und nach dem Rechten schaut. Vertrauen ist gut, Kontrolle ist besser.

Da unser künftiges US-Konzept inzwischen feststeht und wir definitiv in Miami dort weitermachen wollen, wo wir hier aufhören, will ich die Arbeit auf den Messen schon mal vorgängig zur Produkteentwicklung für den US-Markt nutzen. Dafür analysiere ich mein eigenes Geschäft mit grösster Sorgfalt auf Herz und Nieren und dokumentiere alles penibel. Das erlaubt mir später im Bedarfsfall jederzeit und auf einfachste Art und Weise Zugriff auf meine Geschäftsgeheimisse zu haben.

Bei all den auf uns zukommenden Herausforderungen ist es kein Wunder, dass die Herbst- und Wintersaison so wie gar nichts an uns vorübergeht und wir uns schon bald kurz vor unserem Abflug in die USA befinden. Vorher allerdings müssen wir uns noch einmal von unserem geliebten Rocky trennen und ihn ein letztes Mal in Papas Obhut geben. Zwar fällt uns der Abschied auch dieses Mal extrem schwer, doch die Gewissheit, dass es das letzte Mal sein wird, beruhigt enorm. Danach wird Rocky immer und überall mit uns zusammen sein. Dass wir den Kleinen nicht jetzt schon mit uns nehmen können, haben wir uns selbst eingebrockt, geht es doch erstmal auf zwei aufeinanderfolgende Kreuzfahrten, auf die wir gerade so absolut keinen Bock haben. Doch versprochen ist versprochen, für die erste sowie auch für die zweite Kreuzfahrt haben wir uns mit Freunden verabredet, also halten wir uns auch daran. Zudem gibt es ja Schlimmeres, als auf Kreuzfahrt gehen zu müssen.

In Miami angekommen werden wir durch unsere amerikanischen Freunde vom Flughafen abgeholt und direkt in unser Lieblingshotel in Coral Gables gefahren. Nach nur zwei Übernachtungen geht es direkt auf die im Hafen von Fort Lauderdale wartende CONSTELLATION und damit auf Silvesterkreuzfahrt. Gemeinsam feiern wir mit Eibi und Tami in das **neue Jahr 2007** hinein und geniessen die Unbeschwertheit der beiden Amis, die immer gut drauf sind. Die kurzweilige und lustige Karibikkreuzfahrt macht so viel Spass, dass sie leider fast zu schnell zu Ende geht.

Es bleiben uns etwa zwei Wochen, bis unsere Schweizer Freunde ankommen und wir gemeinsam auf grosse Panama-Kreuzfahrt gehen. Die verbleibende Zeit wollen wir nutzen, um uns in Miami schon mal etwas genauer umzusehen und um die einen oder anderen Abklärungen für die anstehende Einwanderung in die USA zu treffen. So wirklich vorwärts bringt uns das allerdings nicht, zu sehr sind wir noch im Ferienmodus und noch zu wenig fühlen wir uns angekommen.

Selbstverständlich holen wir unsere Schweizer Freunde vom Flughafen ab und verbringen mit den beiden zwei Tage in Miami, bevor wir wieder auf dem Kreuzfahrtschiff einchecken. Von Fort Lauderdale aus geht es mit der SUMMIT quer durch die Karibik bis zum Panamakanal, den wir um 5 Uhr morgens durchqueren. Von hier aus geht es weiter die südamerikanische Westküste entlang über Costa Rica, Guatemala und Mexiko bis zum Ziel Los Angeles, wo die 3-wöchige Reise schliesslich endet. Eine schöne und interessante Reise, die aufgrund der langen Zeit aber etwas langatmig ausfällt. So oder so denke ich, dass diese Seereise für sehr lange Zeit unsere letzte Kreuzfahrt gewesen ist, und das liegt vor allem daran, dass Rocky nicht mitdarf.

In Los Angeles endet der gemeinsame Weg mit unseren Schweizer Freunden, die jetzt heimfliegen. Wir hingegen können es nicht lassen und machen noch einen Abstecher ins nahe Las Vegas. Unsere liebe Freundin Arna empfängt uns wie gewohnt im CEASARS PALACE und wir erleben eine aufregende Woche, die wir nach dieser doch eher langweiligen Kreuzfahrt jetzt unbedingt brauchen. Dank Arna bekommen wir die besten Plätze im Elton-John-Live-Konzert, das wir dann am **11. Februar 2007** auch gleichzeitig für den krönenden Abschluss unseres diesjährigen Las-Vegas-Besuchs zum Anlass nehmen.

Am folgenden Tag befinden wir uns an Bord einer American-Maschine, die uns jetzt in ein hoffentlich wunderbares neues Leben fliegt. Das Abenteuer Auswanderung USA beginnt nun.

HAPPY MILLIONÄR

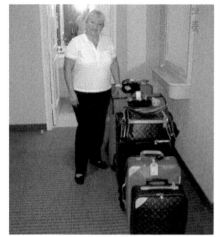 

Birgit mit Reisegepäck im Hotel in Coral Gables   Elton John live in Las Vegas

Chic gestylt auf der SUMMIT

134

Kapitel 16

Penthouse mit Aussicht

In Miami müssen wir uns nun erstmal ganz dringend um eine dauerhafte Bleibe bemühen. Bei der Besichtigung eines für uns allerdings unpassenden Apartments im traumhaft schön gelegenen, aber auch sündhaft teuren CONTINUUM TOWER im Süden South Beachs lernen wir den Deutschen Christian kennen. Als rasche, unkomplizierte Übergangslösung bietet er uns eine gemütliche, möblierte Wohnung im Wohnkomplex des Yachthafens SUNSET HARBOUR im nördlichen Teil South Beachs an. Damit können wir nicht nur das inzwischen ungeliebte Hotelleben abhaken, auch der Druck, rasch eine Wohnung finden zu müssen, hat sich so erstmal erledigt. South Beach ist nicht nur der schönste, teuerste, begehrteste und beliebteste Stadtteil von Miami Beach, es ist auch der südlichste Teil der Insel Miami Beach. Hier fühlen wir uns auf Anhieb so richtig pudelwohl und genau hierhin wollen wir unseren Lebensmittelpunkt verlegen. Das liegt in erster Linie sicher an der traumhaften Lage mit all den Inseln und Stränden um uns herum, aber auch an den freundlichen und gutgelaunten Menschen, die sich hier in diesem Ferienparadies aufhalten. Das Angenehmste an South Beach ist jedoch die Kompaktheit, die einem das Gefühl gibt, in einem Dorf zu leben. Da die Gegend aus nur wenigen Blocks besteht, lässt sich vieles angenehm zu Fuss erledigen, vom Strand des berühmten Ocean Drive bis zur beliebten Einkaufsstrasse Lincoln Road beispielsweise sind es nur ein paar Schritte.

Als totale Greenhorns in einer fremden Stadt vertrauen wir uns schliesslich einem grossen Brokerbüro in Miami an und geben dort unsere Wünsche bekannt. Einige Tage später taucht in dessen Auftrag ein junger Mann auf, der uns in seinem Audi umherfahren soll, um uns verschiedene verfügbare Objekte schmackhaft zu machen. Von Luxus-Apartments in Megawohntowern über Villen am Wasser bis hin zum Town-House lassen wir uns verschiedene Mietobjekte in Miami, Coral Gables und Miami Beach zeigen. Eine ganze Woche touren wir mit dem

Jüngling durch die Gegend, ohne dass der Funke überspringen mag. Wir haben halt so unsere Vorstellungen und von denen sind wir nicht so rasch bereit abzuschweifen. Auf der Suche nach unserem Wohntraum landen wir eines Tages in einem Immobilienbüro in Miami Beach und treffen hier auf einen quirligen, durchaus sympathischen Typen namens Carlos, der gleich zu Beginn eine unglaubliche Power an den Tag legt und mit Bestimmtheit zu wissen glaubt, was wir brauchen. Für den kommenden Tag verabreden wir uns in der Lobby der MURANO GRANDE TOWERS in South Beach. Wir folgen Carlos durch die noble Lobby dieses äusserst vornehmen Wohntowers zum Aufzug, der uns in den 25. Stock bringt. Beim Betreten des Penthouse verschlägt es uns ob der fantastischen Aussicht über Miami Beach, das Meer und den Yachthafen erstmal die Sprache. Damit ist der langersehnte Funken übergesprungen, denn genauso habe ich mir in meinen Träumen das neue Leben in Miami Beach vorgestellt und ich glaube, Birgit empfindet gerade genauso. Das als Lower Penthouse bezeichnete Apartment befindet sich zuoberst im niedrigsten der insgesamt drei Towers des Luxus-Wohnkomplexes MURANO GRANDE. Neben 24 Stunden Security, Concierge und Valet-Parking-Service dürfen sich die Bewohner über einen Fünf-Sterne-Pool mit eigenem Restaurant, einen Tennisplatz, einen hauseigenen Fitnessclub und zahlreiche weitere Annehmlichkeiten freuen. Nicht nur die sich im fünfstelligen Bereich bewegenden Mieten zeigen sich dem hohen Standard angepasst, auch die Aufnahmeprozedur erweist sich der Klientel entsprechend als äusserst anspruchsvoll und kompliziert. Angefangen mit einem 20-seitigen Vertrag, über ein persönliches Vorsprechen beim Sicherheitschef, das Verlangen eines Leumundszeugnisses, bis hin zu einer Bankgarantie mit Kontoauszug, werden auch noch 3 Monatsmieten im Voraus verlangt. Als am mühsamsten allerdings empfinden wir die langwierigen Überprüfungen zur Person, die sich laut Sicherheitschef bis zu zwei Monate hinziehen können. Immerhin schaffen wir es den Vertrag zu unterschreiben, den gewünschten sofortigen Einzug müssen wir jedoch vergessen. Da für Mitte April sowieso unsere Rückreise in die Schweiz ansteht, einigen wir uns auf Mitte Mai als Einzugstermin. Was bleibt, ist die Vorfreude, manchmal ja die schönste Freude.

Nach langen drei Monaten der Trennung können wir jetzt endlich wieder unseren kleinen Rocky in die Arme schliessen. Von Emotionen geplagt schwören wir uns, den Kleinen niemals wieder für längere Zeit weggeben zu wollen. Daheim erledigen wir noch kurz, aber professionell die Frühlingsgeschäfte und fliegen dann auch schon bald wieder zurück nach Miami. Im Gegensatz zu all unseren zahlreichen vorherigen Flügen ist das wohl mit Abstand unser glücklichster Flug. Denn erstens ist unser Rocky mit uns an Bord, zweitens sind wir auf dem Flug in ein neues Leben und drittens wartet unser Wohntraum auf uns.

Am **15. Mai 2007** ist es endlich so weit, das Warten hat ein Ende. Mit grossen Erwartungen und voller Freude beziehen wir gemeinsam mit Rocky das wahrlich traumhafte Penthouse im 25. Stock des MURANO GRANDE in Miami Beach. Die ersten Stunden verbringen wir vor allem damit, die Aussicht zu geniessen und die vorbeifahrenden Kreuzfahrtschiffe zu beobachten. Glücklich über die Traumwohnung und darüber, nun den ersten Schritt der Auswanderung erfolgreich vollbracht zu haben, freuen wir uns jetzt auf eine glorreiche Zukunft in Miami Beach. Dafür fehlt uns allerdings noch so einiges. Denn ausser dem neuen Wohnsitz in South Beach haben wir noch recht wenig vorzuweisen. Hinzu kommt der Druck, dass wir uns ohne Visum nur für maximal drei Monate in den USA aufhalten dürfen. Als nächsten Schritt in die Unabhängigkeit schaue ich mich bei der Onlineplattform AUTOTRADER nach einem Auto um und finde auch auf Anhieb bei einem Mercedes-Händler in Naples das passende Fahrzeug. Nachdem ich den Deal am Telefon klargemacht habe, nutzen wir die Gelegenheit für einen Ausflug auf die andere Seite Floridas. Mit dem Mietwagen folgen wir dem Tamiami Trail (US 41) für etwa 180 Kilometer quer durch den Everglades-Naturpark von der Ost- an die Westküste. Der clevere Verkäufer hat alles so organisiert, dass wir den Mietwagen direkt bei ihm abgeben und den schwarzen ML Mercedes übernehmen können. Begeistert vom schönen, neuen Auto entschliessen wir uns, die Westküste noch etwas genauer zu erkunden, und hängen dafür gleich noch ein paar Übernachtungen dran, bevor wir uns wieder quer durch die Everglades auf den Heimweg machen.

Wieder zurück in Miami Beach lässt uns die Autoversicherung wissen, dass wir als Besitzer eines Autos mit Floridazulassung dazu verpflichtet sind, einen US-Führerschein vorweisen zu können. Wie wir auch in Zukunft noch zur Genüge erfahren werden, gelten auch im Land der unbegrenzten Möglichkeiten massenhaft

Vorschriften, die es zwingend zu befolgen gilt. Natürlich werden wir uns hier in den USA in jeder Beziehung streng an das Gesetz halten und uns möglichst von jedem Ärger fernhalten. In diesem Fall bedeutet das für uns nichts anderes, als die gesamte Führerscheinprüfung nochmals komplett neu machen zu müssen. Eigentlich dachte ich dieses Thema 1978 abgeschlossen zu haben, doch erstens kommt es immer anders und zweitens als man denkt. Die Theorie kann wahlweise in Englisch oder Spanisch absolviert werden und erst mit der bestandenen Theorieprüfung kann man sich zur praktischen Prüfung anmelden. Das immerhin um die achtzig Seiten dicke offizielle Florida-Führerscheinprüfungsbüchlein mit hunderten von Fragen erleichtert die von Prüfungsangst überschattete Herausforderung allerdings nicht unbedingt. Immerhin auch deshalb, weil Englisch ja nicht unsere Muttersprache ist und wir deshalb zahlreiche Ausdrücke von vornherein überhaupt nicht verstehen. Das kann ja heiter werden.

Ein Monat ist vergangen und während Birgit immer schön gebüffelt hat, stehe ich jetzt plötzlich ziemlich unvorbereitet da und beginne gerade mal zwei Tage vor Prüfungsbeginn mit dem Lernen der Fragen. Nicht weniger nervös als die zahlreich wartenden Teenager, die sich gerade mit uns vor der Führerscheinprüfung fürchten, müssen auch wir uns hier im Prüfzentrum von Coral Gables gedulden, bis wir aufgerufen werden. Eine gute Stunde später stehen wir der uns auf Anhieb sympathischen Rosie gegenüber. Die nette Dame hinter dem Schalter, die unsere Prüfung abnehmen soll, merkt uns anscheinend die Nervosität an und beruhigt uns mit einem freundlichen Lächeln und den Worten: *«Keine Sorge, Leute, ihr schafft das schon!»* Nun stehen wir also hier vor den Bildschirmen, zwar nebeneinander, aber halt doch durch Trennwände in einem Abstand von etwa eineinhalb Meter voneinander getrennt. Während ich mich voll und ganz auf den Bildschirm konzentriere und Frage um Frage nach bestem Wissen beantworte, ruft mir Birgit plötzlich leise zu: *«Psssst … Frage 22: A oder B?»* Gerade selbst etwas überfordert habe ich sie leider nicht deutlich genug verstanden, um ihr helfen zu können, und gebe ihr stattdessen zur Antwort: *«Lass das, hier sind überall Kameras!»* Auch wenn mir meine Birgit gerade etwas leidtut, so will ich doch nicht riskieren, dass wir beim Schummeln erwischt werden und womöglich beide für die Führerscheinprüfung gesperrt werden. Also überlasse ich Birgit schweren Herzens ihrem Schicksal und kämpfe mich selbst von Frage zu Frage, die nun immer schwieriger werden. Nach etwa einer halben Stunde bin ich durch und mit der Beantwortung der letzten Frage wird einem auch gleich angezeigt, ob man bestanden hat oder durchgefallen ist. Irgendwie habe ich gerade noch auf dem letzten Zacken bestanden, während ich meinem Schatz ansehen kann, dass sie durchgefallen ist. Birgit, für die gerade eine Welt zusammenbricht, kämpft mit den Tränen und will jetzt nur noch nach Hause. Doch die nette Rosie weiss das mit einem herzlichen Lächeln zu verhindern und erlaubt Birgit gleich nochmal denselben Test zu wiederholen. Und Rosie sei Dank besteht Birgit die Prüfung im zweiten Anlauf mit Bravour. Rosie freut sich so sehr darüber, dass sie uns gleich für den nächsten Termin zur praktischen Prüfung anmeldet. Als wir zwei Tage später zur Fahrprüfung mit dem eigenen Auto vorfahren, ist es wieder die fröhliche Rosie, die uns herzlich empfängt und uns den Prüfungsexperten vorstellt. Auf dem vor uns liegenden abgesperrten, gut übersichtlichen und nur wenige hundert Quadratmeter kleinen Gelände sollen wir nun unsere Fahrkünste zum Besten geben. Auch wenn ich für solche Spielchen mit fast fünfzig eindeutig zu alt bin, muss ich mich fügen, doch zuerst ist Birgit an der Reihe. Mit strenger Miene steigt der Experte zu Birgit ins Auto und lässt sie losfahren. Eine Runde über den Parcours, einmal rückwärts einparken und bereits sechs Minuten später steigt Birgit strahlend aus dem Auto. Sie hat die US-Autoprüfung erfolgreich bestanden. Nun bin ich an der Reihe. Belustigt ob der eher lächerlichen Fahrprüfung setze ich mich lässig hinters Steuer und warte auf die Anweisung der Expertin auf dem Beifahrersitz. Doch statt mir zu sagen, was ich zu tun habe, faucht sie mich an: «*Hey Man, du bist durchgefallen!*» Verdutzt blicke ich die Expertin an, die gerade fragend auf den fehlenden Gurt zeigt. Zu meinem Glück verzeiht mir die Expertin den Fehler, mich nicht angegurtet zu haben, und lässt mich nun über den Idiotenparcours fahren, wobei ich ein einziges Mal vorwärts einzuparken habe. Das war's, ich habe bestanden. Unsere brandneuen Florida-Führerscheine dürfen wir anschliessend gleich bei unserer neuen Freundin Rosie abholen.

HAPPY
MILLIONÄR

Penthouse-Wohnung im MURANO GRANDE

Ganz vorne links: 2x Condominium in South Beach

Fantastische Aussicht auf Miami Beach, den Atlantik, den Yachthafen und auf Fisher Island

Traumpool

Rocky im Privatpool ☺

Mittagspause in den Everglades zwischen Naples und Miami

Führerscheinprüfung auf amerikanisch

Happy Birgit nach bestandener US-Führerscheinprüfung

Kapitel 17

The American Way of Life

Mit der Florida Drivers License in der Tasche fühlen wir uns schon fast wie echte Amis. Auch das Wohlfühlerlebnis in Miami Beach kommt unserem Traum vom perfekten Leben unter den Palmen Floridas immer näher. Noch fehlt uns aber jeglicher Lichtblick zur Verwirklichung unserer Businessträume. Der ursprüngliche Glaube an unsere Idee, hier in Miami mit unserem bewährten Schweizer Konzept erfolgreich zu werden, droht nämlich allmählich unter der Sonne Miamis dahinzuschmelzen. Gerade jetzt im Sommer ist die Hitze beinahe unerträglich, sodass wir uns die Frage stellen, ob unsere Idee mit heiss gebrannten Mandeln unter der Sonne Miamis nicht vielleicht doch eine Spur zu heiss ist. Erste Erkenntnisse sprechen jedenfalls eher dagegen und zudem hat sich die Suche nach einem geeigneten Ladenlokal in Toplage als sehr schwierig herausgestellt.

Doch in erster Linie sind wir ja hierhergekommen, um das Leben zu geniessen, und nicht unbedingt dafür, jetzt hier mit aller Gewalt den geschäftlichen Durchbruch zu schaffen. Also folgen wir unserem Grundprinzip für ein schönes Leben, stellen das eigene Glück einmal mehr in den Vordergrund und lassen uns jetzt erstmal vom hiesigen American Way of Life leiten. Am besten lässt es sich bei der stetigen Sommerhitze von um die 32 Grad, die sich manchmal auch gerne wie 40 Grad anfühlt, wohl am oder noch besser im Pool aushalten. Der tägliche Spaziergang mit Rocky muss in der Regel bis nach Sonnenuntergang warten, erst dann gehen die Temperaturen auf etwa 26 Grad zurück. Den berühmten Ocean Drive mit zahlreichen einladenden und teils auch guten Restaurants erreichen wir vom Apartment aus in nur 10 Minuten zu Fuss. An dieser direkt am Strand gelegenen Partymeile wird mit viel Unterhaltung dafür gesorgt, dass es hier niemals langweilig wird. Die gar nicht weit entfernte Lincoln Road lockt dagegen mit Floridas grösster Einkaufsstrasse unter freiem Himmel und setzt damit eher auf gepflegte Unterhaltung in Form von teuren Boutiquen und luxuriösen Restaurants. Damit der

Aufenthalt auch bei der sogar nachts noch anhaltenden Hitze erträglich bleibt, sorgen fast überall im Aussenbereich übergrosse Ventilatoren, die teils sogar mit einem Wassersprühsystem gekoppelt sind, für angenehme Abkühlung. Am liebsten mögen wir bei der Hitze frisch zubereitetes Sushi bei unserem Lieblingsjapaner.

Nun, wo wir diesen Teil der Welt zu unserer neuen Wahlheimat auserkoren haben, wollen wir uns einen möglichst guten Eindruck vom Sonnenstaat machen und begeben uns dafür jetzt auf grosse Florida-Tour. Nur etwa eine Stunde nach dem Start in Miami Beach beginnt das Abenteuer in unmittelbarer Nähe der US-41, direkt am Tamiami Trail. Hier besteigen wir eines dieser kleinen VIP-Propellerboote mit bärtigem Skipper, der seinen Flugzeugmotor erstmal auf Hochtouren bringt, bevor er mit Höchstgeschwindigkeit davonbraust. Wir werden nicht enttäuscht und entdecken auf der waghalsigen Fahrt durch den Everglades-Naturpark zahlreiche gefährliche Tiere wie etwa ein Dutzend grosse Alligatoren und unzählige giftige Wasserschlangen. Vom noblen Naples aus folgen wir der US-41 in Richtung Norden die Westküste entlang. Sanibel Island erweist sich als eine wahre Schatzinsel im Golf von Mexiko. Schade nur, dass es hier von Stechmücken nur so wimmelt und Hunde nicht willkommen sind. Wo unser Rocky nicht willkommen ist, haben auch wir nichts zu suchen. Ganz anders in Fort Myers, wo wir unseren Rocky einfach in der Tasche ins Restaurant schmuggeln, sich aber niemand darum zu kümmern scheint. Im Gegenteil, nicht nur wir geniessen hier in originellster amerikanischer Atmosphäre das beste mexikanische Essen ever, auch Rocky bekommt sein Wässerchen serviert. Auf der weiteren Strecke die paradiesische Küste entlang entdecken wir dann zwischen Englewood und Sarasota die weissesten Sandstrände von ganz Florida und überall stossen wir auf sehr gute Restaurants mit frischem Seafood. Nachdem wir in Tampa Grossstadtluft geschnuppert haben, finden wir den Weg nach Orlando, wo der obligatorische Besuch im Disneyworld natürlich nicht fehlen darf. Bei so viel Unterhaltung sparen wir uns den Besuch des KENNEDY SPACE CENTERS in Cape Canaveral und nehmen uns umso mehr Zeit für die Rückfahrt die Atlantikküste entlang bis Palm Beach, von wo aus es dieses Mal nicht direkt nach Miami Beach, sondern noch einige Meilen weiter südlich geht.

Die bei Miami beginnende, 270 km lange Traumstrasse über die Keys nach Key West ist ein Erlebnis für sich, das jeder Mensch mindestens einmal erlebt haben sollte. Key West ist leicht zu finden, einfach der US1 in südlicher Richtung folgen, bis es nicht mehr weiter geht. Hat man Homestead erst einmal hinter sich gelassen, beginnen bei Key Largo die berühmten Keys. Von hier aus führt uns die Reise über 42 Brücken und weit mehr als 200 Inseln direkt ins Paradies. Die Redewendung «Der Weg ist das Ziel» muss wohl hier erfunden worden sein. Die Schönheit der Keys lässt sich am besten als eine Mischung zwischen echtem Florida und Karibik pur beschreiben. Key West selbst ist eine reizende kleine Stadt, die trotz des riesigen Touristenandrangs ihren besonderen Charme nicht verloren hat. Uns gefällt es um die Hafengegend herum am besten und hier gibt's auch frisch gegrillten Lobster, serviert in Alufolie mit leckerer Sauce und Pommes Frites. Nach einem Spaziergang durch die lebendige Touristenmeile der Stadt freuen wir uns auf das besonders schöne Hotel direkt am Hafen mit Sicht auf die Kreuzfahrtschiffe. Und weil es hier so schön ist, hängen wir noch eine Nacht dran und lassen unsere Floridarundreise am folgenden Abend mit einem echt amerikanischen, kitschigen Sonnenuntergang ausklingen.

Unsere Florida-Tour hat uns eindrücklich gezeigt, dass wir in jedem Fall das Richtige getan haben. Amerika ist ohne jeden Zweifel unsere erste Wahl, ein Traumland mit unzähligen Naturschönheiten, endlosen Unterhaltungsmöglichkeiten, einer hohen Lebensqualität und vielen coolen Amis, die letztendlich für das stehen, wofür sich das Leben lohnt, den American Way of Life.

HAPPY
MILLIONÄR

Kapitel 18

Businessdenken

Die Beobachtungen auf unserer Rundreise haben aber auch den Boom der sehr gut laufenden US-Wirtschaft aufgezeigt. Geradezu passend zum fehlenden Angebot an verfügbaren Ladenlokalen in Miami und Umgebung konnten wir auf unserer Floridareise allerorts einen aussergewöhnlich guten Geschäftsgang beobachten. Überall dort, wo es Touristen gibt, sind die Läden brechend voll. Eine halbe Stunde Wartezeit für einen Kaffee bei Starbucks scheint hier üblich zu sein. Das wollen wir besser machen und deshalb ist unsere Businessidee auch während unserer Ausflüge und Reisen immer mit dabei. Ich kann jetzt zwar nicht behaupten, von den geschäftigen Amis etwas Neues gelernt zu haben, doch der Einblick, wie die Amis hier so ticken, reicht uns, um nun doch an unserem Gebrannte-Mandeln-Konzept festzuhalten.

Doch wirklich weiterhelfen tut uns das jetzt auch nicht. Nach wie vor muss ich immer wieder von allen Seiten zu hören bekommen, dass es beinahe aussichtslos sei, hier in Miami ein freies Ladenlokal in Toplage zu finden. Und für meine Idee, an der berühmten Lincoln Road den eigenen Laden zu eröffnen, werde ich gar regelmässig belächelt. Bei meiner Suche nach Kontakten komme ich mit verschiedenen Ladenbetreibern ins Gespräch und erfahre wenig Hoffnungsvolles. *«Sollte hier wider Erwarten doch einmal ein Geschäft frei werden, dann geht das mit Sicherheit sofort unter der Hand weg. Und das gegen ein sehr hohes Key-Money, wie man hier das Schlüsselgeld nennt. Dieses bewegt sich ab einhunderttausend bis zu einer halben Million US-Dollar, je nach Art und Grösse des Geschäfts. Also vergiss die Lincoln Road, mein Freund»*, rät mir Nissim, der hier mit seinem Partner seit 20 Jahren einen gutgehenden Elektronikshop betreibt. Düstere Aussichten, welche meine anfängliche Euphorie von einem raschen Eröffnen des eigenen Ladens als illusorisch erscheinen lassen.

Dann geben wir uns eben mehr Zeit, aufgeben kommt aber nicht in Frage. Unser bisheriger Einsatz darf ja nicht umsonst gewesen sein, denn inzwischen steht das Gesamtkonzept fest. Ausser frisch gebrannten Mandeln sollen auch hier Brezeln zum Angebot gehören, wobei die Teiglinge gefroren per Kühlcontainer auf dem Seeweg aus Deutschland importiert werden sollen. Trotz enormer Transport- und Lagerkosten ist die Gewinnmarge im Vergleich zur Schweiz sogar noch etwas besser. Auch die benötigten Brezelbacköfen wollen wir aus Deutschland importieren. Bei den Backöfen allerdings könnte sich das Ganze, genauso wie bei den Mandelmaschinen, aufgrund der fehlenden US-Zulassung um Monate verzögern und sich auch entsprechend verteuern. So richtig schwierig und kompliziert verspricht allerdings die Lebensmittelzulassung zu werden. Das US-Department of Agriculture, zu Deutsch Landwirtschaftsministerium, verlangt nämlich über jeden einzelnen unserer geplanten Schritte ganz genau informiert zu werden. Dazu gehört auch die Bekanntgabe der genauen Rezeptur aller Brezel-Teiglinge, und wehe da ist etwas drin, was den Amis nicht passt.

Im Verlaufe des **September 2007** verliere ich doch langsam meine Geduld und ärgere mich über die erfolglos verstrichene Zeit. Nicht umsonst haben wir unsere gesamte Planung auf Miami Beachs Lincoln Road abgestimmt. Wenn ich während meiner Karriere etwas gelernt habe, dann ist das erstens Lage, zweitens Lage und drittens Lage. Die Idee, an der Lincoln Road einen Laden zu eröffnen, kommt also nicht von ungefähr. Die über 10 Blocks umfassende, um einen Kilometer lange und durchaus mit der teuren Zürcher Bahnhofstrasse vergleichbare Fussgängerzone mit vielen tollen Boutiquen und angesagten Restaurants erschien mir bisher als geradezu prädestiniert, um unsere Pläne zu verwirklichen. Nun sieht es allerdings danach aus, dass wir den ursprünglich angedachten Radius ausweiten müssen.

Nachdem wir auf unserer Suche nach einem Ladenlokal auch bei sämtlichen Top-Einkaufszentren im Umkreis von 20 Meilen abgeblitzt sind, wird uns der Ernst Lage nochmals deutlich vor Augen geführt. Überall boomt das Geschäft, die Konjunktur scheint sich im Allzeithoch zu befinden und die gerade auf Wolke sieben schwebende Geschäftswelt hat es keineswegs nötig, sich auch nur im Geringsten zu bemühen. Wenn hier etwas laufen soll, dann nur über Beziehungen und genau diese fehlen uns. Auf uns selbst gestellt wollen wir deshalb, mehr als je zuvor, keine Möglichkeit auslassen und jede Chance prüfen. Dabei gelangen wir in Miamis Downtown, ein Stadtviertel, das neben dem Juwelen-Distrikt zwar auch über eine mehr oder weniger attraktive Einkaufsstrasse verfügt, wo es aber auch ziemlich heruntergekommene Strassen mit vielen Heimatlosen gibt. Also nicht unbedingt der Ort, den wir jetzt gerade euphorisch für unsere Pläne auswählen würden. Dennoch springen wir über unseren eigenen Schatten und lassen uns trotz aller Bedenken ein Ladenlokal in unmittelbarer Nähe des Kaufhauses Macy's zeigen. Zwar zieht auch dieses Kaufhaus die Leute in Scharen an und mit $ 15'000.00 würde die Monatsmiete durchaus in unserem Budget liegen. Doch davon abgesehen, dass dies hier nicht gerade die beste Gegend ist, müssen wir feststellen, dass hier bereits ab 17 Uhr die Bürgersteige hochgeklappt werden und die meisten Geschäfte schliessen.

Genau gegenteilig erleben wir das nur etwa eine Meile weiter an der Biscayne Bay. Hier befindet sich direkt am Wasser das um einen schicken Yachthafen gebaute Open-Air-Einkaufszentrum namens BAYSIDE MARKETPLACE. An den Wochenenden werden hier von den Einheimischen Gratiskonzerte durchgeführt, dann ist es hier bis spät Nachts proppenvoll. Ansonsten wird diese Shopping-Mall aufgrund der Nähe zum Kreuzfahrtterminal jedoch vor allem von Kreuzfahrttouristen besucht und daher richtet sich der Andrang nach den gerade verkehrenden Kreuzfahrtschiffen. Trotz dieser Unbeständigkeit sind die Mieten mit denen an der teuren Lincoln Road vergleichbar. Günstiger wird es erst etwas ausserhalb in dem nur wenige Meilen südwestlich von Miami gelegenen Coral Gables. Sogar hier in dem schicken Vorort für Besserverdiener ist die Auswahl an verfügbaren Objekten quasi gleich null. Macht aber auch nichts, weil hier nicht die internationale Kundschaft zu finden ist, die wir für unser späteres Franchise-Konzept unbedingt benötige. Und damit wären wir wieder in Miami Beach angelangt. Zufälligerweise treffen wir hier wieder auf den Deutschen Christian, der uns damals unsere erste Wohnung vermittelt hat. Als er von einem Laden an der gut besuchten Collins Avenue erzählt, werden wir hellhörig und wollen das Lokal gleich besichtigen. Tatsächlich befindet sich der Laden inmitten von Miami Beach an allerbester Lage und scheint auf den ersten Blick mit nur $ 15'000 Monatsmiete gar ein Schnäppchen zu sein. Wäre da nicht diese unübersehbare Aussentreppe, die es erst zu überwinden gilt, um in den Laden zu gelangen. Ein No-Go, wie ich weiss, und ein

Grund für mich, Christian sofort eine Absage zu erteilen. Christian scheint nicht meiner Meinung zu sein und versucht mich deshalb mit allen Mitteln von seinen Argumenten zu überzeugen. Allerdings vergeblich.

Dann plötzlich scheint uns die Zeit davonzulaufen, denn bereits in den nächsten Tagen geht unser Flug in die Schweiz und **Mitte Oktober 2007** beginnt dann auch schon wieder die geschäftige Basler Herbstmesse, die wir auf keinen Fall verpassen wollen. Quasi in letzter Minute ruft mich ein Broker an und erzählt mir, auf Umwegen an meine Visitenkarte gekommen zu sein. Er will wissen, ob ich noch immer an einem Ladenlokal an der Lincoln Road interessiert bin. Und ob! Noch am selben Tag treffen wir uns vor dem besagten Lokal, bei dem es sich um ein sehr kleines Frozen-Yogurt-Geschäft einer sehr grossen US-Kette handelt. Wir kennen das Geschäft von unseren bisherigen Recherchen und wissen, dass es hier nur so wimmelt vor kauffreudiger Kundschaft. Obwohl der winzige, schlauchartig schmale Laden mit gerade mal 50 Quadratmetern Gesamtgrösse so gar nicht in unser Schema passt, gebe ich mich schon beinahe begeistert und frage nach den Konditionen. Nun, wo mich sogar die stolze Monatsmiete von $ 12'000 nicht erschrecken kann, wagt es der Broker, die Katze aus dem Sack zu lassen, und wir erfahren Unfassbares. Tatsächlich verlangt der jetzige Besitzer unverschämte $ 150'000 Key-Money als Abfindung für einen Vertrag, der gerade mal noch 7 Jahre laufen soll. Ohne Einrichtung und Geräte, versteht sich! Wir bedanken uns für das Gespräch, fliegen jetzt aber erstmal nach Hause in die Heimat und widmen uns echten Geschäften.

HAPPY
MILLIONÄR

Kapitel 19

Auf der Zielgerade

Die Suche nach dem passenden Laden geht im **Januar 2008** in ihre zweite Runde. Kaum sind wir im neuen Jahr angekommen, ruft mich der geschäftstüchtige Deutsche Christian an und beginnt euphorisch von einem Ladenlokal an der Lincoln Road zu schwärmen. Wir lassen sofort alles liegen und stehen und treffen uns mit dem Broker Ecke Alton und Lincoln Road vor dem Kino. Christian führt uns zu der unmittelbar daneben befindlichen Baustelle und schwärmt von der neuen Ladenzeile, die hier entstehen soll. Wir sind auf Anhieb begeistert, ist doch die Lage perfekt und beim Ausbau des Lokals können noch Wünsche berücksichtigt werden. Sogar die Monatsmiete von etwas mehr als $ 25'000 entspricht genau unserem Budget. *«Wo bitte kann ich unterschreiben?»*, wäre jetzt meine nächste Frage, doch ich werde bitter enttäuscht. Die Sache hat nämlich den bedeutenden Haken, dass die Bauarbeiten frühestens Ende 2008 fertiggestellt werden. Die Ernüchterung ist gross, doch die Tatsache, dass wir noch nie so nahe an unserem Ziel waren, weckt auch Hoffnung und fördert meine eh schon grandiose Motivation.

Kaum zurück im Penthouse setze ich mich in mein Büro und lasse meine Fantasie von der traumhaften Aussicht über Miami Beach und den blauen Ozean beflügeln. Plötzlich glaube ich mit SWISSMAKER die passende Bezeichnung für unsere US-Firma gefunden zu haben. Abgesehen davon, dass dieser Name auch unseren künftigen Laden schmücken soll und perfekt zu der später geplanten Lizenzvergabe passt, bringt mich das auch auf die Idee, das Konzept entsprechend schweizerisch zu erweitern. Nun wo sich auch Birgit vom neuen Firmennamen beeindruckt zeigt, lasse ich SWISSMAKER sofort schützen, entwerfe mein eigenes Logo und eröffne mit der SWISSMAKER LLC unsere erste US-Firma. Damit bin ich nun auch in der Lage, meinen Businessplan mit allen gewünschten Angaben und einem felsenfesten Konzept so weit fertigzustellen, dass letztendlich dem

Immigrationsgesuch nur noch der begehrte Mietvertrag für ein Ladenlokal beizu-legen ist.

Mit kleinen Erkundungstrips rund um Miami vertreiben wir uns einerseits die Zeit, begeben uns so aber auch täglich auf die Suche nach Möglichkeiten, um doch noch ein geeignetes Lokal zu finden. Heute allerdings beschränkt sich unser Aus-flug wieder einmal auf die nahe Lincoln Road in Miami Beach. Carlos, der Broker, der uns die Wohnung beschafft hat, lädt uns zum Dank dafür, ein gutes Geschäft gemacht zu haben, zum Mittagessen ein. Gerne nehmen wir seine Einladung an und warten vor dem MURANO GRANDE darauf, abgeholt zu werden. Pünktlich fährt Carlos in seinem brandneuen, silbernen Mercedes vor und chauffiert uns zu seinem Lieblingsitaliener TIRAMISU. Als uns Carlos, der bestens über unsere Pläne Bescheid weiss, so ganz nebenbei von einem freistehenden Ladenlokal an der Lin-coln Road erzählt, können wir kaum noch ruhig sitzen. Wir wollen keinen Espresso und auch kein Dessert mehr, wir wollen jetzt sofort das besagte Lokal sehen. Der Laden befindet sich an allerbester Lage am unteren Ende der Lincoln Road direkt gegenüber der BANK OF AMERICA. Zum Strand und damit zu Miamis Top-Beach-Hotels sind es von hier aus nur ein paar hundert Meter. Wir zeigen uns begeistert und bitten Carlos raschestmöglich Näheres in Erfahrung zu bringen.

Bereits am kommenden Morgen stehen wir wieder mit Carlos vor dem leerste-henden Ladenlokal, nun aber präsentiert uns der tüchtige Geschäftsmann die pas-senden Schlüssel und öffnet für uns die Türen. Beim Betreten des für unsere Pläne eigentlich viel zu grossen und erst noch nur im Rohbau befindlichen Raumes trifft es mich wie ein Blitz. Plötzlich kennt meine Begeisterung keine Grenzen mehr und ich entwickle ungeahnte Vorstellungskräfte, die es mir erlauben, unseren neuen SWISSMAKER-Laden direkt vor meinen Augen zu sehen. Kurzerhand schmeisse ich meine bisherige Strategie über Bord. Aus dem bisherigen eher kleinen bis mittle-ren Take-away soll jetzt ein nobles, grosszügiges Spezialitäten-Geschäft im Stil ei-nes edlen Schweizer Konditorei-Cafés werden. Neben wenigen Sitzgelegenheiten drinnen sollen etwa 30 Aussensitzplätze unter Palmen entstehen. Feuer und Flamme bin ich jetzt quasi unaufhaltsam und lasse nun meiner Fantasie freien Lauf. «Da hinten kommt die Kühlzelle hin, hier in der Mitte des Ladens platzieren wir etwas erhöht unser Büro, von wo aus wir den ganzen Laden überblicken können. Verkaufstheken möchte ich beidseitig, lass uns eine süsse und eine salzige Abteilung machen. Und draussen gibt's Sitzplätze unter Palmen …», schwärme ich Birgit so lange vor, bis mich Carlos auf den ungefähren Mietpreis aufmerksam macht. Mindestens um die $ 30'000 monatlich soll dieser betragen. *Da müssen wir aber eine ganze Menge Nüsse verkaufen!»*, witzele ich und frage nach dem fälligen Key-Money. Davon sei ihm nichts bekannt, ermuntert mich Carlos. Der strahlende Blick meiner Frau lässt mich mutig werden, sodass ich Carlos gleich mal eine provisorische Zusage mache und ihn bitte, raschestmöglich alle Einzelheiten in Erfahrung zu bringen. Um jede mögliche Fehlentscheidung auszuschliessen, nutzen wir das bevorstehende Wochenende und positionieren uns während der folgenden drei Tage beinahe ununterbrochen vor dem leerstehenden Ladenlokal. Zu Beginn haben wir die Passanten an der beliebtesten Flaniermeile Floridas, wenn nicht Amerikas mit einem speziellen Zählgerät noch gezählt. Als sich die Lincoln Road am Freitagabend allerdings zu füllen beginnt und wir uns plötzlich vorkommen, als befänden wir uns inmitten des Münchner Oktoberfests, geben wir das Zählen auf und begnügen uns damit, dass die Lincoln Road quasi zu jeder Stunde immer rappelvoll ist.

Wie versprochen hat Carlos bei der Verwaltung den Termin klargemacht und begleitet uns nun auch dahin. Unsere Entscheidung steht fest, wir wollen diesen Laden unbedingt. Im ersten Stock desselben Gebäudes empfängt uns die persönliche Assistentin des Vermieters in dessen äusserst noblen Büroräumen. Die ebenso nette wie attraktive Dame, die sich uns als Laura vorstellt, bittet uns drei in den dicken Ledersesseln Platz zu nehmen, offeriert uns Kaffee und beginnt nun damit, uns auszufragen. Das nennt man hier Interview. Sie will ganz genau wissen, wer wir sind, woher wir kommen, was wir bisher getan haben und vor allem was wir vorhaben. Noch während des Interviews betritt ein elegant gekleideter, grossgewachsener, leicht ergrauter Gentleman den Raum und stellt sich uns als Paul vor. Uns ist sofort klar, wen wir da vor uns haben. Mister Paul ist kein Geringerer als der Besitzer des gesamten Häuserblocks und somit der für uns so wichtige Vermieter, den man hier in den USA als Landlord bezeichnet. Sofort übernimmt er das Gespräch und bittet darum, ihm unsere Geschichte zu erzählen. Gemeinsam mit Birgit berichten wir ganz locker von unserem Leben und unseren Erfolgen als

Schweizer Brezelkönige. Dabei überreiche ich Paul eine schön bebilderte Broschüre unseres ehemaligen Unternehmens und weise darauf hin, dass wir unser erfolgreiches Konzept, auf den amerikanischen Markt angepasst, genauso weiterführen wollen. Der Landlord und seine Assistentin Sandra scheinen uns zu mögen und zeigen sich sichtlich beeindruckt von unserer Geschichte. Nachdem wir auch unseren finanziellen Status anhand mitgebrachter Unterlagen eindrücklich dokumentieren können, gibt sich der Landlord zufrieden und verabschiedet sich. Sandra gibt uns nun einen Einblick in die uns erwartenden Kosten. Die Jahresmiete soll bei rund $ 400'000 liegen. Ich lächle freundlich, schlucke zweimal und frage nach dem monatlichen Betrag, den Sandra jetzt mit exakt $ 33'333.33 beziffert. Nichts Besonderes, denke ich mir, schliesslich haben wir damit gerechnet und deshalb gebe ich jetzt auch siegessicher meine definitive Zusage bekannt. Doch wider Erwarten gibt mir Laura zu verstehen, dass der Laden eigentlich schon praktisch vermietet sei. Die Verträge mit einem weltberühmten, französischen Modekonzern lägen bereit und müssten nur noch unterzeichnet werden. Aufmunternd weist sie allerdings auch noch darauf hin, dass da noch einige Unklarheiten seien, und zudem habe sie bemerkt, wie sehr Mister Paul uns möge. Alle drei sind wir ziemlich enttäuscht und verlassen wenig hoffungsvoll die feudalen Büroräume der Lincoln Road.

Etwa eine Woche später klingelt das Handy, Laura, die Sekretärin des Landlords, ist dran. Schon beinahe gleichgültig höre ich mir an, was sie zu sagen hat, denn eigentlich haben wir den Laden an der Lincoln Road ja bereits wieder abgeschrieben. Sandra fasst sich kurz und lädt uns zu einem zweiten Meeting ein. Wow! Damit haben wir nun wirklich nicht gerechnet. Plötzlich sieht es wieder ganz danach aus, dass wir doch noch im Rennen sind. Der Termin findet allerdings erst in zwei Tagen statt und das bedeutet, dass ich bis dahin wie auf Nadeln sitze.

Mit gemischten Gefühlen betreten wir an diesem heissen Nachmittag erneut die gut gekühlten Büroräumlichkeiten an der Lincoln Road und werden hier gleich durch die nette Laura in Empfang genommen. Mr. Paul kommt sofort hinzu, seine Begrüssung fällt lässig und locker aus, typisch amerikanisch, so wie wir das mögen. Paul, der schwerreiche Immobilien-Tycoon, will jetzt nochmals ganz genau wissen, was exakt wir vorhaben und wie genau wir unsere Pläne zu verwirklichen gedenken. Offen und ehrlich wie wir sind, beginnen wir, ohne ein Blatt vor den Mund zu nehmen, davon zu schwärmen, wie wir unseren Traum vom eigenen Laden in Miami Bach verwirklichen wollen. Mister Paul hört uns aufmerksam zu und gibt uns genügend Zeit, um ihm unsere Pläne ausführlich zu schildern. Was wir ihm erzählen, gefällt ihm so gut, dass sich das Meeting über zwei Stunden hinzieht und Paul das Treffen mit Handschlag und Zusage beendet. Sandra gratuliert uns zum erfolgreichen Abschluss und vereinbart gleich einen neuen Termin zur Vertragsunterzeichnung. Später verrät sie uns im Vertrauen, dass Mr. Paul uns offenbar sehr gern mögen müsse, denn der Laden sei de facto tatsächlich schon so gut wie weg gewesen.

Am **29. Februar 2008** unterzeichnen wir im Beisein von Carlos die dreissig Seiten umfassende Fünfjahres-Lease, wie der Mietvertrag in den USA genannt wird. Paul gibt sich sehr erfreut und zuversichtlich über die künftige Zusammenarbeit und gibt seiner Sympathie uns gegenüber damit Ausdruck, dass er uns freiwillig mit der Miete entgegenkommt. Und zwar in Form einer zu Beginn niedrigeren Miete als angekündigt, die dann erst innerhalb der Vertragszeit wieder jährlich ansteigt. Was für Mr. Paul ein kleiner Bonus ist, bedeutet für uns eine wesentliche Ersparnis. Somit beginnt die Jahresmiete für die 3551 square feet, knapp 330 Quadratmeter grosse Ladenfläche im ersten Jahr bei $ 355'100.00 und endet mit $ 399'668.17 im fünften Jahr. Das entspricht im ersten Jahr einer monatlichen Miete von $ 29'531.67. Ausserdem erlässt uns der Landlord für die ersten sechs Monate nach Vertragsabschluss die volle Miete. Dies allerdings soll in Miami Beach in Anbetracht der zu erwartenden Verzögerungen einer Baubewilligung dem ganz normalen Ablauf entsprechen. Auch normal ist hier eine Sicherheitszahlung an den Landlord in der Höhe von sechs vollen Monatsmieten. Damit werden nicht weniger als $ 177'190.00 sofort bei Vertragsunterzeichnung zur Zahlung fällig. No risk no fun!

HAPPY
MILLIONÄR

Kapitel 20

American Challenge

Einmal mehr habe ich mich ausschliesslich auf meine eigene Betrachtungsweise und auf die Ratschläge meiner Frau verlassen und mich damit unbeirrbar über all die vielen Meinungen und Aussagen anderer hinweggesetzt. Konsequent und stets mit dem eigenen Ziel vor Augen habe ich mich durch nichts und niemandem von meinem Traum abbringen lassen und geschafft, was ich schaffen wollte. Dies zumindest schon mal zum Teil, denn die schwierigste Herausforderung steht uns ja mit einem anspruchsvollen Neubauprojekt erst noch bevor. Dieses wird mit Sicherheit ein Vermögen verschlingen und bringt mich jetzt in die Pflicht, rasch einen Architekten und einen Baumeister zu finden. Und dies hier im berüchtigten Miami, wo bei der Wahl der jeweiligen Partner wohl ganz besondere Vorsicht geboten ist. Eine Anleitung, wie man nicht über den Tisch gezogen wird, existiert ja bekanntlich nicht, also müssen wir uns erst recht auf den eigenen gesunden Menschenverstand verlassen können und die über Jahre hinweg angeeignete Menschenkenntnis möglichst geschickt einsetzen. Exakt sechs Monate Zeit bleiben uns, bevor die erste Monatsmiete von $ 29'531.67 plus Nebenkosten fällig wird. Das klingt zwar erstmal nach einer langen Zeit, aber was ist, wenn etwas Unvorhergesehenes dazwischenkommt oder wenn etwas schiefläuft? Dann werden knapp dreissig Tausenderscheine fällig, Monat für Monat.

Doch mit negativen Gedanken will ich mich prinzipiell nicht auseinandersetzen und konzentriere mich jetzt lieber auf das Wesentliche. Zuallererst lege ich dem bereits fertiggestellten E-2-Investor-Visa-Antrag mit der Vertragskopie des Ladenlokals das noch letzte fehlende Dokument bei und schicke das Ganze per Flugpost an die US-Botschaft in Bern. Die Suche nach dem Bauunternehmer und dem Architekten beschränken wir erstmal auf die Empfehlung der Sekretärin des Landlords. Entsprechend vereinbaren wir einen Termin mit einem Baumeister namens Ali. Gemeinsam mit Birgit und Rocky treffen wir uns vor dem Laden an der Lincoln

Road mit dem ursprünglich aus dem Iran stammenden und ziemlich sympathischen Perser. Ali, der auch gleich noch den Architekten Carlos mitbringt, macht auf Anhieb einen kompetenten Eindruck. Die Tatsache, dass der schaffensfreudig wirkende Unternehmer ein eher kleines Baugeschäft betreibt, macht ihn meiner Einschätzung nach flexibler als ein Grossunternehmen und das erscheint mir als geradezu ideal. Zudem scheint der gebürtige Perser Sinn für Humor zu haben. Als ich ihm nämlich von unserem Vorhaben erzähle, lacht der grauhaarige Mittfünfziger und meint: *«You have big eggs like a bull!»* Soll heissen, du hast grosse Eier wie ein Stier! Da die Chemie stimmt und sich Alis Vorstellungen auch kostenbezogen mit den unseren decken, erübrigt sich das weitere Suchen. So ganz nach dem Grundsatz, dass manchmal das Erstbeste genug ist, unterzeichnen wir einige Tage später den Vertrag und machen Ali so zum Generalunternehmer unseres Vertrauens.

Als dann allerdings drei Wochen vergehen, ohne dass auch nur im Geringsten etwas geschehen wäre, hege ich erste Zweifel an meiner Wahl des Baumeisters. Ich spreche Ali darauf an und verlange eine Erklärung. Dieser setzt sein orientalisch verschmitztes Lachen auf und bittet mich, ihm aufmerksam zuzuhören. Dann beginnt er mich geduldig und Schritt für Schritt darüber aufzuklären, wie das hier in Miami Beach in Sachen Bauarbeiten so abläuft. Gespannt folge ich seinen Ausführungen und erfahre Haarsträubendes. Tatsächlich ist es in Miami so, dass im Vorfeld, bevor hier jemand auch nur einen Hammer oder einen Schraubenzieher in die Hand nehmen darf, beim Baubüro der Stadt Miami Beach quasi für jede Schraube ein Permit, sprich eine Bewilligung, beantragt werden muss. Jedes einzelne Permit muss zuerst durch das Bauamt genauestens geprüft und bearbeitet werden, bevor es mit Stempel und Unterschrift versehen gut sichtbar im Schaufenster angebracht werden muss. Erst dann darf mit der bewilligten, aber auch wirklich nur mit dieser Arbeit begonnen werden. Jede einzelne Arbeit muss dann wiederum durch den zuständigen Experten persönlich begutachtet und wiederum mit Stempel und Unterschrift beglaubigt werden. Sollte eine Abnahme negativ ausfallen, kann dies eine Verzögerung von mehreren Wochen oder gar Monaten zur Folge haben. Ali meint dazu lachend: *«Das hängt natürlich auch immer davon ab, welchen Experten man bei welcher Laune erwischt, und auch davon, ob man bei der Wahl seines Lieblings-Whiskys auch wirklich dessen Geschmack trifft.»*

Dieser Vorgang trifft auf unzählige Arbeiten zu. Egal ob diverse Baukonstruktionen, Elektroinstallationen, Wasser- und Abwasserleitungen, Klimaanlage, Feuerlöschsystem, sogar die Spiegel für die Gästetoiletten und die Sonnenschirme im Aussenbereich unterstehen genauesten Vorschriften.

Zwar versichert mir Ali, dass er das Baugesuch sofort nach Erhalt der Baupläne vom Architekten eingereicht hat. Aber aufgrund der nur langsam in die Gänge kommenden Bauverwaltung Miami Beachs rät er mir nun, doch einen speziellen Permit-Runner zu engagieren. «*Einen bitte was?*», will ich wissen. Erst jetzt erfahre ich von einer mir äusserst seltsam vorkommenden und wohl nur in Amerika existierenden Berufsgattung, dem Permit-Runner. Ich staune dann auch nicht schlecht, als ich in Miamis Branchenverzeichnis unzählige Firmen und Einzelunternehmer entdecke, die sich auf diesen Service spezialisiert haben. Also bleibt mir nichts weiter übrig, als mich zähneknirschend dem hier offensichtlich ganz normalen Wahnsinn zu fügen und wahrhaftig einen solchen Permit-Runner zu suchen. Für teures Geld engagiere ich einen Permit-Runner, der in Wirklichkeit eigentlich nichts anderes macht, als sich an den Schaltern des Bauamtes anzustellen. Natürlich sollte ein guter Permit-Runner auch über gute Beziehungen verfügen, um so den Prozess beschleunigen zu können. Das erinnert mich ein wenig an eine Bananenrepublik.

Aufgrund der neuesten Erkenntnisse wird mir nun aber auch klar, dass wir die ursprünglich geplante Eröffnung für Anfang **September 2008** vergessen können. Da mir die Vorstellung, für einen geschlossenen Laden Miete bezahlen zu müssen, aber gar nicht gefällt, klopfe ich einige Tage später in Begleitung von Birgit und Rocky an die Türe von Vivian, der neuen Assistentin des Landlords. Die rassige Latina, die seit kurzem Sandras Nachfolge übernommen hat, zeigt sich unerwartet verständnisvoll. Sie will sich mit ihrem Chef beraten und uns dann baldmöglichst Bescheid geben. Bereits am folgenden Tag meldet sich die hübsche Brünette mit sehr guten Nachrichten. So lange wie der Umbau dauert, respektive bis zur offiziellen Eröffnung, gewährt uns Paul einen einhundertprozentigen Mieterlass. Wow! Mit so viel Generosität hätte ich beim besten Willen nicht gerechnet.

Das grosszügige Entgegenkommen des uns offensichtlich wohlgesonnenen Landlords lässt uns relaxt und sorgenfrei in die Zukunft schauen. Ganz ohne Zeitdruck kann ich mich nun auf das Wesentliche konzentrieren und meine zwei A4-Seiten umfassende To-do-Liste Schritt für Schritt abarbeiten. Die Anbieter der benötigten Maschinen, Apparate oder Produkte finde ich gewöhnlich online, aber auch im Branchentelefonbuch. Wirklich funktionierende Onlineshops sind jedoch äusserst selten, weshalb ich die Anbieter zu neunzig Prozent vorgängig telefonisch kontaktieren muss, um dieselben dann in ihren Shops oder Lagerräumen aufzusuchen. Das nimmt zwar einige Zeit in Anspruch, das Nötige lässt sich so aber auch mit dem Angenehmen verbinden und wir können ganz nebenbei das wunderschöne Florida entdecken. Das meiste findet sich im Umkreis von um die fünfzig Meilen. Doch keine Regel ohne Ausnahme. Bei der Suche nach einer bei uns in Europa handelsüblichen Gastro-Kaffeemaschine stosse ich nämlich bald an ungeahnte Grenzen. Denn mit Ausnahme von STARBUCKS gehört der grässlich schmeckende Filterkaffee, der einem hier überall aus dem Krug nachgeschenkt wird, tatsächlich noch immer zum amerikanischen Standard. Nachdem uns die Suche nach der richtigen Kaffeemaschine erst hunderte Meilen quer durch Florida geführt hat, werden wir letztendlich durch einen Zufall ganz in der Nähe zwischen Hollywood und Fort Lauderdale in Dania Beach fündig.

Nicht ganz so leicht wird es mir bei der Suche nach der passenden Ladeneinrichtung gemacht. Die mir bildlich längst vor Augen erschienenen modernen Verkaufstheken nach europäischem Vorbild scheinen hier in den USA schlichtweg nicht zu existieren. Die Amis scheinen diesbezüglich echt noch bei ihren Diners aus den Fünfzigern steckengeblieben zu sein. Es ist unglaublich, was für altbackener, klobiger Ramsch einem hier vollen Ernstes angeboten wird. Damit können wir aber keinesfalls arbeiten, uns schwebt da eher etwas Modernes und Stilvolles vor, halt so ähnlich wie wir das von unseren ehemaligen Schweizer Brezelboutiquen her kennen. Daher weiss ich auch, wo ich die passende und moderne Ladeneinrichtung zu suchen habe. In Italien! Gut, dass es das Internet gibt. Nach einigen Online-Recherchen stosse ich auf einen italienischen Ladenbauer, der auf seiner Webseite auf eine Zweigniederlassung in New Jersey bei New York hinweist. Ich rufe direkt in Italien an und es scheint ganz so, als hätte ich Glück und auf Anhieb die richtige Firma gefunden. Man zeigt Interesse und verspricht mir, dass sich der zuständige Mitarbeiter bald bei mir melden wird. Bereits am folgenden Tag klingelt mein Handy, ein gewisser Heiner meldet sich und verrät sich aufgrund seines Akzentes gleich als Deutscher. Das soll mir nur recht sein, denn so quasi unter Landsleuten geht nun alles ruckzuck, zackzack. Anhand eines einfachen Zeichnungsprogramms übertrage ich meine Ideen der Ladeneinrichtung massstabsgenau in den Grundrissplan und sende den fertigen Entwurf per E-Mail an Heiner. Bereits einige Tage später erhalte ich per Post aus New Jersey die ersten genauen Grundrisspläne mit sämtlichen eingezeichneten Theken und einem Kostenvoranschlag. **Mitte Mai 2008** unterzeichne ich den Vertrag und leiste eine 40-prozentige Anzahlung, womit die sechsstellig teure Ladeneinrichtung bestellt wäre. Wie gesagt: alles ruckzuck, zackzack.

Inzwischen ist es bereits Mitte August, der Beginn der Bauarbeiten ist längst überfällig und die Sorge, es überhaupt noch zu schaffen, wächst. Der Grund liegt in den noch immer ausstehenden Permits, die der teuer engagierte Permit-Runner offensichtlich nicht zu beschaffen in der Lage ist. Ich bin total sauer auf diesen mir eh von Anfang an unsympathischen Typen und will mir ihn vorknüpfen, als ich erfahre, dass sich dieser gerade für zwei Wochen in die Ferien verabschiedet hat. Sofort organisiere ich ein Notfallmeeting mit Ali und dem Architekten und bitte darum, unbedingt sämtliche Baupläne mitzubringen. Mit einem Haufen Originalpläne und Kopien der noch hängigen Permits in der Tasche mache ich mich gemeinsam mit Birgit zu Miami Beachs Baubüro auf. Dort angekommen kriegen wir erstmal einen Schrecken, als wir sehen, wie viele Leute sich hier eine Nummer geschnappt haben, um darauf zu warten, an die Reihe zu kommen. Geduldig nehmen wir unsere Nummer und setzen uns zu den anderen auf die Bank, bis wir nach über zwei Stunden Wartezeit endlich dran sind. Nachdem wir beide die farbige Beamtin hinter dem Schalter sehr freundlich begrüsst haben, überlasse ich meiner charmanten Frau das Wort. Birgit beherrscht die Kommunikation mit den Einheimischen perfekt, wobei es sowieso meistens eher um den Austausch sinnloser Freundlichkeiten geht als um eine sinnvolle Unterhaltung. Doch nachdem Birgit zum x-ten Mal die wunderschön langen und so schön gelb lackierten Fingernägel der Dame und ihre doch so tolle Frisur gerühmt hat, scheint ihre Strategie tatsächlich aufzugehen. Weitere eineinhalb Stunden später sind wir doch tatsächlich im Besitz der letzten noch ausstehenden Permits und verlassen das Büro in Richtung

Laden. Hier präsentieren wir dem staunenden Baumeister Ali sämtliche Permits, die ihm noch gefehlt haben. Damit kann er nun endlich Vollgas geben und das ist schlussendlich nur Birgits geschicktem Smalltalk zu verdanken. Great job!

Am Morgen des **18. August 2008** machen sich Ali und sein Team an die Arbeit. Die Bauarbeiten müssen jetzt exakt nach Vorgabe abgewickelt werden, bevor jede einzelne Arbeit nach Beendigung durch einen Experten abgenommen werden kann. Die zuvor auf Ende September angesetzte Eröffnung haben wir auf Ende Oktober verschoben, das sollte zu schaffen sein. Doch wie sich nur zwei Tage später herausstellen wird, soll man den Tag nicht vor dem Abend loben. Heiner meldet sich aus New Jersey und teilt mir mit dem allergrössten Bedauern mit, dass unsere Ladeneinrichtung das Werk nun doch nicht wie geplant noch vor den grossen Augustferien verlassen hat. Laut seinen letzten Informationen sollen die Arbeiten aber so weit fortgeschritten sein, dass mit der Verschiffung für Mitte September zu rechnen ist. Vorausgesetzt dieses Versprechen wird eingehalten und ein gutes Seewetter lässt die Verschiffung im gewohnten Zeitrahmen von fünf bis sechs Wochen zu, kann mit der Ankunft des Containers in New Jersey gegen Ende Oktober gerechnet werden. Dann und nur dann, wenn das auch wirklich alles wie am Schnürchen klappt, kann der Container vom Schiff auf den Truck verladen werden und die Ladeneinrichtung Anfang November in Miami Beach eintreffen. Egal wie ich es mir ausmale, es ist ein Desaster! Es bleibt uns nichts weiter übrig, als die Eröffnung vorerst auf unbestimmte Zeit zu verschieben.

Immerhin trägt dieses Ärgernis dazu bei, dass ich den Rest der beinahe täglichen Pannen auf der Baustelle umso lockerer nehme und mich möglichst wenig ärgern und stressen lasse. Dementsprechend entspannt reagiere ich auf Alis aufgeregten Anruf mit der Bitte, ihm für heute Nachmittag eine Flasche Black Label Whisky, aber nur den mit der blauen Etikette, zu besorgen. Ich weiss natürlich ganz genau, dass heute eine der ganz grossen und wichtigen Abnahmen im Laden stattfindet, und kann mir den Grund für die Eile denken. Prompt erledige ich, worum ich gebeten worden bin, und erfahre dann auch etwas später von der problemlos über die Bühne gegangenen Abnahme.

Mitte November meldet sich Heiner und teilt mir freudig mit, dass die Theken heute verladen worden seien und das Schiff den italienischen Hafen bereits in Richtung Amerika verlassen habe. Wenn jetzt nichts mehr schief geht, dann sollten die Theken in der ersten Novemberwoche angeliefert werden. Zwar bleiben wir von weiteren Pannen auf der Baustelle nicht verschont, aber nach dieser Nachricht schauen wir alle positiv in Richtung baldige Eröffnung. Und tatsächlich erledigt der Plattenleger planmässig am **Freitag, dem 7. November 2008** noch die letzten nötigen Arbeiten, um die Theken jetzt einbauen zu können. Auf Heiners Nachricht, dass die Theken unterwegs sind, warten wir jedoch vergeblich, und als ich den Deutschen anrufe, um ihn zur Rede zu stellen, beginnt dieser mir eine haarsträubende Geschichte aufzutischen. Demnach soll das Containerschiff mit unserer Ladung an Bord auf unerklärliche Weise verschollen sein. Der Frachter, der schon längst im Hafen von New Jersey hätte andocken sollen, sei unauffindbar. Aufgrund des bevorstehenden Wochenendes sei jetzt auch nichts Näheres mehr zu erfahren. Wieder stehen wir da und wissen nicht, wie und ob es überhaupt weitergeht. Das bereits aufgebotene Team, der zum Abladen benötigte Hubstapler, alles muss wieder abgesagt werden. Das Schlimmste jedoch ist die Ungewissheit, die uns ein wahres Horrorwochenende beschert. Unsere eh schon wie Drahtseile gespannten Nerven drohen zu zerreissen, schlimme Gedanken wie ein mögliches Horrorszenario, in dem das verschollene Schiff mitsamt unserer schönen und bereits beinahe vollständig bezahlten Ladeneinrichtung gesunken ist, plagen uns. Es wird Montag, doch jede Entwarnung durch Heiner bleibt aus, weil ich aber schon das Schlimmste befürchte, traue ich mich nicht anzurufen und wir bleiben weiterhin auf Nadeln sitzen. Doch je später der Tag, desto blanker liegen die Nerven und umso mehr nähern wir uns der Frage, ob das nun das Ende unseres Florida-Traumes ist. Immerhin erreicht uns am Dienstagmorgen folgende Textnachricht: *«Bin noch dran, morgen weiss ich Genaueres, LG Heiner.»* Da wir uns eh gerade an jedem Strohhalm festhalten, werten wir das als positive Nachricht und versuchen jetzt auf andere Gedanken zu kommen. Im guten Wissen, dass Sorgen krank machen, planschen wir im wunderschönen Pool und versuchen jetzt einfach mal die Seele baumeln zu lassen. Und siehe da, die positiven Gedanken scheinen tatsächlich zum Gelingen beizutragen. Denn abgesehen davon, dass sich unsere Laune merklich gebessert hat, erreicht uns abends, noch während wir am Pool liegen, die folgende hoffnungsvolle Nachricht: *«Der Frachter ist im Hafen, morgen startet die Suche nach dem Container. Alles wird gut! LG Heiner.»*

Ein wie um 180 Grad umgedrehter und hervorragend gut gelaunter Heiner ruft am Mittwoch um die Mittagszeit an und löst alle Sorgen mit einem Mal in Luft auf. Er berichtet von irgendwelchen Verwechslungen bei der Reederei und verspricht, dass der Truck mit dem Container nun ganz sicher am kommenden Montagmorgen in Miami Beach eintreffen wird. Im Weiteren lässt er uns wissen, dass er für Sonntagabend ein Hotel am Ocean Drive gebucht hat und uns dann gerne zum Nachtessen einladen möchte. Natürlich nehmen wir die Einladung sehr gerne an und ich organisiere umgehend von neuem das Team und den Hubstapler für Montagmorgen. Am frühen Morgen des **Montags, 17. November 2008,** ist es endlich so weit. Der aus dem über 2000 Kilometer entfernten New Jersey kommende Truck samt Schiffscontainer hat Miami Beach unbeschadet erreicht und parkt nun an der Ecke Washington Lincoln Road. Mit dem allergrössten Respekt beginnen wir die kostbaren Theken unter Mithilfe des Hubstaplers vorsichtig abzuladen. Auch wenn Heiner seine Kenntnisse als Hubstaplerfahrer durchaus eindrücklich unter Beweis zu stellen vermag, so lassen mir die gefährlichen Manöver dennoch regelmässig den Atem stocken. Nichtsdestotrotz finden auch diese Strapazen nach einer Stunde schweisstreibender Arbeit ein glückliches Ende. Der Einbau der Ladeneinrichtung kann jetzt beginnen.

Nachdem sämtliche Theken den Qualitätscheck einwandfrei überstanden haben und passgenau eingebaut sind, bekommt der Laden noch seinen letzten Schliff. Sämtliche Maschinen, Apparate, Kühl- und Tiefkühlzellen werden montiert und die Inbetriebnahme des modernen Kassensystems kann beginnen. Damit kommen wir auch zur Schulung des künftigen Personals. Insgesamt bis zu 20 Mitarbeiter und Mitarbeiterinnen, die in zwei Schichten während 7 Arbeitstagen zum Einsatz kommen sollen, müssen jetzt eingeschult werden. Dies ist allerdings mehr oder weniger Birgits Job. Im Gegenzug kümmere ich mich um die gesamte Logistik und um alles Technische, was auch die Installation aller Öfen und Maschinen beinhaltet.

Die Hauptrolle dabei spielen die Mandelmaschinen und die beiden prominent dahinter platzierten Mandelbrenner, die mit ihrem Handwerk und dem verführerischen Geschmack von frisch gebrannten Nüssen die Passanten in Scharen in den

Laden locken sollen. Doch mit der Inbetriebnahme der beiden brandneuen Mandelmaschinen aus Deutschland kommen plötzlich ungeahnte Probleme auf mich zu. Mit Erstaunen muss ich feststellen, dass sich durch die elektrische Beheizung der gesamte Herstellungsprozess verändert und mir deshalb plötzlich ein Sud um den anderen verbrennt oder sonst wie missrät. Ich erinnere mich an meine Kindertage, als mir mein Vater das Mandelbrennen beigebracht hat, und will nicht wahrhaben, dass ich nun ausgerechnet daran scheitern soll, was ich schon seit Jahrzehnten erfolgreich praktiziere. Das macht mich rasend, sodass ich bis spät in die Nacht hinein herumpröble, bis mir endlich das gelingt, was für mich zur Normalität gehört. Letztendlich übertreffe ich mich selbst und bin von meinen schönen, glänzenden und knusprig leckeren Nüssen so sehr überzeugt, dass ich diese jetzt kurzerhand THE WORLD'S BEST CRUNCHY, also die weltbesten knusprigen Nüsse, nenne.

HAPPY
MILLIONÄR

SWISSMAKER: Stationen des Umbaus

Ankunft des Containers aus New Jersey

Kapitel 21

Gold-Nuggets

Schick in Uniform herausgeputzt wartet das aufgestellte SWISSMAKER-Team in dem auf Hochglanz polierten Laden, hinter den randvoll gefüllten Theken, auf die Türöffnung zum Grand Opening. Unsere drei hübschen SWISSMAKER-Hostessen haben bereits damit begonnen, die eintausend frisch gebackenen Minibrezeln umsonst an die staunenden Passanten zu verteilen, und sie machen ihren Job so gut, dass sich vor dem Laden bereits eine lange Schlange gebildet hat. Am Freitag, dem **12. Dezember 2008**, exakt um 12 Uhr, ist es dann endlich so weit und SWISS-MAKER MIAMI BEACH öffnet seine Tore. Bei all dem Andrang kümmern wir uns genauso um die ersten Kunden sowie um den Empfang unserer zahlreich erscheinenden Ehrengäste, denen fleissig Champagner eingeschenkt wird. Das Full House bringt genau die richtige Stimmung, um auch wirklich alle Besucher gleichzeitig glücklich zu machen. Kein Wunder, dass unser 10 Mitarbeiter starkes Team von der ersten Schicht an seinem Premierentag gleich mal tüchtig ins Schwitzen kommt und bald nicht mehr weiss, wo vorne und hinten ist. Kein Problem, während des Smalltalks mit unseren Gästen kümmern wir uns ganz locker nebenbei auch noch um unser Team. Eine tolle Gelegenheit, um unserem Team und unseren Gästen gleichermassen zu zeigen, wie es ist, wenn bei SWISSMAKER die Post abgeht. Der Übergang von der Eröffnungsfeier zum normalen Tagesgeschäft verläuft dann auch nahtlos, womit wir zum eigentlich wichtigsten Teil kommen. Und wir werden nicht enttäuscht, es läuft und läuft und läuft … nonstop bis weit nach Mitternacht. Mit dem Schliessen der Türen endet dieser erfolgreiche Premierentag spätnachts um 2:30 Uhr und wir können uns nicht nur über volle Kassen freuen. Die heiss gebrannten Mandeln haben ihre Feuertaufe mit Bravour bestanden und taugen offensichtlich auch zum Verkaufsknaller untern den Palmen Miami Beachs. Zudem haben auch unsere aus Deutschland importierten, tiefgekühlten Teiglinge, die wir zu ofenfrischen Brezeln backen, reissenden Absatz gefunden, und zwar so gut, dass wir mit unseren vier Brezelbacköfen zum Schluss gar nicht mehr schnell genug backen konnten. Komplett ausverkauft waren zum

Schluss auch unsere hausgemachten Schokoladenfrüchte, genauso wie der selbstgemachte Fruchtsalat und die Schweizer Super Hot-Dogs im Laugenbrot. Es sieht ganz danach aus, als hätten wir alles richtig gemacht.

Ein traumhaftes Leben unter Palmen, bei dem sich zudem noch Geld verdienen lässt, sehen wir als ein ganz besonderes Privileg. Dabei auch noch mittendrin die USA mit allen Vor- und Nachteilen hautnah miterleben zu dürfen, bedeutet für uns einen neuen Höhepunkt in unserem Leben. Dies obwohl wir zurzeit von einer 7-Tage-, 80-Stunden-Woche gefordert sind und damit wohl eher typische Schweizer Tugenden erfüllen als die eines American Way of Life. Ganz ehrlich, so extrem wie hier haben wir uns in der Schweiz noch selten abgerackert. Doch wir sind hier in Amerika, einem uns noch mehrheitlich fremden Land, und um hier erfolgreich zu werden, müssen wir das Maximum aus unserem Geschäft herausholen. Und das bedeutet, zumindest in den ersten Monaten alles zu geben und unseren Leuten zu zeigen, woher der Wind weht. An 365 Tagen im Jahr soll der Laden von 10 Uhr morgens bis Mitternacht und an den Wochenenden bis 2 Uhr morgens geöffnet sein. Eine äusserst sportliche Herausforderung, die sich nur in zwei Schichten bewältigen lässt und wofür pro Schicht zwischen sechs und zehn Mitarbeiter vorgesehen sind.

Das bevorstehende Wochenende erscheint uns als sehr vielversprechend. Doch schon die Vorbereitungsarbeiten mit dem überkompletten Team lässt unsere Mitarbeiter regelmässig an den Anschlag kommen. Im Verlaufe des Tages schafft es Birgit aber mit viel gutem Einfühlvermögen und mit noch viel mehr Geduld, ihr Team für den Anfang recht ordentlich zum Funktionieren zu bringen. Dasselbe darf ich vom Mandelbrenner-Team behaupten, das nach meiner Anleitung wie die Wilden Nüsse brennt und kistenweise abpackt. Gegen 18 Uhr sind sämtliche Theken bis obenhin voll mit gebrannten Nüssen, gefüllten und ungefüllten Brezeln, Schokoladenfrüchten und vielem mehr. Und weil wir heute unbedingt die Grenzen des Machbaren herausfinden wollen, können wir jederzeit auf einen beträchtlichen Vorrat zurückgreifen. Wir sind bereit!

Am heutigen Samstag gibt es gegen 20 Uhr kaum noch ein Durchkommen im SWISSMAKER. Julio Iglesias dröhnt in voller Lautstärke aus den Boxen und sorgt für tolle Stimmung in diesem Gedränge. Gemeinsam mit dem künftigen Chef-Nussbrenner lasse ich die beiden Mandelmaschinen am Limit heisslaufen bis die Pfannen glühen und verteile gutgelaunt und grosszügig THE WORLD'S BEST CRUNCHY NUTS an die Besucher. Die Amis flippen ob unseren DIE WELTBESTEN KNUSPRIGEN NÜSSE vor Begeisterung geradezu aus und kaufen was sie in die Hände bekommen. Auch sonst verfällt die Kundschaft in einen Kaufrausch und die, die es bis an die Theken schaffen, kaufen massenweise ein, so krass, dass sogar der gesamte Vorrat plötzlich nicht mehr ausreicht und wir teils regelrecht leergefressen sind. Gegen Mitternacht schliesslich sind sämtliche Theken leer und es gibt nur noch das, was die heisslaufenden Brezelbacköfen, respektive Mandelmaschinen hergeben und was das Schokoladenteam noch zu produzieren in der Lage ist. Das bringt uns und unser Team in absolute Hochform und lässt uns über uns selbst hinauswachsen, sodass die aufgestellte Kundschaft jetzt erst recht nur so mit den Dollars um sich schmeisst. Egal was, alles wird uns jetzt einfach nur noch aus den Händen gerissen und ein Ende scheint nicht in Sicht. Um sage und schreibe 4 Uhr morgens verlassen die letzten Kunden das Geschäft. Gerädert und geschafft wie nach einem Zürcher Seenachtsfest verlassen wir glücklich und zufrieden den Laden, den die Morgenschicht bereits um 10 Uhr wieder öffnen wird.

Auf diesen Samstagabend hin wollen wir uns den geschäftigen Sonntag keinesfalls entgehen lassen und sind deshalb auch schon wieder gegen 11 Uhr morgens unterwegs zum Laden. Wie es aussieht, sind wir spät dran. Die Lincoln Road ist bereits wieder brechend voll mit kauffreudigen Passanten aus aller Welt und beim Betreten des Ladens müssen wir uns erstmal durch die Menschenmenge kämpfen, die für frische Backwaren, frisch gepressten Orangensaft, Müsli und Kaffee Schlange steht. Mit einem Schlag sind wir hellwach und helfen überall dort mit, wo es gerade brennt. Wieder geht es mit Vollgas durch den Tag und wieder können wir den Ansturm kaum bewältigen. Immerhin ist Sonntag nachts um 1 Uhr früh Schluss und wir kommen einigermassen zeitig ins Bett. In Anbetracht des neuen und halt doch noch sehr unerfahrenen Teams staunen wir selbst nicht schlecht, was wir an diesem Wochenende bewerkstelligt haben. An beiden Tagen haben wir unsere kühnsten Umsatzerwartungen locker übertroffen und wir können uns jetzt über fünfstellige Tagesumsätze freuen.

Zur Belohnung schlafen wir am Morgen jeweils etwas länger und bleiben nachts auch nicht immer bis zum Schluss. Unseren Arbeitstag beginnen wir meistens allmorgendlich mit einem ausgiebigen Frühstück auf unserer sonnigen Terrasse im 25. Stock und geniessen dabei die traumhafte Aussicht auf Miami Beach, den Yachthafen und über den Atlantik. Gut gelaunt verlassen wir die Wohnung gewöhnlich gemeinsam mit Rocky um die Mittagszeit, lassen uns im Fahrstuhl 27 Stockwerke tiefer in die Parkgarage bringen und fahren von hier zur Arbeit. Mit geöffneten Fenstern und weit offenem Schiebedach folgen wir der von Eukalyptusbäumen gesäumten Meridian Avenue bis zur Lincoln Road. Auf dieser kurzen, aber dafür umso schöneren Strecke erhaschen wir unsere tägliche Prise Florida, bevor wir eine Viertelstunde später schon wieder unseren Laden betreten. Nach der Begrüssung des Teams kümmert sich Birgit um alles, was beim Tagesgeschäft so anfällt, während ich mich in meinem Büro mit Sicht auf den vollen Laden hinter den Mac setze. Wenn es die Zeit erlaubt, verbringen wir den Nachmittag sehr gerne mit Rocky am nur 10 Minuten entfernten Meer. Zwar sind Hunde direkt am Strand verboten, doch die schön angelegten Spazierwege direkt dahinter laden unbedingt zum gemütlichen Flanieren ein. Unser kleiner Ausflug endet meistens am Ocean Drive im berühmten NEWS CAFE, wo schon Giovanni Versace täglich seine Zeitung holte. Nach einem Cappuccino geht's dann wieder zurück zur Lincoln Road, die sich gegen den frühen Abend wieder langsam zu füllen beginnt, was dann auch den Beginn unseres eigentlichen Arbeitsalltags bedeutet. Täglich arbeiten wir 7 Tage die Woche bis mindestens Mitternacht und an den Wochenenden bis 2 Uhr morgens. Ausser an den proppenvollen Wochenenden gönnen wir uns abends beinahe immer ein leckeres Dinner in einem der vielen guten Restaurants um uns herum. Unser Rocky ist natürlich immer und überall mit uns dabei.

Nach 20 Uhr herrscht auf der Lincoln Road stets Hochbetrieb und dies sorgt regelmässig für grosses Gedränge im SWISSMAKER, was uns dann wiederum bombastische Umsätze verschafft. Allem voran finden unsere THE WORLD'S BEST

CRUNCHY NUTS einen solch enormen Absatz, dass man glatt denken könnte, wir verteilen gratis Gold-Nuggets. Fünfstellige Umsätze gehören freitags bis sonntags zur Tagesordnung und an den folgenden Wochenenden, insbesondere in der Vor- und Nachweihnachtszeit, jagen wir von einem Umsatzrekord zum anderen. Auch im Januar ist keine Beruhigung in Sicht, das Geschäft brummt und die Umsätze bleiben auf höchstem Niveau stabil. Erst im Februar lässt der Andrang aufgrund des etwas geringeren Touristenaufkommens ein wenig nach, doch dieses Manko wird dann auch gleich wieder durch die Besucher der internationalen MIAMI BOAT SHOW ausgeglichen.

Sogar der heisse Sommer vermag unserem hervorragend laufenden Geschäft nichts anzuhaben. Darauf, dass sich Touristen und Einheimische gleichermassen nach dem Strandbesuch an der Lincoln Road treffen, ist Verlass. Dass uns jedoch ebenso wie daheim auch hier in Miami das Wetter einen Strich durch die Rechnung machen könnte, damit hatten wir im Vorfeld tatsächlich nicht gerechnet. Denn die Auswirkungen der im Sommer beinahe täglichen Sommergewitter haben wir komplett unterschätzt. Ein solches Gewitter kann auch schon mal einen ganzen Tag dauern und wenn es dann auch noch in den Abend hinein geht, dann kann das durchaus einen finanziellen Totalausfall bedeuten. Glücklicherweise sind Gewitter in diesem Ausmass aber selten und für gewöhnlich doch eher von kurzer Dauer. Weit mehr Schaden würde ohnehin ein Hurrikan anrichten. Da ein gefährlicher Hurrikan der Stärke 5 laut Statistik aber, wie schon erwähnt, nur alle 10 Jahre mal vorkommen soll, verlassen wir uns diesbezüglich auf unser Glück und auf die speziell abgeschlossene Hurrikan-Versicherung.

Ausser Hurrikans gibt es hier in den USA aber auch sonst noch so einige Besonderheiten, mit denen wir erst umzugehen lernen müssen. Vor allem mit der veralteten Ami-Gewohnheit, Rechnungen mit Checks statt per Banküberweisung zu bezahlen, können wir uns überhaupt nicht anfreunden. Passend dazu will das Personal hier wöchentlich und nicht monatlich bezahlt werden. Dieses System mag vielleicht auch daran liegen, dass sich die Mehrheit der Durchschnittsamerikaner mit zwei oder mehr Jobs über Wasser halten muss. Viele besitzen keinen Pass und waren auch noch nie im Ausland. Ein Personalausweis im Format, wie wir es kennen, existiert nicht. Als Identitätsnachweis gilt in den USA die Drivers License, also der Führerschein, in Verbindung mit der unbedingt geheim zu haltenden Social Security Number, ähnlich unserer Sozialversicherungsnummer. Und so ist es auch wenig verwunderlich, dass viele Leute aus der Arbeiterschicht weder über ein Bankkonto verfügen noch jemals etwas von einem Monatsgehalt gehört haben. Deshalb erfolgt die Auszahlung des Lohns in den USA per wöchentlichem Paycheck. Zum Glück müssen wir uns darum nicht auch noch kümmern, diesen Job übernimmt unsere treue Buchhalterin Nathalie, die seit Eröffnung zu 50 % in unserem Betrieb tätig ist. Sie kümmert sich ganz routinemässig um die Lohnzahlungen und um die damit verbundene exakte Beachtung der Überstunden, die hier sehr streng eingehalten werden müssen. Mit Ausnahme von Nathalie und den beiden ebenfalls besser bezahlten Store-Managern bekommen unsere Leute zwischen $ 12 und 15 Stundenlohn, ein für hiesige Verhältnisse recht guter Lohn. Dem multikulturell geprägten Miami entsprechend besteht unser Team aus jungen Leuten aus aller Welt. Nebst Männern und Frauen aus den gesamten USA beschäftigen wir Arbeitswillige aus allen Teilen Südamerikas, Haiti, Russland, Frankreich, der Türkei und sogar Schweizer und Deutsche. Diese Mischung junger Menschen aus verschiedenen Ländern und Kulturen sorgt neben guter Laune auch für Lebendigkeit im Laden und damit wiederum für gute Umsätze.

HAPPY
MILLIONÄR

SWISSMAKER Miami Beach Grand Opening

Full House nachts um 1 Uhr!

Aussenbereich unter Palmen

THE WORLD'S BEST CRUNCHY NUTS!

Brunch im Büro mit Aussicht über den Laden

Die Brezel- und Delikatessen-Abteilung

SWISSMAKER MIAMI BEACH

SWISSMAKER MIAMI BEACH

Kapitel 22

Bei Erfolg gibt's APPLAUS

Es ist wohl kein Zufall, dass wir hier im eh schon traumhaft schönen Miami Beach auch noch direkt am Wasser mit Sicht auf den Yachthafen wohnen. Das Wasser hat mich immer schon angezogen und den Wunsch nach einem eigenen Boot hege ich schon seit frühester Kindheit. Seit bald zwei Jahren geniessen wir das wunderbare Leben im MURANO GRANDE nun schon. Wenn ich allerdings ganz ehrlich sein will, dann muss ich zugeben, dass der tägliche Blick auf die umliegenden Yachten in mir auch eine gewisse Portion Wehmut auslöst. Die schöne Aussicht auf den Yachthafen mag vielleicht das Gefühl vermitteln, dabei zu sein, doch so richtig mittendrin ist man halt nur auf der eigenen Yacht im Hafen. Als begeisterter Yachtie ist es dieses Leben, das ich vermisse und nach dem ich mich gerade sehne. Zeit, darüber nachzudenken, hatte ich während der vergangenen beiden Jahre kaum, aber jetzt, wo der Laden rund läuft, komme ich wieder dazu, mich meinen Freizeitträumen zu widmen.

Mitte Februar 2009 eröffne ich Birgit meinen neuen, alten Traum vom Leben auf der Yacht. Anfangs ist sie noch dagegen, doch je mehr ich ihr vom unbeschwerten Leben in der nahen Marina vorschwärme, desto eher gelingt es mir, auch ihre Begeisterung zu wecken. Bald ist die Entscheidung für ein künftiges Leben auf der eigenen Yacht besiegelt. Und je weiter die perfekte Yacht zum ersehnten Glück auch entfernt sein mag, umso näher liegt diese uns am Herzen. Tatsächlich ist es nämlich so, dass ich während der vergangenen Jahre stets sämtliche Kaufangebote für die APPLAUS die nicht exakt meiner Preisvorstellung entsprochen haben, kategorisch abgelehnt habe. Und somit wird es Zeit, verwunschene Träume wieder zum Leben zu erwecken und die knapp 8000 Kilometer weit entfernte AP-PLAUS hierher nach Miami zu holen.

Die Atlantiküberquerung soll die Yacht aber nicht auf eigenem Kiel bewältigen, sondern auf einem genau auf solche Fälle spezialisierten Yachttransporter. Die Organisation für die Verschiffung der APPLAUS von Palma de Mallorca bis Fort Lauderdale übernimmt Broker Giulio, auf den zu einhundert Prozent Verlass ist. Nicht nur dass er den gesamten Transport zu einem Vorzugspreis arrangiert, er übernimmt auch gleich noch den Job des Kapitäns und bringt die APPLAUS sicher an Bord des Yachttransporters. Das gesamte Manöver hält Giulio mit der Kamera fest und schickt uns laufend Fotos. Das ausgeklügelte System, das DOCKWISE auf seinen Spezialschiffen anwendet, um die Yachten sicher an Bord zu bringen, ist äusserst beeindruckend. Bevor die Yachten an Bord gebracht werden können, verlangt die Reederei im Vorfeld von jedem Eigner die genauen Masse der Yacht. Danach werden auf dem 170 Meter langen Dockschiff die Lagerböcke nach Mass installiert. Bevor es zum Beladen der Yachten kommt, wird das Dockschiff mit Hilfe von Ballasttanks komplett mit Meerwasser geflutet und dabei so weit abgesenkt, dass sogar Yachten bis zu drei Meter Tiefgang hineinfahren können. Sobald das geschehen ist, können die Yachten nacheinander in den Schiffsbauch hineinfahren und dort an ihrem zugewiesenen Platz, ähnlich wie in einer Marina, festmachen. Nachdem alle Yachten ihre Position direkt über den Lagerböcken eingenommen haben, kommen die Taucher zum Einsatz. Die sich jetzt unter Wasser befindlichen Lagerböcke werden nun durch die Taucher individuell angepasst und fest verschweisst. Nachdem dies erledigt ist, wird das Wasser wieder abgelassen und die Yachten stehen nun im trockenen Rumpf des Schiffes stabil auf ihren jeweiligen Lagerböcken. Jetzt müssen die Yachten nur noch durch Spanngurte, Leinen und Fender gut gesichert werden, bevor die grosse Fahrt über den Teich losgehen kann. Je nach Wetter dauert die Atlantiküberquerung bis zum Zielhafen Fort Lauderdale zwischen 5 und 6 Wochen.

Am **4. April 2009** ist es so weit! Aufgeregt begeben wir uns auf den Weg nach Fort Lauderdale, wo die SUPER SERVANT 4 nach erfolgter Atlantiküberquerung letzte Nacht angedockt hat. Sofort nach der Einfahrt auf das Hafengelände entdecke ich den orangefarbenen Frachter und erkenne die APPLAUS schon von weitem anhand des speziellen Antennenbaums. «*Da ist sie!!*», rufe ich freudig und lasse unseren Bekannten Walt direkt darauf zusteuern. Walt ist Werftbesitzer und begeisterter Hobbykapitän aus Miami, der sich bereit erklärt hat, uns auf unserer ersten Fahrt durch die fremden Gewässer zu begleiten. Der Kapitän der SUPER SERVANT 4 höchstpersönlich empfängt uns und begleitet uns an Bord. Hier lässt er uns erst einige Papiere unterzeichnen, bevor wir die APPLAUS vor dem Fluten einer kurzen Inspektion unterziehen dürfen. Nachdem wir bestätigen, dass sich unsere Yacht in unbeschädigtem Zustand befindet gibt der Kapitän das Kommando zum Fluten. Etwa eine Stunde später ist es endlich soweit! Nach zweieinhalb Jahren sind wir wieder vereint, die APPLAUS, Birgit, Rocky und ich. Nacheinander starte ich die angenehm laut bollernden Maschinen und steuere mein Schiff ganz vorsichtig rückwärts aus dem Bauch der SUPER SERVANT 4. Da das Ganze nun doch etwas länger gedauert hat, verschieben wir die Rückfahrt nach Miami auf morgen. Glücklich, als wären wir nie getrennt gewesen, begrüsse ich die APPLAUS mit einem freudigen *«Welcome in America!»* und steuere mein Traumschiff in eine nahegelegene Marina.

Der am kommenden Morgen unumgängliche Besuch im US-Zollbüro erweist sich als ausserordentlich speditiv. Die äusserst kompetente und zudem sehr freundliche Beamtin führt die Abfertigung der Yacht dermassen superprofessionell durch, dass das ganze Prozedere in nur eineinhalb Stunden erledigt ist. Mit einem gültigen US-Yachtpermit steuere ich die Yacht nun durch den riesigen Hafen Fort Lauderdales. Mit an Bord ist natürlich auch unser kleiner Rocky, der sich offensichtlich mindestens genauso über sein Schiff, auf dem er aufgewachsen ist, freut wie wir selbst. Wie aufgezogen rennt er aufgeregt Runde um Runde über das Deck und beschnuppert jede Ecke auf der APPLAUS. Beim Verlassen des riesigen Hafens von Fort Lauderdale begegnen wir noch ein letztes Mal der SUPER SERVANT 4, die inzwischen schon wieder vollbeladen auf die Rückfahrt nach Palma de Mallorca wartet. Mit lautem Hornen verabschieden wir uns winkend von der Crew und nehmen nun selbst Kurs auf den Atlantik, wenn auch nur bis Miami. Bei der Ansteuerung von Miamis Skyline überkommt mich die Freude, in Amerika zu sein, so sehr, dass ich gleich am liebsten gemeinsam mit Rocky ein paar Runden übers Deck drehen würde. Passend zu unserem amerikanischen Traum ist die AP-PLAUS nun auch noch da angekommen, wo sie hingehört, im schönsten Yachtparadies der Welt.

Gut zwei Wochen vergehen, bis wir die APPLAUS nach einem kompletten Service, frisch poliert und mit einem neuen Unterwasseranstrich in Miami Beachs Marina SUNSET HARBOUR überführen und hier schliesslich die Yacht beziehen. Dumm nur, dass wir damals im Herbst 2006 in Mallorca in keiner Weise mit einem Wiedersehen rechneten und wir deshalb die gesamte Yachtausrüstung und auch sonst alles, was nicht mit dem Schiff fest verbunden war, entweder verschenkt oder weggeschmissen haben. Ganz zu Birgits Freude bedeutet das nun nichts anderes, als dass das Schiff von Kopf bis Fuss komplett neu eingerichtet werden muss. Eine wunderbare Herausforderung, die meine Frau mit Begeisterung umzusetzen weiss, womit sie rasch dafür sorgen wird, dass wir uns schon bald wieder ganz wohl auf der APPLAUS fühlen. Ich hingegen freue mich am meisten darauf, mit dem knapp 5 Meter langen und 50 PS starken Zodiac-Beiboot um die Inseln zu düsen und die nahe Umgebung zu erkunden. Das grosse Seeabenteuer hingegen muss noch warten, solange bis unser Team in der Lage ist, den täglichen grossen Andrang im SWISSMAKER auch ohne uns zu meistern.

Von der Marina aus lässt sich der Laden nun sogar in zwanzig Minuten zu Fuss erreichen. Des Öfteren fährt Birgit mit dem Auto schon mal vor und ich folge ihr gemeinsam mit Rocky bei einem gemütlichen Spaziergang über die Lincoln Road in den Laden. Was für ein schönes Leben, vor allem auch dann, wenn die Geschäfte auch trotz der andauernden Sommerhitze unverändert gut laufen. Allabendlich füllt sich die Lincoln Road und damit auch unser gut klimatisierter Laden. Die Tagesumsätze befinden sich in einem Allzeithoch, besser könnte alles nicht sein.

Mein Geburtstag steht vor der Türe, und weil gerade alles so wunderbar gut läuft, wollen wir uns jetzt mit dem längst überfälligen ersten Yachtausflug belohnen. Die Verantwortung für den Laden übergeben wir für wenige Tage an unsere beiden Storemanager und wir verlassen uns auf den Fleiss unseres inzwischen top geschulten Teams.

Von Miami Beach aus starten wir zu unserem ersten Atlantik-Törn auf eigenem Kiel. Dabei folgen wir dem Hawks Channel, der uns sicher durch das flache, mit tausenden Riffen übersäte Gewässer die Keys entlang in Richtung Süden bringen soll. Nach einer Übernachtung in Key Largo betanken wir unser Schiff für rund $ 2'000, bekommen zu unserer Belustigung sogar ein gratis T-Shirt und freuen uns sehr über die nette Geste. Noch am selben Nachmittag erreichen wir das 130 Seemeilen respektive 234 Kilometer von Miami entfernte Key West. Hier legen wir uns an den uns zugewiesenen Liegeplatz in der aus hölzernen Stegen bestehenden Marina inmitten des historischen Hafens. Überglücklich, wieder mit der AP-PLAUS unterwegs zu sein, spritze ich gutgelaunt mein Schiff ab und freue mich extrem darüber, dass mich meine Birgit gemeinsam mit Rocky an diesem **6. August 2009** mit einer eiskalten Flasche Champagner zu meinem 49. Geburtstag überrascht. Die folgenden Tage in Key West werden zu unvergesslichen Ferientagen die wir auf der Rückreise mit einem Stopp im Ferienort Islamorada ausklingen lassen. Eine echte Superzeit die aber leider viel zu rasch vorübergeht, denn rechtzeitig zum umsatzstarken Samstag müssen wir ja wieder zurück in Miami Beach sein.

HAPPY
MILLIONÄR

Verladung der APPLAUS auf die SUPER SERVANT 4 in Palma de Mallorca

Empfang durch den Kapitän der SUPER SERVANT 4 in Fort Lauderdale

Übernahmeprotokoll und Inspektion unserer Yacht auf der SUPER SERVANT 4

Sicht in den noch trockenen Bauch des Schiffes

Das Fluten des Yachttransporters beginnt

Geglückte Ausfahrt aus dem Bauch des Schiffes

Vollbeladene SUPER SERVANT 4 vor dem Rückweg nach Europa

Glückliche Crew bei der Ausfahrt in Fort Lauderdale

Stolzer Kapitän vor Miamis Skyline

Enge Platzverhältnisse in Key Largo

Gratis T-Shirt für 2000 Liter Diesel ☺

Ankunft in Key West

Happy 49. Geburtstag

Kapitel 23

Katastrophenalarm

Nach einem unerwartet guten August mit auffallend vielen Touristen aus Brasilien legt sich der grosse Ansturm im September etwas, sodass es an der Lincoln Road nun nicht mehr ganz so hektisch zu und her geht. Dies passt zwar super zu unserem Plan, dass Birgit zu Hause für zwei Monate die Geschäfte der starken Schweizer Messe-Herbstsaison übernimmt, während ich mit Rocky hier in Miami Beach nach dem Rechten schaue. Doch je näher der Tag des Abflugs rückt, desto mehr fürchten wir uns vor der bevorstehenden langen Trennung. Nur ein einziges Mal sollten wir für eine Woche getrennt sein, doch sogar daraus wurden wegen meiner Sehnsucht nach Birgit dann tatsächlich nur 4 Tage. Das ist allerdings Jahre her und so weit soll es dieses Mal natürlich nicht kommen. Mit Rocky an meiner Seite und mit viel Telefonkontakt werden wir die zwei Monate bis Anfang November schon irgendwie überstehen. Der Tag des Abschieds **Mitte September 2009** spricht dann allerdings eine ganz andere Sprache und lässt uns leiden wie verliebte Teenager. Im Gegensatz zu mir bleibt Birgit daheim in der Schweiz allerdings kaum Zeit, sich darüber Gedanken zu machen, viel zu sehr ist sie mit der Arbeit an den extrem gut laufenden Herbstmessen beschäftigt. Dasselbe kann ich von mir nicht behaupten. Mein Einsatz beschränkt sich mit Ausnahme der Wochenenden auf die geschäftlich attraktiven Abende und so bleibt mir tagsüber viel Zeit, die ich vorwiegend für Spaziergänge mit Rocky nutze. Weil mir Birgit unendlich fehlt, überlege ich mir eine sinnvolle Beschäftigung, die mich auf andere Gedanken bringen soll. Da ich schon immer mal ein Buch schreiben wollte, entschliesse ich mich, diese Idee in die Tat umzusetzen, und beginne nun damit, meine Autobiografie unter dem Titel GEBRANNTE MANDELN IN MIAMI zu schreiben. Mein Plan von meinem ersten Buch klappt dann allerdings nur bedingt, denn mit Birgits Rückkehr am **Mittwoch, dem 11. November 2009** lege ich mein immerhin knapp einhundert Seiten umfassendes Werk erstmal zur Seite.

Mit dem Beginn des Novembers ziehen die Geschäfte in Miami wieder so stark an, dass mir kaum noch Zeit für Spaziergänge geschweige denn zum Buchschreiben bleibt. Die Lincoln Road, die erst kürzlich zu Amerikas beliebtester Einkaufsstrasse gekürt wurde, ist wieder Tag und Nacht brechend voll. Tausende gutgelaunte, kaufwillige Einheimische und Touristen aus aller Welt tummeln sich in Miami Beach und lassen die Kassen klingeln. Und so verwundert es wenig, dass es am heutigen **Sonntag, dem 12. Dezember 2009**, exakt ein Jahr nach Eröffnung, einen neuen Umsatz-Tagesrekord zu feiern gilt. Erschöpft, aber überglücklich stossen wir gegen 3 Uhr morgens mit einem Glas Champagner auf die Rekordtageseinnahme von unglaublichen fünfzehntausend USD an. Passend zu unserem Gefühl, das Glück gepachtet zu haben, will unsere Erfolgswelle nicht abreissen und führt uns von einem Umsatzrekord zum anderen direkt ins neue Jahr.

Auch wenn wir uns im **neuen Jahr 2010** nach wie vor über ein volles Haus freuen dürfen, drohen schlechte Nachrichten die allgemein gute Stimmung etwas zu trüben. Die im Jahr 2008 ausgebrochene Finanzkrise blieb natürlich auch uns nicht verborgen und hatte zur Folge, dass wir aufgrund der Berichte über Bankpleiten und Ähnliches damit begonnen haben, unsere Einnahmen auf verschiedenen Banken zu deponieren. Abgesehen davon war in Miami Beach aber rein gar nichts von Krise zu spüren, im Gegenteil, wie sich ja aus unseren Erfolgen entnehmen lässt. Nun wird in den Medien aber plötzlich vermehrt von Pleiten und Bankrott verschiedenster Unternehmungen berichtet und das ist kein gutes Zeichen. Noch aber lassen wir uns die gute Laune nicht verderben und freuen uns darüber, dass unser Laden eine absolute Goldgrube ist und Miami Beach krisensicher zu sein scheint.

Statt mich durch schlechte Nachrichten einschüchtern zu lassen, wähle ich viel lieber den Weg nach vorne und schmiede ganz neue Expansionspläne. Dazu gehören einerseits die Umsetzung des geplanten SWISSMAKER-Lizenz-Konzepts und andererseits die Förderung der Zusammenarbeit mit SYSCO. Bei Letzterem verfolge ich den Plan, SYSCO, das zu einem der grössten Restaurant-Zulieferer Amerikas gehört, vertraglich an SWISSMAKER zu binden. Dabei soll SYSCO den exklusiven US-Vertrieb unserer aus Deutschland importierten, tiefgekühlten Brezel-

Teiglinge übernehmen. Entsprechende Verhandlungen laufen und es sieht sehr gut aus. Auch das aus eigener Hand entwickelte SWISSMAKER-Lizenz-Konzept macht Fortschritte. Statt vieler kleiner Lizenznehmer setze ich allerdings eher auf ein paar grosse Partner und dazu passt auch der heutige Termin. Wie angekündigt und auf die Minute genau betritt der wie aus dem Ei gepellte Saudi in Begleitung einer auffällig hübschen Dame in mega High Heels unseren Laden und gibt sich sogleich als erfolgreicher Landmaschinenhändler mit den allerbesten Verbindungen zum Königshaus in Saudi-Arabien aus. Ohne Umschweife kommt er zum Thema, rühmt unseren Laden in den allerhöchsten Tönen und schwärmt von seinen Visionen, die er mit unserem Konzept in seinem Land umzusetzen gedenkt. Gleichzeitig will er uns davon überzeugen, dass vor allem unsere Süssigkeiten in seinem alkoholfreien Heimatland der Verkaufsschlager schlechthin wären. Alles, was er erzählt, hört sich absolut einleuchtend an und sein Interesse an einer Lizenz in Saudi-Arabien macht absolut Sinn. Also zeige ich mich gerne verhandlungsbereit und gebe mich beim Abschied durchaus optimistisch. Tags drauf bitte ich Lizenzanwalt Albert in Miami die Angaben des Arabers zu überprüfen, und nachdem er mir grünes Licht gegeben hat, beauftrage ich ihn, einen meinen Vorstellungen entsprechenden Lizenzvertrag zu entwerfen. Als der Saudi 14 Tage später erneut auftaucht, bin ich nicht nur in der Lage, ihm einen Vertragsentwurf zu präsentieren, sondern ich kann ihm auch gleich eine exakte Kostenberechnung vorlegen, die sämtliche Details für eine mögliche SWISSMAKER-Eröffnung in Saudi-Arabien beinhaltet. Bei einigen Espressos und einer Auswahl unserer weltbesten Nüsse kommen wir bald auf einen gemeinsamen Nenner. Der gut gelaunte Saudi verspricht alles zeitnah mit seinem Scheich zu prüfen, bittet mich aber auch um einige Monate Geduld. Samt Vertrag und exakter Kostenberechnung in der Tasche begibt sich der Geschäftsmann voller Zuversicht zum Flughafen in Richtung Orient.

Alles in allem läuft es gerade so gigantisch gut, dass wir es uns zum festen Vorsatz gemacht haben, wieder einmal alles, einfach alles zu schaffen. Mit dieser positiven Einstellung vor Augen leben wir unseren Traum vom perfekten Glück auf der eigenen Yacht, unter der Sonne Floridas, und arbeiten in unserem ausschliesslich aus unseren Träumen entstandenen SWISSMAKER Miami Beach an allerbester Lage Amerikas. Passend zu unserem Glück erreicht uns **Mitte April 2010** auch noch die freudige Nachricht, dass die heimische Villa zum geforderten Preis verkauft worden ist. Obwohl wir knapp zwei Jahrzehnte in dem noch vor wenigen Jahren für viel Geld zur Traumvilla umgebauten Haus lebten, weinen wir der Immobilie keine einzige Träne nach. Die Zeit für Neues ist gekommen und dieses Haus haben wir eh schon längst losgelassen. Doch obgleich wir uns in den USA so wohl fühlen, unsere Verbundenheit zur Schweiz werden wir niemals aufgeben und auch künftig wird die Schweiz definitiv unser Hauptwohnsitz bleiben. Es mag unglaublich klingen, doch auch hier scheint das Glück gerade auf unserer Seite zu sein. In dem Moment, wo ich meinen Mac öffne und online die Wohnungssuche am Vierwaldstättersee eingebe, stosse ich direkt auf ein Angebot, das exakt unseren Wünschen entspricht und wie folgt beschrieben wird: Eigentumswohnung in erster Linie nur wenige Meter vom See entfernt mit toller Sicht auf See und Berge, nahe Naturschutzgebiet. Neubau, sofort bezugsbereit. Leider lässt sich aufgrund der Zeitverschiebung und des bevorstehenden Wochenendes nicht sofort herausfinden, ob die Wohnung auch wirklich noch zu haben ist. Also sende ich kurzerhand eine E-Mail an unsere vertraute Häusermaklerin in die Schweiz und bitte sie, die Wohnung nach Möglichkeit sofort in unserem Namen zu reservieren.

Zeitgleich berichten die Nachrichten am **20. April 2010** über ein schreckliches Unglück im Golf von Mexiko. Die im Auftrag von BP betriebene Ölplattform DEEPWATER HORIZON ist explodiert, es gibt Tote und die Plattform sinkt innert 2 Tagen. Später zeigt sich, dass rund 780 Millionen Liter Rohöl in den Golf von Mexiko geflossen sind. Die grösste je dagewesene Ölpest wird zum unfassbaren Desaster mit verheerenden Auswirkungen für Mensch und Tier. Weltweit spricht man von der grössten Ölkatastrophe aller Zeiten und es dauert nicht lange, bis verschiedene Staaten, inklusive Florida, den Notstand ausrufen. Dadurch, dass die Ölpest vorwiegend den Golf von Mexiko und die gesamte Westküste von Naples bis Tampa bedroht, besteht für die Ostküste Floridas und damit für Miami vorerst aber keine Gefahr und auch alle Strände bleiben verschont.

Auf schlechte Nachrichten folgen gute, und zwar aus der Heimat. Unsere befreundete Häusermaklerin ruft am Montag an und teilt uns mit, dass das Apartment am Vierwaldstättersee für uns reserviert sei. Bevor wir aber den definitiven

Kaufvertrag unterschreiben, empfiehlt sie uns unbedingt eine Besichtigung. Spontan entscheiden wir uns dafür, dass Birgit für ein bis zwei Wochen in die Schweiz fliegt und ich zwischenzeitlich in Miami die Stellung halte. Schon bald ruft mich Birgit aus der Schweiz an und schwärmt vom neuen Apartment und davon, dass wir künftig innerhalb dreier Minuten zum See laufen können, um dort je nach Lust und Laune auch gleich ein Bad im kristallklaren Wasser zu nehmen. Ein weiterer Traum geht in Erfüllung, und weil wir unser Haus vollmöbliert verkauft haben, hat Birgit nun das Vergnügen, das Apartment komplett neu und ganz nach ihrem Geschmack einzurichten.

Die zwei Wochen alleine mit Rocky in Miami gehen rasch vorbei und schon ist es wieder Zeit für uns, Birgit vom Flughafen abzuholen. Schon beim Einsteigen ins Auto weiss der schlaue Rocky ganz genau, wohin es geht. Während der gesamten Strecke zum Flughafen bellt und schwänzelt der Kleine unaufhaltsam und beim Erreichen des Terminals droht er dann endgültig vor lauter Freude auszuflippen und er springt nach vorne auf den Beifahrersitz. Dann zieht er mich wie ein grosser Hund an der Leine durchs Terminal, wo er schliesslich die Ohren spitzt und gemeinsam mit Herrchen vor dem Gate wartet. Als der kleine, grosse Hund Birgit entdeckt, springt Rocky in einem Satz auf ihre Arme, schleckt sie überall ab und gibt letztendlich bellend und weinend vor Freude seine Gefühle zum Ausdruck. Wie sehr wir unseren kleinen Rocky, der uns andauernd den Sonnenschein in unser Leben zaubert, doch lieben.

Auch wenn das Unglück im Golf von Mexiko inzwischen um die zwei Wochen her ist, ist es doch noch dauerhaft in aller Munde. Es ist sehr traurig zu erfahren, wie stark Floridas Westküste durch ölverschmierte Strände und verendende Tiere betroffen ist. Glücklicherweise haben wir hier an der Ostküste und insbesondere in Miami absolut keine ölverschmutzten Strände zu befürchten und auch sonst läuft alles normal. Miami Beachs Strände sind voll wie eh und je, die Hotels restlos ausgebucht und wir freuen uns über einen ständig vollen Laden. Jedoch wird die internationale Berichterstattung über die gerade in Florida stattfindende grösste Ölkatastrophe aller Zeiten von Tag zu Tag aggressiver und beinahe ununterbrochen flimmern schlimme Bilder von ölverschmutzten Stränden mit tausenden verendeten Tieren über die Bildschirme. Verständlicherweise fehlt den Zuschauern aus der ganzen Welt der geografische Überblick, denn für die Touristen bleibt Florida nun mal Florida. Und das bedeutet letztendlich nichts anderes als den Beginn einer der grössten wirtschaftlichen Katastrophen, die Florida je erlebt hat. Obwohl wir an der Ostküste keinen einzigen Tropfen Öl abbekommen, gefährdet die durch BP verschuldete Ölkatastrophe jetzt die gesamte Zukunft Floridas.

Wir können regelrecht beobachten, wie die Touristen aus aller Welt von Tag zu Tag weniger werden. Doch beim Rückgang der Touristen soll es nicht bleiben. Die Folgen der ausbleibenden Touristen wirken sich umgehend auf die erst noch so blühende Wirtschaft aus. Ohne Touristen bleiben die Hotels und damit die Strände, die Restaurants, die Shoppingcenter und die Läden leer. Viele Leute verlieren von einem Tag auf den anderen ihren Job und auch wir an der Lincoln Road stehen plötzlich vor einem Kampf ums finanzielle Überleben. Es dauert gar nicht lange, bis sich die Ereignisse überschlagen. Die Ölkrise wird jetzt zum Auslöser für die gefürchtete Weltfinanzkrise. Was bisher in Miami nur am Rande zu spüren war, erwischt jetzt Florida mit ganzer Breitseite. Begriffe wie Bankruptcy und Foreclosure, was so viel bedeutet wie Bankrott und Zwangsversteigerung, gehören plötzlich zur Tagesordnung und werden Ausdruck der allgemein gefährdeten Wirtschaftslage. Abgesehen von den ausbleibenden Touristen fehlen nun auch die Einheimischen, von denen sich kaum noch einer an die teure, von Luxusläden gepflasterte Lincoln Road verirrt. Die Katastrophe nimmt ihren Lauf und in der Folge schliessen viele Boutiquen und Restaurants ihre Türen für immer, auch solche, die hier die schon seit weit mehr als 20 Jahren erfolgreich waren. **Ab Juni 2010** gleicht Miami Beach einer Geisterstadt und unser Wunsch vom Arbeiten unter den Palmen Miamis wird jetzt ganz offensichtlich so langsam, aber sicher vom Traum zum Alptraum.

HAPPY
MILLIONÄR

Kapitel 24

American Roadtrip

Distanz zu allem scheint mir gerade die beste Alternative, um dem vorherrschenden Desaster für eine Weile zu entfliehen. Ein US-Roadtrip soll uns auf andere Gedanken bringen und uns allenfalls auch die Augen für neue, bisher ungeahnte Ideen öffnen. Weil sich dieser Einfall hervorragend mit meinem eigenen Geschenk zum 50. verbinden lässt, machen wir uns Ende Juli erstmal auf den Weg ins 380 Kilometer entfernte Orlando. Hier wartet im Showroom des hiesigen Mercedes-Vertragshändlers mein Geburtstagsgeschenk darauf, abgeholt zu werden. Mit der Superausführung dieses G-Modells erfülle ich mir meinen Autotraum, der in Wahrheit bereits vor über einem Vierteljahrhundert begonnen hat. Als ich seinerzeit 1994 meinen ersten gebrauchten G mit V8-Motor kaufte, war das noch eine Sensation. Denn der Luxus-Mercedes-Geländewagen wurde damals nur in einer sehr kleinen Auflage für eine sehr gut betuchte Kundschaft mit V8 angeboten und galt daher auch als das Lieblingsauto vieler Wüstenscheichs. Als mir das ursprünglich um eine viertel Million teure Gefährt einjährig und gebraucht angeboten wurde, konnte ich nicht widerstehen. Seither fahre ich ununterbrochen G-Klasse und benutze das Auto auch dazu, wofür es gebaut wurde, zum Arbeiten. Dies könnte sich allerdings bei dem neuen, komplett auf Luxus getrimmten Modell ändern.

In Orlando angekommen führt uns der Autoverkäufer Alan, mit dem ich den Deal im Vorfeld abgeschlossen habe, direkt in den Showroom. Endlich ist es so weit, ich treffe auf das Auto meiner Träume, den brandneuen Mercedes G55 AMG Baujahr 2010 ganz in schwarz. Alan überreicht mir die Schlüssel, ich starte den bärenstarken V8 und los geht's wieder zurück in Richtung Miami. Während ich auf den ersten Metern bei heruntergelassenen Scheiben meinen Spass habe, etwas Gas gebe und dem grollenden Sound des V8 fröne, ruft Birgit erschrocken: «*Stopp, stopp! Stephan, hörst du nicht, wie der tönt, der ist doch kaputt!! Und wie hart der*

*gefedert ist, das ist doch nicht normal, bitte dreh um, wir müssen dieses Auto zu-
rückbringen.»* Mit einem breiten Grinsen auf dem Gesicht drücke ich nochmals
voller Freude aufs Gas und wir brausen davon, als sässen wir in einem Lamborghini. Dabei erkläre ich Birgit echte Männerträume: *«Nein, Birgit, das muss so sein
und das ist einfach nur supergeil! Was du hörst, ist der supercoole Sound des
507 PS starken AMG-V8-Kompressor-Motors und die harte Federung gehört zum
original Sportfahrwerk dieses einfach nur megacoolen G55 AMG!»* Sag es und
gebe Gas ...

Zurück in Miami Beach können wir den Start ins grosse Amerika-Abenteuer
kaum abwarten, aufgeregt mache ich mich sofort an die Routenplanung und Birgit
beginnt zu packen. Um uns die Reise möglichst bequem zu gestalten, haben wir
sogar an eine Kühlbox sowie an eine kleine Kaffeemaschine gedacht. Und die hin-
tere Rückbank hat Birgit liebevoll in ein riesiges Hundebett und damit in Rockys
Reich umgewandelt. Am Morgen des **27. Juli 2010** starten wir zu unserem American Roadtrip, wobei es zuerst wieder in die Richtung geht, aus der wir gerade erst
gekommen sind. Doch dieses Mal lassen wir Orlando links liegen und nehmen direkten Kurs zu den 2240 Kilometer entfernten Niagarafällen. Kurz nach Erreichen
des Staates South Carolina folgen wir dem Highway ins Landesinnere. Das Fahren
auf den amerikanischen Highways macht viel mehr Freude als zuhause und das
liegt ganz einfach daran, dass hier das Rechtsüberholen erlaubt ist. Jeder fährt,
wie er will, links oder rechts am andern vorbei, womit sich das nervige Drängeln
gleich von selbst erledigt. An die Geschwindigkeitsbegrenzung von maximal er-
laubten 70 Meilen respektive 112 km/h auf den Highways gewöhnt man sich
rasch. Im Endeffekt düst hier sowieso fast ein jeder mit 75 bis 80 Meilen über die
Highways und das entspricht dann bereits wieder den Geschwindigkeiten, die wir
ja eh schon von der Schweiz her gewohnt sind. Und so bringt uns unser erster
Reisetag nach etwa 10 Stunden Fahrt immerhin bis zur 1055 Kilometer entfernten
Stadt Florence in South Carolina. Für eine Nacht begnügen wir uns mit einem nahe
am Highway gelegenen Motel. Am anderen Morgen wollen wir es dann allerdings
wissen und geben Gas. Nach 13-stündiger Fahrt erreichen wir gegen 1 Uhr mor-
gens den nochmals 1265 Kilometer entfernen Ort Niagara. Ziemlich geschafft im
Hotelzimmer angekommen werden wir dann allerdings mit einer fantastischen
Aussicht auf die bunt beleuchteten Niagarafälle belohnt.

Es mag vielleicht an den alten Hollywoodfilmen liegen, aber einmal die Niaga-rafälle zu sehen und zu erleben, das ist schon seit jeher einer meiner Kindheits-träume. Dass ich mir diesen nun erst noch mit der Liebe meines Lebens und mit Rocky an meiner Seite erfüllen kann, ist schon ganz grosses Kino. Schon von wei-tem ist das tosend laute Grollen der Wassermassen zu vernehmen, das beim Nä-herkommen immer lauter wird. An vorderster Front bei den Absperrungen zu den Klippen fühlt man sich wie mittendrin. Nur wenige Meter entfernt stürzen sich die gewaltigen Wassermassen aus bis zu 57 Metern Höhe unter dröhnendem Don-nern, ohrenbetäubend laut in die Tiefe und verursachen eine Gischt, die bei der Hitze für angenehme Abkühlung sorgt. Die grossartigen Niagarafälle stellen zwei-felsohne gleich zu Beginn ein Highlight dar, das nur noch schwer zu übertreffen ist. Also genau der richtige Ort, um das Abenteuer Roadtrip Amerika jetzt in aller Ruhe anzugehen.

Ohne Zeitdruck und ohne festes Ziel cruisen wir die amerikanische Seite des Lake Ontario entlang bis zur Thousand Islands Bridge, die gleichzeitig auch die Grenze zu Kanada ist. Mit einem Mal befinden wir uns in einem unvergleichlich schönen Naturpark, in dem sich die Strasse plötzlich in eine bilderbuchmässige Traumroute verwandelt. Als absoluten Höhepunkt gibt die erhöhte Brücke über den Sankt-Lorenz-Strom eine atemberaubende Aussicht über den Thousand-Is-lands-Nationalpark preis. Der Blick auf die prächtig grün bewaldete Gegend und die tausend kleinen Inseln, um die sich der Sankt-Lorenz-Strom schlängelt, erklärt die Bezeichnung Thousand Islands ganz von selbst. Genauso haben wir uns Ka-nada vorgestellt, für die perfekte Postkartenkulisse fehlen jetzt nur noch ein paar glückliche Bären.

Unser Traum vom endlosen Kanada mit tausenden kleinen Inseln und mindes-tens ebenso vielen kleinen süssen Braunbären endet allerdings abrupt. Bereits nach ein paar Minuten ist Schluss mit der Idylle, weil die nur wenige Meilen lange Traumstrasse durch den Nationalpark in einem öden Highway in Richtung Mon-treal mündet. Genauso plötzlich wie wir aus unserem Kanada-Traum herausgeris-sen werden, soll das ganze Kanada-Abenteuer auch schon bald wieder enden. Denn anstatt dass wir noch etwas in Kanada herumkurven und nach Bären

Ausschau halten, beschränkt sich unser Aufenthalt auf Montreal, oder noch besser gesagt auf das immerhin tolle Fünf-Sterne-Hotel im Zentrum der Stadt. Ausser einem kurzen Rundgang mit Regenschirm im Dauerregen bekommen wir wegen des Sauwetters kaum etwas von Montreal zu sehen. Und weil auch am folgenden Tag keine Wetterbesserung in Sicht ist, hauen wir auch gleich wieder ab. Etwas enttäuscht fahren wir durch den strömenden Regen zurück in Richtung USA, und man siehe und staune, Amerika empfängt uns direkt nach der Grenze mit Sonnenschein und blauem Himmel. Was machen die Amis nur besser als die Kanadier?

Bei strahlendem Wetter und Sonne ohne Ende geniessen wir die Fahrt durch das grüne Vermont bis nach Burlington. Die kleine Stadt am Lake Champlain ist mit ihren 42'000 Einwohnern die grösste Stadt des Staates Vermont und zugleich ein schmucker Ferienort am See, der zum Flanieren, Shoppen, Dinieren und in unserem Fall auch zum Übernachten einlädt. Am kommenden frühen Morgen folgen wir der Landstrasse vorbei an saftigen, grünen Wiesen, riesigen Ländereien und grandiosen Ranches bis hin zur Ostküste des Atlantiks. Nach stundenlanger Fahrt sind es nur noch wenige Meilen bis Boston. Ein kurzer Telefonanruf vermag unsere Freude über die Ankunft am Ziel aber ein wenig zu mindern. Ashley, die nette Dame vom AMERICAN EXPRESS Concierge Service, die bisweilen unsere sämtlichen Hotel-Reservationen klar gemacht hat, scheint am Verzweifeln. Schon den ganzen Nachmittag sei sie damit beschäftigt, für uns eine Unterkunft zu finden, doch wegen des heute in Boston stattfindenden Baseball-Spiels mit den BOSTON RED SOCKS im gleichnamigen Stadion sei absolut nichts zu finden, bedauert sie. Als einzige Möglichkeit hat sie uns ein Hotel anzubieten, das, wie sie selbst sagt, nicht ganz unserem Standard entspreche. Wir sind müde und akzeptieren deshalb das Angebot des offensichtlich letzten Zimmers in ganz Boston. Bei der Ankunft im äusserst bescheidenen HOWARD JONSON bekommen wir allerdings so unsere Zweifel, die richtige Entscheidung getroffen zu haben. Das über einem China-Restaurant befindliche 0-Sterne-Hotel macht auf den ersten Blick nämlich gar keine gute Gattung und das wird auch beim zweiten Blick nicht besser. Immerhin bekommen wir einen freien Parkplatz direkt vor dem Haus und das Zimmer macht auch einen sauberen Eindruck. Wie gewohnt machen wir mit Rocky einen kurzen Spaziergang um die Häuser und staunen nicht schlecht ob der Entdeckung, dass sich das berühmte BOSTON RED SOCKS Stadium in direkter Nähe unmittelbar hinter unserem Hotel befindet. Der überfüllte Parkplatz und das von weit her zu vernehmende, tosende Geschrei der tausende von Fans lassen nur erahnen, was da drin gerade abgeht. Wir ziehen die baldige Nachtruhe vor, versuchen aber vor dem Schlafengehen noch das Essen im bescheiden wirkenden China-Restaurant, das sich überraschenderweise als tadellos herausstellt.

So wie es zu erwarten war, hat die letzte Übernachtung zu wünschen übrig gelassen und will auch gar nicht zu dem passen, was sonst so über die Stadt Boston nachzulesen ist. Die 1639 gegründete Hauptstadt von Massachusetts ist nicht nur eine der ältesten, sondern auch eine der reichsten Städte der USA. Nicht zuletzt, weil die weltberühmte HARVARD-Universität im nahen Cambridge nur einen Steinwurf entfernt ist, soll in Boston ein ganz besonders hoher Bildungsstand herrschen, der schliesslich auch den hohen Lebensstandard der Stadt geprägt haben soll. Während wir Boston zu Fuss entdecken, ist von der hier ansässigen Elite allerdings recht wenig zu bemerken. Oder vielleicht doch? Die Hauptstadt wirkt im Vergleich zu anderen US-Städten tatsächlich besonders sauber und fast ein wenig europäisch. Dadurch empfinden wir die Stadt aber auch als eher etwas langweilig und im Gegensatz zu New York City oder Los Angeles als ziemlich unspektakulär. Kurzerhand verwerfen wir unseren anfänglichen Plan, nach einem anständigen Hotel Ausschau zu halten, und begeben uns wieder auf Reise.

Unser nächstes Ziel Hyannis befindet sich etwa 100 Kilometer südlich von Boston auf der in den Atlantik herausragenden Halbinsel Cape Code. Die gesamte Gegend hier ist absolut traumhaft und ein wenig mit dem Tessin in der Schweiz zu vergleichen. Das Elitäre, das uns in Boston nicht aufgefallen ist, kommt nun hier umso heftiger zum Vorschein. Darauf deutet der klassisch-stilecht erbaute Ort Hyannis hin, der einen unübersehbar vornehmen Touch ausstrahlt. Vor allem die hier zahlreich vorhandenen Herrschaftsvillen aus vergangener Epoche weisen auf echten, alten Reichtum hin, den wir im besten Fall aus den Hollywoodfilmen der Dreissigerjahre kennen. Dass dem so ist, beweist auch die Tatsache, dass kein Geringerer als der in Boston geborene John F. Kennedy hier in Hyannis seine Freizeit am liebsten mit Segeln verbrachte. Die weisse Kennedy-Villa steht noch immer und sogar ein John F. Kennedy Museum gibt es hier. Doch das, was Hyannis anscheinend wirklich interessant macht, ist der örtliche Hafen, der seit Jahrzehnten als Angelpunkt für die Schönen und Reichen dient. Denn ausschliesslich von hier aus gelangt man mit der Fähre zu den beiden vorgelagerten Inseln Martha's Vineyard und Nantucket. Und wer hier wohnt, der darf sich als Nachbar des derzeitigen US-Präsidenten Obama oder von den Clintons bezeichnen. Selbst begnügen wir uns mit der Suche nach dem vermeintlich schönen Hotel direkt am Meer, das uns die nette Ashley von AMEX reserviert hat. Doch beim Einchecken in das deutlich in die Jahre gekommene, frisch in blau-weiss gestrichene Hotel wettert die ebenso frisch bemalte, alte Dame an der Rezeption böse über unseren kleinen Rocky, sodass wir uns gleich wieder verziehen. Dort, wo unser Hund nicht willkommen ist, haben auch wir absolut nichts zu suchen und Hotels gibt's an dieser Küste schliesslich wie Sand am Meer.

Nur einen Reisetag entfernt und etwas über 400 Kilometer weit weg liegt unser nächstes Ziel New York City. Was für ein erhabenes Gefühl, mit dem eigenen Auto die Stadt aller Städte anzusteuern. Mit viel Elan und noch mehr Freude folge ich mit dem powervollen G 55 dem rasanten Verkehr durch die Strassenschluchten Manhattans. Gemeinsam bestaunen und geniessen wir die um uns herum herrschende Kulisse mit all den unendlich weit in den Himmel hinaufragenden Wolkenkratzern. Den Times Square gleich zweimal zu kreuzen ist zwar nicht beabsichtigt, erhöht aber den Spassfaktor enorm. Der Spass sei mir gegönnt, schliesslich steht mein 50. Geburtstag vor der Türe und New York City ist sozusagen mein Geburtstagsgeschenk.

Eigentlich wollten wir nach der letzten QUEEN-MARY-2-Pleite nie wieder hier im New Yorker WALLDORF ASTORIA absteigen. Weil sich aber damals der sehr zuvorkommende Hoteldirektor persönlich meiner Reklamation annahm und uns als Entschuldigung die äusserst rare HILTON-DIAMOND-Member-Karte zuschicken liess, wagen wir einen zweiten Versuch. Immerhin soll diese auf höchstem Level angesiedelte Karte ausser einem garantierten Upgrade auch sonst noch eine ganze Reihe von exklusiven Privilegien zu bieten haben. Ashley von AMEX haben wir im Vorfeld entsprechend informiert und wir sind nun gespannt, was uns erwartet.

Bei der im Untergrund befindlichen Hotelvorfahrt zum WALLDORF ASTORIA herrscht gerade reges Treiben und wir gedulden uns in der Kolonne, bis wir dran sind. Statt eines feudalen Empfangs wird man hier im Schnellverfahren abgefertigt, bekommt einen Gepäckschein und kann dann zusehen, wie ein Valet-Guy mit seinem Auto davonbraust. Ein Stock höher ändert sich allerdings alles. In der feudalen Lobby werden wir beim separierten Diamond-Member-Check-in als ausserordentlich willkommene Nobelgäste empfangen und gleich mit Champagner und kleinen Häppchen willkommen geheissen. Wie die Anreise denn gewesen sei und wie das Wohlbefinden sei, will man hier wissen, bevor man uns darauf hinweist, dass für uns eine ganz besonders schöne Suite bereitstehe. Das lassen wir uns natürlich gerne gefallen und wir folgen dem auf uns wartenden Pagen mit Vergnügen zu den mit reichlich Gold verzierten Aufzügen. Tatsächlich übertrifft die Suite unsere sämtlichen Erwartungen und sogar Rocky scheint der gebotene Komfort zu gefallen, sodass er sich freudig daran macht, alles bis in die letzte Ecke auszukundschaften.

Auf unserer gestrigen Erkundungstour durch die Stadt, die niemals schläft, waren wir alle drei noch bis spät in die Nacht am Times Square unterwegs. Nachdem wir ausgeschlafen und gut gefrühstückt haben, begeben wir uns gleich wieder auf Tour. Zu meinem heutigen Geburtstag wollen wir etwas mehr von der Stadt sehen und nutzen dafür das praktische Hop-on-und-Hop-off-Angebot der roten NYC-Doppeldeckerbusse. In dem oben aufgeschnittenen Doppeldeckerbus geniessen wir die Fahrt ganz im Freien, so als sässen wir in einem Cabriolet. Dadurch, dass man an jeder x-beliebigen Haltestelle aus- bzw. zusteigen kann, lässt sich die Stadt super easy und ganz auf eigene Faust erkunden. Besonders in der Megastadt New York City gestaltet sich dies als äusserst spannend und macht dementsprechend riesigen Spass. Allerorts wimmelt es hier nur so von Menschen, egal ob bei der Central Station, in China Town, Little Italy, der Canal Street, beim Central Park oder an der Fifth Avenue, überall stossen wir auf enorme Menschenmassen. Das führt dazu, dass ich mir die Frage stelle, ob die plötzlich ausbleibenden Besucher in Miami vielleicht doch eher der Ölkatastrophe im Golf von Mexiko statt der gerade stattfindenden Weltfinanzkrise zuzuschreiben sind. Hier in NYC ist jedenfalls nichts, aber auch überhaupt nichts von Krise zu spüren, ganz im Gegenteil, vor jedem Restaurant oder Laden herrscht eine lange Warteschlange. Erstaunt bin ich auch darüber, dass New York City offensichtlich ein grosser Touristenmagnet ist, der auch mitten im heissen Sommer hunderttausende von Touristen anzieht. Ich bin total geflasht und beim berühmten Times Square fällt mir schliesslich komplett die Kinnlade runter. *«Krass, der Volksauflauf hier! Hier müssen wir einen Swissmaker eröffnen!»*, zwinkere ich Birgit zu, während sie vom berühmten NAKED COWBOY ein Foto knipst. Abends geht es dann im BULL & BEAR, dem hauseigenen Steakhouse des WALLDORF ASTORIA, etwas gediegenerer zu. Ganz nach meinem Geschmack besteht mein Geburtstagsessen aus saftigen US-Steaks bis zum Abwinken und sogar für ein überraschendes Geburtstagsständchen mit Kuchen und brennendem Kerzchen obendrauf hat Birgit gesorgt. Ein rundum glücklicher fünfzigster Geburtstag, den ich mir nicht hätte schöner vorstellen können.

Unser Roadtrip bringt uns heute vom fantastischen New York City ins verruchte Atlantic City. Die etwa 220 Kilometer südlich von NYC gelegene Spielerstadt erreichen wir bei gemütlicher Fahrt den Atlantik entlang in etwa 2 ½ Stunden. Bei der Ankunft im Mini-Las-Vegas ist kaum zu übersehen, dass die Stadt ihre guten Zeiten längst hinter sich hat. Auch das hiesige CEASARS PALACE, in dem wir absteigen, ist nur eine abgeschwächte Kopie des Originals in Las Vegas. Dennoch vermag das bedauerlicherweise insgesamt etwas heruntergekommene Atlantic City aufgrund seiner direkten Lage am Atlantischen Ozean zu gefallen. Besonders beim Gang über den Board Walk, der die Casinos miteinander verbindet, kommt bei der tollen Sicht auf das Meer schon gute Stimmung auf. Den schönen Tag lassen wir mit ein paar Spielchen an den Black-Jack- und Roulettetischen ausklingen. Mit dabei in der grossen Tasche ist natürlich wie immer unser kleiner Rocky.

Die Ansprüche an unser nächstes Ziel dürfen dagegen wieder gehörig hochgeschraubt werden. Denn immerhin ist Washington D.C. Amerikas Hauptstadt und Regierungssitz in einem. Als Erstes steuern wir natürlich das Weisse Haus an und knipsen hier einige später bestimmt unvergessliche Schnappschüsse. In der Tat gibt's hier allerlei Geschichtsträchtiges zu entdecken, und auch wenn wir nicht unbedingt zu den Geschichts- und Museumsfans gehören, kommen wir dennoch voll auf unsere Kosten. Ein zur Hauptstadt passendes Gaumenerlebnis der

Spitzenklasse im erstklassigen Steakhause RUTH CHRIS macht unseren Besuch in Washington D.C. letztendlich in jeder Hinsicht lohnend.

Nicht weniger amerikanisch und geschichtsträchtig wird es im 300 Kilometer südlich von Washington D.C. und direkt an der Atlantikküste gelegenen Norfolk. Auch wenn ich kein Freund von Kriegswaffen und dergleichen bin, so will ich mir die einmalige Gelegenheit, die grösste Marinebasis der Welt und den Heimathafen der gesamten US-Atlantikflotte live vor Ort zu besichtigen, nicht entgehen lassen. Wahrhaftig lässt sich der Marinestützpunkt NAVAL STATION NORFOLK bei einer ausgedehnten Hafenrundfahrt durch die riesige Bucht in aller Ruhe besichtigen, genauso als wäre man in Disneyland. Dabei entdecken wir ausser einigen bekannten Flugzeugträgern auch diverse U-Boote und zahlreiche imposante Kriegsschiffe. Wahrlich ein Höhepunkt unserer Reise, den es so wohl ausschliesslich in den USA, im Land der unbeschränkten Möglichkeiten zu erleben gibt.

Doch es soll noch viel, viel besser werden! Denn im krassen Gegensatz zur eher hässlichen Stadt Norfolk wird es nur wenige Meilen südlich ganz friedlich und die Gegend wird auch allmählich wieder reizvoller. Anfangs zeigt die Landstrasse noch wenig Aufsehenerregendes, gefällt aber durch die ländliche Gegend und die schmucken Dörfer im Charme der Fünfzigerjahre. Nach dem Überqueren der Wright-Memorial-Brücke wird es dann allerdings schlagartig spektakulär. Beim Blick auf den Bildschirm des Navis bekommen wir jetzt tatsächlich das Gefühl, mit dem Auto übers Meer zu gleiten. Und mit dem Anfang der 308 Kilometer langen, teils wahrhaftig weniger als 200 Meter breiten Outer-Banks-Inselkette, inmitten des Atlantiks und direkt vor der Küste North Carolinas gelegen, beginnt mit einem Mal eine andere Welt. Die aufgrund ihrer exponierten Lage nicht selten durch Hurrikane in Mitleidenschaft gezogenen Inseln sind ein Paradies für sich. Die kilometerlangen Sandstrände beidseitig der durch die Dünenlandschaft führenden Traumstrasse laden überall zu einem Badestopp ein. Und obwohl wir uns mitten im August befinden, wirkt die Gegend hier bei weitem nicht vom Tourismus überflutet. Zahlreiche hölzerne, auf Stelzen gebaute Ferienhäuser beherrschen das Bild der sonst naturbelassenen Gegend und nach grossen Hotelbauten halten wir vergeblich Ausschau. Etwas Vergleichbares, Eindrücklicheres und Schöneres haben wir während einer Autofahrt bisher noch nie erlebt. Die Outer Banks sind ein gut behüteter Schatz inmitten des Atlantiks, der sich im Gegensatz zu vergleichbaren Traumdestinationen nicht nur mit dem Schiff, sondern auch mit dem Auto entdecken lässt. Mit dem Ende der Prachtstrasse im wunderschönen Ferienort Hatteras endet für uns ein absolut unvergesslich traumhafter Tag in einem vorzüglichen Restaurant mit frischem Fisch und einem Glas Wein. Zu guter Letzt beschert uns der folgende Tag dann sogar noch eine Schifffahrt und bringt uns per Autofähre zum Festland nach Cedar Island. Abschliessend muss ich unbedingt festhalten, wie sehr uns diese Gegend in ihren Bann gezogen hat. Birgit und ich sind uns einig, dass die Outer Banks zum Schönsten gehören, was dieser Planet zu bieten hat.

Wieder auf dem Festland führt uns die Strasse stundenlang durch einsame, grün bewaldete Gegenden vorbei an kleinen abgeschiedenen Ortschaften, die jeweils über mindestens zwei bis drei Kirchen verfügen. Eine Autopanne wäre hier in der Wildnis North Carolinas, wo wir kaum jemals einem anderen Fahrzeug begegnen, wahrscheinlich wenig lustig, doch davon werden wir glücklicherweise verschont und wir schaffen es nach stundenlanger Fahrt bis nach New Bern. Das bereits 1710 durch Schweizer und deutsche Auswanderer gegründete Städtchen darf sich mit Recht geschichtsträchtig nennen. Denn tatsächlich wurde New Bern bereits 66 Jahre vor der Gründung der Vereinigten Staaten vom 4. Juli 1776 ins Leben gerufen. Mit Fahnen und Plakaten macht die schön herausgeputzte, 30'000 Einwohner zählende Hafenstadt am Neuse River auf ihr dreihundertjähriges Jubiläum vom 11. September aufmerksam. Nicht zuletzt wegen der grossen Hitze zieht es uns dann aber doch noch am selben Tag wieder an die Atlantikküste. Beim Cruisen entlang des Strandgebietes von Myrtle Beach knallt die Sonne allerdings noch heftiger vom Himmel und sorgt mit Temperaturen von um die 36 Grad Celsius dafür, dass die sonst sehr gute Klimaanlage im Auto jetzt kaum noch Wirkung zeigt. Kurzfristig verwerfen wir unseren anfänglichen Plan, gemütlich der Küste entlang bis Miami zu folgen, und entscheiden uns stattdessen, in das kühlere Landesinnere zu flüchten. Mit dem neuen Ziel Nashville, Tennessee erhoffen wir uns erträglichere Temperaturen. Für heute schaffen wir es aber nur noch ins unbedeutende Charlotte, North Carolina, wo wir irgendwo im Nirgendwo in irgendeinem Motel total geschafft ins Bett fallen.

Morgenstund hat Gold im Mund! Um zügig vorwärtszukommen, verzichten wir heute aufs Frühstück und begnügen uns fürs Erste mit Kaffee aus der eigenen Kaffeemaschine. Dafür legen wir aber nach den ersten gefahrenen einhundert Meilen in Birgits absolutem Lieblings-Frühstücks-Restaurant WAFFELHOUSE einen Stopp ein. Hier gibt's die allerbesten, frisch gebackenen, noch warmen Waffeln für Birgit und für mich eine mit Steak und Cheddar-Käse gefüllte Riesen-Omelette. Zufrieden und mit vollen Bäuchen nehmen wir jetzt die verbleibenden der insgesamt 660 Kilometer nach Nashville, Tennessee unter die Räder. Wir freuen uns über die schön anmutende, ländliche Gegend und die tolle Strasse, die uns teils an wirklich sehr kleinen Dörfern vorbeiführt. Die kleinen Nester, die vielleicht eher als Weiler denn als Dorf zu bezeichnen sind, deuten auf ganz spezielle Bewohner hin, die offensichtlich Traditionen aus vergangenen Zeiten pflegen. Neugierig geworden halten wir vor einer altertümlichen, aber äusserst anmächeligen Bäckerei an. Der Empfang durch die fleissig werkelnde Crew in der komplett offenen Backstube ist extrem herzlich. Alle sind am Lachen, geben sich glücklich und aufgestellt und sind vor allem so freundlich und zuvorkommend, wie wir das noch selten zuvor erlebt haben. Die netten Frauen mit ihren weissen Hauben strahlen um die Wette und offerieren uns ungefragt kleine Leckereien als Versucherli. Die vielleicht etwas seltsam, aber durchaus stimmig aus der letzten Epoche gekleideten Männer und Frauen gehören offensichtlich einer der zahlreichen und in Amerika weitverbreiteten, aber auch kritisch belächelten Glaubensgemeinschaften an. Nachdem wir den Laden mit Tüten voller feinster Leckereien verlassen haben, lässt das schöne Erlebnis nachdenklich werden. Künftig wollen wir uns gegenüber uns fremden Kulturen und Lebensweisen noch toleranter verhalten.

Einige Meilen vor Ankunft in der berühmten Country-Stadt Nashville schlägt das Wetter um und seit Montreal regnet es das erste Mal wieder. Wie gewollt ist uns die Flucht vor der Hitze gelungen und nun, wo der Regen am Abend aufhört, braucht es sogar einen Pullover, um nicht zu frieren. Als Erstes geht es zu Fuss vom Hotel in das schmucke, aber auch ziemlich überschaubare Touristenviertel im Herzen Nashvilles. Neben zahlreichen Musikbars dominieren hier vor allem die Cowboy-Stiefel-Shops, die mit ihrer unschlagbaren Riesenauswahl Birgit gleich wie von einem Magneten angezogen in ihren Bann ziehen. Birgit fühlt sich in diesem Cowboy-Stiefel-Wunderland auf Anhieb wohl und wühlt sich mit Hochgenuss durch das tatsächlich gigantische Angebot. Nach über einer Stunde Geduld plagt mich dann aber doch der Hunger und ich dränge darauf, den Einkaufsbummel auf morgen zu verschieben. Wenig erfreut und nur gegen das Versprechen, den Einkauf morgen früh auch ganz sicher als Erstes wieder fortzusetzen, kommt Birgit meinem Wunsch nach und wir geniessen ein hervorragendes Dinner im empfehlenswerten Steakhouse THE PALM. Am andern Morgen schüttet es allerdings dermassen, dass wir keinen Fuss vor die Tür setzen wollen und uns für die direkte Weiterfahrt nach Memphis, Tennessee entscheiden. Birgit gebe ich das Versprechen, dass ich mir in Memphis genügend Zeit nehmen werde, um gemeinsam nach Lust und Laune Cowboy-Boots zu shoppen. Obwohl in Memphis das Wetter wieder einwandfrei schön ist, drohen beim abendlichen Spaziergang durch die Touristenmeile dunkelschwarze Wolken aufzuziehen. Diese liegen allerdings weniger am Wetter, sondern vielmehr am miserablen Gemütszustand meiner Frau, die nur noch am Schimpfen ist. *«Warum hast du mich nicht in Nashville meine so schönen rosaroten Boots kaufen lassen? Hier in Memphis gibt's keinen einzigen Laden! Ich habe dir doch gesagt, dass Nashville das Eldorado der Cowboystiefel ist, und du wolltest mir nicht glauben. Das werde ich dir niemals verzeihen!!»*, donnert mir Birgit wütend, wie ich sie selten erlebt habe, entgegen.

Memphis hat dafür anderes zu bieten, wie beispielsweise die in unserem Hotel THE PEBODY täglich um 17 Uhr stattfindende und wirklich zuckersüsse Gänseparade. Aber auch die altertümliche, quer durch die Stadt fahrende Strassenbahn mit ihren Oldtimer-Trams, tolle Kneipen mit gutem Essen und nicht zuletzt einen echten Mississippi-Dampfer, auf dem wir sogar eine kleine Kreuzfahrt auf dem Mississippi unternehmen. Doch das alles ist natürlich gar nichts gegen die verpassten Cowboy-Stiefel in Nashville. Erst der Besuch von Elvis Presleys GRACELAND lässt Birgit so langsam, aber sicher den Ärger von Nashville wieder vergessen. Doch ausgerechnet hier existiert ein Sicherheitscheck ähnlich dem im Flughafen, und als der ältere Security-Guy Birgit bittet, ihre Tasche zu öffnen, kriegt dieser beinahe einen Herzinfarkt, als Rocky frech aus der Tasche schaut. Weil Hunde nicht gestattet sind, begnügt sich Birgit mit dem Museumsshop und lässt mich die 40-minütige Tour alleine machen. Obwohl es ohne Birgit nur halb so viel Spass gemacht hat, habe ich die Besichtigung von Graceland sehr genossen und verspreche Birgit bei unserer nächsten Reise hierher das Ganze nochmals gemeinsam zu wiederholen. Birgit findet das okay, aber nur dann, wenn wir vorher in Nashville einen zeitlich unbegrenzten Cowboystiefel-Shopping-Stopp einlegen. Natürlich werde ich Birgit auch diesen Wunsch eines Tages erfüllen.

Von Memphis aus führt uns die Strasse während sechs Stunden über Wiesen, Felder und Berge zur ursprünglich 1816 durch die Cherokee-Indianer gegründeten Stadt Chattanooga. Ausser dem wohlklingenden und vielversprechenden Namen deutet in der viertgrössten Stadt Tennessees allerdings wenig auf deren indianischen Ursprung hin, und als wir bis zum Frühstück im Hotel noch immer keinem einzigen Indianer begegnet sind, zieht es uns weiter ins nur 200 Kilometer entfernte Atlanta. Weil Atlanta weder sehenswert ist noch etwas Besonderes zu bieten hat, geht es nach zwei Übernachtungen und nach einem ziemlich langweiligen Tag wieder zurück an die Ostküste des Atlantiks. Damit rückt unsere Wahlheimat Florida in greifbare Nähe. Und das sorgt jetzt auch zwangsweise dafür, dass wir uns wieder vermehrt mit den auf unserer schönen Reise schon fast komplett vergessenen Sorgen der Miami-Beach-Krise beschäftigen. Es mag vielleicht ein wenig an unserer angekratzten guten Laune liegen, aber der letzte Stopp im berühmten Daytona Beach gefällt uns so gar nicht und erinnert uns gar an Mallorcas Ballermann. Und damit wird es Zeit, die definitiv letzten Meilen nach Miami Beach in Angriff zu nehmen.

Der sehr gelungene Roadtrip endet nach insgesamt einem Monat auf Amerikas Strassen am Abend des **25. August 2010** wieder in Miami Beach. Der als Neuwagen erworbene Mercedes G55 AMG Geländewagen zeigt jetzt exakt 8'472 Meilen respektive 13'555 Kilometer auf dem Tacho an. Das war ein echt geiler Roadtrip!

HAPPY
MILLIONÄR

Niagara Falls

Endlose Highways durch Amerika

Rocky geniesst die Fahrt

Thousand Island Bridge, die Grenze zu Kanada

Billige Absteige in Boston

Ankunft in NYC am Times Square

Unsere Suite im WALLDORF ASTORIA

Bunte Spielerstadt Atlantic City

Mit Rocky in Washington vor dem White House

Die Flugzeugträger von Norfolk

Mit dem Auto durch die Dünen der Outer-Banks-Inseln

Idyllisches Hatteras

Next stopp ELVIS!

Elvis Presleys GRACELAND

Original Elvis-Wohnzimmer von damals

Original Elvis-Cadillac

Memphis Tennessee – Fahrt mit der alten Stadttram ...

und mit dem original Mississippi-Dampfer

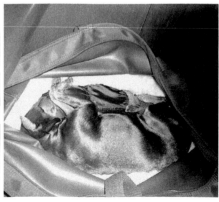

Unser kleiner Held ist immer und überall mit dabei

Kapitel 25

Kollaps in Miami

So cool unser Roadtrip auch gewesen sein mag, die Ankunft in Miami Beach holt uns mit einem Schlag wieder zurück in die Realität. Zwar ist es eine wahre Freude zu sehen, wie picobello herausgeputzt sich SWISSMAKER präsentiert und auch wie freundlich und zuvorkommend sich unsere Mitarbeiter gegenüber der Kundschaft benehmen. Diesbezüglich können wir uns sicher auf die Schultern klopfen und uns über die geglückte Mitarbeiterwahl sowie über das Ergebnis unserer strengen Personalschulung freuen. Doch das war's dann auch schon in Sachen Freude. Denn die Lage in dem von der Weltfinanzkrise arg gebeutelten Miami hat sich seit unserer Abreise vor einem Monat überhaupt nicht verbessert. Ganz im Gegenteil dünkt uns alles noch viel schlimmer und wir sehen uns vor Tatsachen gestellt, die uns gar nicht gefallen wollen und bei denen es auch nichts zu beschönigen gibt. Es gibt Tage, da sitze ich traurig in meinem Büro und schaue über unseren schönen, menschenleeren Laden hinweg in eine komplett leergefegte Lincoln Road hinaus. Zwar befinden wir uns im eh schon etwas schwachen September, doch das ändert wenig an der Tatsache, dass es Monate dauern wird, bis die wegen der Ölkatastrophe im Golf von Mexiko fernbleibenden Touristen wiederkommen. Und ob die in Miami gerade erst ausgebrochene Weltfinanzkrise in ein paar Monaten überstanden sein wird, das bezweifle ich erst recht. Vor allem auch in Anbetracht dessen, dass im Speziellen hier an der teuren und luxuriösen Lincoln Road inzwischen bereits um ein Drittel aller Läden und Restaurants dicht gemacht hat oder sich im Räumungsverkauf befindet. Der Abstieg des hier noch vor kurzem allgegenwärtigen Wohlstands scheint unaufhaltsam. Immer mehr Leute verlieren ihre Jobs und damit reihenweise ihr Zuhause. Eine unglaubliche und äusserst traurige Entwicklung, die wir genauso wie auch Millionen Amerikaner niemals für möglich gehalten hätten. Dass sich unsere vormals locker fünfstelligen Umsätze allmählich verpulverisieren und wir uns wochentags gar mit Tageseinnahmen von unter $ 1'000 zufrieden geben müssen, ist dabei nur noch die logische Entwicklung der allgemein miserablen Wirtschaftslage.

Die Situation erscheint mir irgendwie unwirklich und es fällt mir sehr schwer, die dauerhafte Entwicklung nach unten zu akzeptieren. Mit Verlust und roten Zahlen kenne ich mich nicht aus und daran gewöhnen will ich mich schon gar nicht. Gemeinsam entscheiden meine Frau und ich uns schliesslich trotz Millionenverlust gegen ein geschäftliches Sterben auf Raten und für die sofortige Schliessung von SWISSMAKER. Mit dem Landlord, dessen grosszügig angebotene Mietreduktion wir dankend ablehnen, einigen wir uns auf den Verzicht des knapp $ 180'000 hohen Mietdepots und kommen so ohne weitere Konsequenzen aus dem fünfjährigen Mietvertrag heraus. **Mitte September 2010** wird SWISSMAKER Miami Beach für immer geschlossen. Im Schnellgang finde ich ausserhalb Miamis eine geeignete Lagerhalle, wo sich das gesamte Inventar einstellen lässt. Mit der tatkräftigen Unterstützung unseres tollen Teams ist der Laden innerhalb von nur zwei Tagen komplett ausgeräumt.

Zwar sagt man ja so schön «besser ein Ende mit Schrecken als ein Schrecken ohne Ende», doch das, was sich so leicht dahersagt, könnte in Wirklichkeit schmerzhafter nicht sein. Ausser der Tatsache, dass wir gerade ein Millionenvermögen in Miami Beachs Sand gesetzt haben, scheint unser Traum vom Leben und Arbeiten unter den Palmen Floridas für immer verloren. Wir sind am Boden zerstört und wissen gerade nicht, wie es weitergehen soll.

HAPPY
MILLIONÄR

Kapitel 26

Think big

Ganz egal wie schlecht sich die Dinge für uns gerade entwickeln, an unserem Traum vom glücklichen Leben mit niemals endendem Sonnenschein unter den Palmen Miami Beachs wollen wir so lange wie möglich festhalten. Als eine Art Wink des Schicksals könnte man die Nachricht deuten, die uns quasi zeitgleich mit der Ladenschliessung erreicht. Die Rede ist von einem bei der Bank in Zwangsversteigerung befindlichen Penthouse im MURANO GRANDE, das gerade zum Schnäppchenpreis von unter einer Million USD zu haben ist. Eine Gelegenheit, die wir uns nicht entgehen lassen wollen und für die wir uns umgehend nach Miami Downtown ins Büro des zuständigen Anwalts begeben. Nach Unterzeichnung einer verbindlichen Kaufabsichtserklärung und einer Anzahlung von $ 10'000 sind wir im Rennen um das kostbare Objekt, dessen Kaufpreis sofort nach Zuschlag überwiesen werden soll. Der Plan vom neuen Apartment bringt uns wieder zum Träumen und lässt uns auf andere Gedanken kommen. Und das ist auch gut so, denn Sorgen machen bekanntlich krank und das wiederum wollen wir auf keinen Fall zulassen. Also tue ich alles, um vorwärtszuschauen, und nutze die gerade um uns herumschwirrende gute Stimmung, um mein etwas angeschlagenes Gemüt mit neuer positiver Energie aufzuladen. Und das gelingt mir so gut, dass die seit August in mir schlummernde Idee vom eigenen Laden in New York City wieder aufflammt. Dabei bleibt es allerdings nicht, denn aus der Idee wird ein Vorhaben und das wiederum bringt einen Plan zutage, der unser Leben nochmals ordentlich durcheinanderbringen soll. Plötzlich bin ich mir ganz sicher, dass New York City ruft und wir dort unseren neuen SWISSMAKER eröffnen müssen. Birgit ist erst vehement dagegen und sieht das als gar keine gute Idee, aber je länger ich auf sie einrede, desto mehr lässt sie sich überzeugen. Als Konsequenz daraus und auch weil Miami Beach gerade nicht mehr direkt auf unserem Radarschirm liegt, lassen wir das neue Apartment am Ende doch sausen und lösen den Vertrag gegen eine Gebühr auf. New York City, wir kommen!

Zuerst aber zieht es uns dahin, wo die Welt noch in Ordnung ist und wo wir glücklicherweise niemals losgelassen haben. Auf die Heimat ist nach wie vor Verlass, hier können wir ganz entspannt, so als wäre niemals etwas geschehen, unserem Markt- und Messegeschäft nachgehen und dabei erst noch gutes Geld verdienen. Bewusst haben wir damals sowie auch heute kaum jemandem in der Schweiz von unseren Aktivitäten in den USA erzählt. Das kommt uns nun zugute, sodass wir jetzt in aller Ruhe unseren nächsten Schritt für die USA vorbereiten können.

Direkt nach Beendigung der traditionellen Basler Herbstmesse besteigen wir den Flieger und landen am frühen Abend des **11. November 2010** auf dem New Yorker John-F.-Kennedy-Flughafen. Erstaunlicherweise ist es hier bedeutend wärmer als in der Schweiz, wegen des leichten Nieselregens aber doch ziemlich ungemütlich. Dabei ist es wohl nichts Besonderes, dass sich beim Taxistand eine lange Schlange gebildet hat. Während ich mich brav in die Reihe stelle, denkt Birgit erst gar nicht daran, es mir gleichzutun, und hält stattdessen nach einer besseren Möglichkeit Ausschau. Es vergehen nur wenige Minuten, bis mir mein Schatz von weitem laut zuruft und freudig zuwinkt. Nur zu gerne folge ich dem Ruf meiner Liebsten und begebe mich samt Rocky und Gepäck zu der grossen, schwarzen Luxuslimousine, die sie so kurzfristig organisiert hat. Kaum habe ich mich versehen, sitze ich auch schon gemütlich auf dem Rücksitz des noblen Gefährts und geniesse die Fahrt nach New York City. Der sehr freundliche Fahrer Elvin ist ein waschechter New Yorker mit südamerikanischen Wurzeln und ein echt netter Typ mit grossem Unterhaltungswert. Nachdem er sich mit seinem Cadillac Escalade gekonnt durch die Rushhour geschlängelt hat, belohnt ihn Birgit mit einem saftigen Trinkgeld. Zur Verabschiedung überreicht uns Elvin seine Visitenkarte mit dem Versprechen, uns jederzeit Tag und Nacht zur Verfügung zu stehen. Noch am selben Abend machen wir uns auf zum Times Square, wo es nur so von schaulustigen und unterhaltungshungrigen Menschen wimmelt. Mitten in diesem Getümmel steigt meine Motivation ins Unermessliche und plötzlich steht für mich fest, hier an der berühmtesten Adresse dieses Planeten soll der neue SWISSMAKER entstehen.

An diesem Morgen bin ich schon früh wach und kontaktiere einen um den anderen der auf meiner Liste aufgeführten New Yorker Broker. Für den heutigen Tag vereinbare ich acht Termine in einem Abstand von ungefähr einer Stunde. Als dies erledigt ist, wartet Elvin in seinem Cadillac auf uns und die Spritztour kann beginnen. In der Tat dauert es aber nicht allzu lange, bis wir das wahre Ausmass dieser Supermetropole erkennen und einsehen müssen, den heutigen Tag doch etwas zu optimistisch angegangen zu sein. Von den geplanten acht Terminen schaffen wir gerademal deren fünf, von denen uns allerdings jeder einzelne die Erleuchtung bringt. Der Empfang durch die etwas rüden New Yorker Broker fiel nämlich gelinde gesagt ernüchternd aus. Zu hören bekamen wir heute fünfmal dasselbe: «*Was, Sie suchen ein Ladenlokal am Times Square? Ja, dann träumen Sie mal weiter! Was Sie wollen, das will hier jeder und das ist deshalb absolut unmöglich. Sollte dennoch ein Lokal frei werden, dann geht dieses garantiert unter der Hand weg. Ganz zu schweigen vom Key-Money in mindestens fünfstelliger Höhe!*» Ganz schön schäbig verlaufen, unser erster Tag in New York City.

Aufzugeben ist natürlich keine Option, aber es sieht ganz danach aus, dass wir unsere Strategie nochmals überdenken müssen. Am folgenden Morgen besuchen wir einen alten Bekannten in seinem Büro in Manhattan und bitten ihn um Unterstützung. Prompt macht der gut vernetzte Rechtsanwalt, den wir aus Miami kennen, noch am selben Tag einen Termin für uns klar. Dieser soll bei einem der renommiertesten Geschäftsimmobilien-Makler New Yorks stattfinden, und wie wir am Telefon mithören dürfen hat uns John dort ziemlich vollmundig als erfolgreiche Schweizer Unternehmer mit Ambitionen zur Eröffnung einer NYC-Niederlassung angekündigt. Auch wenn er dies uns gegenüber mit einem Augenzwinkern getan hat, so befürchte ich, dass wir uns bei diesem Termin vielleicht etwas zu hoch hinauswagen. Beim Betreten des legendären, im Art-Déco-Stil erbauten Wolkenkratzers, der so ganz nebenbei auch noch zu den Wahrzeichen der Metropole gehört, scheint sich meine Befürchtung zu bewahrheiten. Und spätestens jetzt, wo wir einige strenge Sicherheitschecks über uns ergehen lassen müssen, wird uns beiden klar, dies wird kein gewöhnlicher Termin. Fasziniert und beeindruckt zugleich betreten wir einen der insgesamt über dreissig im Gebäude vorhandenen, kunstvoll verzierten und vergoldeten Aufzüge, den der Pförtner nun für uns frei gibt. Kaum spürbar katapultiert uns der Aufzug in

Höchstgeschwindigkeit knapp dreihundert Meter in die Höhe und bringt uns so innert rund 30 Sekunden ins siebzigste Stockwerk. Hier landen wir in einem grosszügigen, mondänen Entree, wo uns eine schicke Brünette in Empfang nimmt und uns vorbei an sehr modernen, aber auch gleichzeitig äusserst noblen, komplett verglasten Büroräumlichkeiten in ein riesiges Sitzungszimmer der Superlative führt. Ein wahrlich überdimensionaler, massiver Sitzungstisch aus dunklem Mahagoni umgeben von zwei Dutzend noblen weissen Ledersesseln dominiert den Raum in einer der obersten Etagen Manhattans. Noch beeindruckender als dieser rundum verglaste und äusserst elitär wirkende Raum ist allerdings die geradezu unglaubliche Aussicht auf die Stadt der Superlative. Noch während uns Kaffee serviert wird, betreten drei von Kopf bis Fuss top gestylte Manager den Raum und stellen sich uns in typisch amerikanisch superlässiger Manier als der Seniorchef und seine beiden Junior-Partner vor. Mit derselben Beherztheit verlieren die drei absolut keine Zeit und kommen sofort zum Thema. Ich mag das Direkte, aber die Art und Weise, wie diese Herren so ganz ohne Umschweife herauszufinden versuchen, wen sie da aus finanzieller Sicht vor sich haben, finde ich jetzt schon etwas sehr sportlich. Nach einem kurzen Smalltalk, und ohne wirklich auf unser Anliegen einzugehen, wird ein für unsere Zwecke völlig unpassendes Angebot für ein 300-Quadratmeter-Lokal an der Fifth Avenue in den Raum gestellt. Dies macht es geradezu offensichtlich, dass die Herren auf diese Weise versuchen, sich Klarheit über unsere finanziellen Möglichkeiten zu verschaffen. Selbst nicht ganz unvorbereitet und sehr wohl im Wissen, dass es sich bei der geforderten Miete von $ 225'000 nicht wie sonst vielleicht üblich um die Jahresmiete, sondern um die Monatsmiete der Luxusimmobilie an Toplage handelt, gebe ich mich einfach mal cool. Ohne mit der Wimper zu zucken, nehme ich das Angebot zur Kenntnis, weise aber freundlich lächelnd darauf hin, dass uns eher ein kleinerer Laden, dafür aber in direkter Nähe zum Times Square vorschwebt. Anscheinend habe ich die Prüfung bestanden, denn die drei bisher doch eher etwas steifen Herren quittieren jetzt meine Antwort mit herzhaftem Lachen. Plötzlich zeigen sich die High-End-Luxusbroker von ihrer lockeren Seite und beginnen sich ernsthaft für unser Anliegen zu interessieren. Gerade weil wir natürlich ganz genau wissen, mit diesem Termin einige Stockwerke über das eigentliche Ziel hinausgeschossen zu sein, bleiben wir ganz locker und erzählen frei heraus von unserem Traum, am Times Square einen kleinen, aber feinen Spezialitätenladen eröffnen zu wollen. Als wir dabei bemerken, auf Sympathie zu stossen, reagiert Birgit recht cool und nimmt eine Tüte unserer weltbesten gebrannten Mandeln aus ihrer Tasche. Diese öffnet sie, leert den Inhalt auf einen Kaffeetassenuntersatz und bittet die Herren zu probieren. Während die Manager genüsslich unsere knusprigen Mandeln geniessen, lasse ich unseren SWISSMAKER-Miami-Beach-Werbefilm auf dem iPad laufen und von diesem Moment an zeigen sich die Topmanager total begeistert ob unseres Konzepts. So wie es zu erwarten war, haben die drei zwar kein passendes Objekt an der Hand, aber sie versprechen uns sich umzuhören und auch, dass sie in jedem Fall bei der Eröffnung am Times Square dabei sein wollen. Nach geschlagenen eineinhalb Stunden verlassen wir das Büro um eine grossartige Erfahrung reicher. Einfach cool, diese Amis!

So hochkarätig die Erfahrung im siebzigsten Stockwerk auch war, so wenig führte sie leider zum Ziel. Um doch noch den gewünschten Erfolg erzielen zu können, müssen wir unser Vorgehen wohl wieder auf den herkömmlichen Plan reduzieren und Broker um Broker abgrasen. Zudem kommen wir wohl nicht darum herum, ausser dem Times Square auch noch weitere Standorte in Betracht zu ziehen. Wir erinnern uns an die spassigen Stadttouren mit den doppelstöckigen Touristenbussen vom letzten Sommer und entscheiden uns, die Metropole nochmals auf diesem Weg auszukundschaften. Unsere Erkundungstouren bringen uns zu den verschiedenen Stadtvierteln der Stadt und sorgen erneut für Ernüchterung. Denn obwohl die Stadt zu den grössten der Welt gehört, sind die unseren Bedürfnissen entsprechenden Möglichkeiten doch ziemlich beschränkt. Denn was nutzt schliesslich der grösste Besucherandrang, wenn die Konstellation nicht passt? So zum Beispiel in China Town, aber auch in Little Italy, wo sich die Besucher täglich zu Tausenden drängen, wir mit unseren gebrannten Nüssen und Brezeln wohl aber dennoch fehl am Platz wären. Genauso wenig sehe ich uns an der eh masslos überteuerten und für uns auch unerschwinglichen Fifth Avenue oder am ohnehin nur tagsüber gut besuchten Finanz-District mit seiner berühmten Wall Street. Damit verkleinern sich die für uns noch in Frage kommenden Möglichkeiten beträchtlich und unser Gebiet beschränkt sich insofern gerade noch auf die Umgebung um den riesigen Bahnhof Grand Central Station, die Einkaufsstrassen rund um Macy's, das angeblich grösste Kaufhaus der Welt, und natürlich auf die Gegend um den Times Square. Doch so sehr wir unsere Augen auch offenhalten, ein geeignetes, freistehendes Ladenlokal ist nirgends zu entdecken. Was für uns in diesem Moment gerade ziemlich frustrierend rüberkommt, versuche ich allerdings als ein sehr gutes Zeichen zu werten. Zeigt das doch unmissverständlich, wie hervorragend die Geschäfte hier in NYC tatsächlich laufen. Motiviert von dieser Erkenntnis machen wir uns erneut daran, die lange Liste von New York Citys Liegenschaftsbrokern abzuarbeiten. Nach einigen guten, aber auch vielen weniger guten Gesprächen mit den verschiedensten Brokern komme ich mit dem zackigen Brad ins Gespräch. Der freundliche Typ mit der positiv klingenden Stimme bietet mir an, ihn in seinem Büro an der nordöstlichen Upper West Side zu besuchen. Beim Betreten des schicken, aus dem letzten Jahrhundert stammenden Herrenhauses begrüsst uns Brad in seinem bescheidenen Maklerbüro mit Sicht auf den Central Park. Der etwa 30-jährige, aufgeschlossene, rothaarige New Yorker irischer Abstammung redet nicht lange drumherum und stellt uns gleich einige Objekte vor, welche er uns an den folgenden Tagen zeigen will. Dass sich diese nicht am Times Square befinden, nehmen wir in Kauf, Hauptsache, es geht endlich etwas. In diesem Sinne verabschieden wir uns und hoffen schon bald wieder von Brad zu hören.

Die Nähe zum Central Park wollen wir natürlich ausnutzen und verbringen den gesamten Nachmittag in dem 1873 eröffneten Stadtpark, der sich auf einer Länge von 4 Kilometern und einer Breite von 860 Metern von der 59. bis zur 110. Strasse hinzieht. Im Nordosten des Parks, wo wir uns gerade befinden, wohnen rund um den Park herum viele New Yorker in recht alltäglichen Wohnanlagen. Ganz anders sieht das auf der westlichen Seite des Parks aus, hier bestimmen noble Stadthäuser, die von überwiegend sehr reichen Leuten bewohnt werden, das Bild. Für jedermann zugänglich dagegen ist der schön angelegte und auch sehr gepflegte grüne Park, der sogar über einen kleinen See mit Ruderbooten, einigen Restaurants und Kiosken verfügt. Vor allem an einem so schönen und sonnigen Herbsttag wie heute begegnen wir deshalb zahlreichen Spaziergängern und zur Freude Rockys auch vielen Hunden. Da wir den Central Park eigentlich von der für Touristen falschen Seite angegangen sind, treffen wir erst am Schluss unserer ausgiebigen Tour auf Manhattans Grand Army Plaza, den ersten Touristentreffpunkt der Gegend, wo auch die Kutschenfahrer ihre Rundfahrten durch den Park anbieten. Hier, nahe dem berühmten THE PLAZA Hotel, beginnt auch die Fifth Avenue, die nun zu einem abschliessenden Shoppingbummel durch die hübsch weihnachtlich dekorierte Nobelstrasse einlädt. Nachdem wir vollbeladen mit Einkaufstaschen ins Hotel zurückgekehrt sind, reicht unsere Energie dann gerade noch für einen Besuch des Musicals ROKETTES in der Radio City Music Hall. So gut wie es uns in NYC gefällt, könnte man glatt vergessen, wieso wir überhaupt hergekommen sind.

Der etwas verfrühte Anruf des heutigen Morgens vermag mich allerdings sofort wieder auf den richtigen Pfad zu verweisen. Kein Geringerer als Brad holt mich morgens um 8 Uhr aus dem Bett und will uns schon um 9:30 Uhr beim Besichtigungsobjekt treffen. Ziemlich sportlich, der Typ, denke ich mir und nehme die Herausforderung an. Das verfügbare Lokal, bei dem wir uns zu früher Stunde mit Brad treffen, entpuppt sich als noch geöffnetes Reisebüro direkt an einer gut frequentierten U-Bahn-Station. Zwar befinden wir uns hier noch in Manhattan, aber halt ausserhalb jedes Touristenstroms. Geduldig erkläre ich Brad nochmals von Grund auf unsere Anforderungen, die wir an das Geschäftslokal stellen, und hoffe, dass er mich jetzt verstanden hat. Enttäuscht ziehen wir von dannen und begeben uns wieder selbst zu Fuss auf die Suche nach Möglichkeiten.

Über eine Woche vergeht, ohne dass wir auch nur den geringsten Erfolg hätten verbuchen können. Zwar bleiben uns noch ein paar Tage, aber die Aussicht auf einen Erfolg in Big Apple schwindet von Tag zu Tag. Mit dem Besuch im angesagtesten Steakhouse der Stadt wollen wir unsere gute Laune wiederfinden und lassen uns im Taxi zum WOLFGANGS fahren. Gerade in dem Moment, wo wir aus dem Taxi steigen, klingelt mein Handy, Brad ist dran und entschuldigt sich für die späte Störung. Ob wir denn tatsächlich um die $ 27'000 Monatsmiete für einen etwa 100 Quadratmeter kleinen Laden in Toplage zu bezahlen bereit wären, will er wissen. Wo das denn sein soll, hake ich nach. «*Direkt am Times Square und gleich neben dem berühmten M&M'S-Store*», ruft Brad beschwingt ins Telefon. Verblüfft über diese gute Nachricht brauche ich keine Sekunde zu überlegen und beantworte die Frage mit einem klaren Ja. Brad freut sich und verspricht, sich schon bald wieder mit Einzelheiten zu melden. Das anschliessende Steak im tatsächlich vorzüglichen WOLFGANGS schmeckt jetzt gleich doppelt so gut.

Im Gegensatz zu den letzten Tagen zeigt sich der heutige Morgen gar nicht freundlich. Aufgrund des schlechten Wetters lassen wir uns Zeit beim Frühstück und entscheiden uns, den verregneten Tag im MACY'S, dem weltberühmten und wohl tatsächlich auch grössten Kaufhaus der Welt, zu verbringen. Besonders gut gefallen mir die hölzernen Rolltreppen, die aus dem Jahr 1907 stammen und somit schon seit über einhundert Jahren Passagiere über die vielen Stockwerke des geschichtsträchtigen Hauses transportieren. Birgits Augenmerk liegt da eher auf der Modeabteilung, wo wir dann auch den gesamten Rest des Tages verbringen. Das war so anstrengend, dass ich mich am späten Nachmittag auf dem Heimweg zu Fuss bei inzwischen wieder trockenem Wetter in etwa fühle wie nach einem harten 15-Stunden-Arbeitstag. Es ist Freitagabend gegen 18 Uhr, als mein Handy klingelt und Brad dran ist. Betreffs Laden am Times Square hat er weder gute noch schlechte Nachrichten. Den Kontakt zur Verwaltung könne er aufgrund des bevorstehenden Weekends leider erst am Montag herstellen, aber immerhin habe er in Erfahrung bringen können, dass das Ladenlokal noch nicht als weitervermietet markiert sei und der jetzige Vertrag per Ende Februar 2011 auslaufe. Zudem gibt er die Adresse und den Namen des derzeitigen Geschäftes am Times Square bekannt. Nichts wie hin!

Auch am heutigen Freitagabend des **26. November 2010** gibt es wie gewöhnlich am Times Square kaum ein Durchkommen. Volksaufläufe in dieser Dimension kennen wir gerade mal von grossen Volksfesten wie dem Zürcher Seenachtsfest oder dem Münchner Oktoberfest. Was hier gerade abgeht, könnte man durchaus als beängstigend empfinden und so sind wir mehr als glücklich, als wir es schaffen, gemeinsam mit Rocky unbeschadet den Broadway zu durchqueren. Sozusagen als Lohn der Angst erblicken wir schon von weitem das besagte Süsswarengeschäft M&M'S, das an der Fortsetzung zum Times Square an der 7th Avenue liegt. Tatsächlich liegt der kleine Take-away TERYAKI BOY, so wie durch Brad beschrieben, direkt neben M&M'S. Und als wäre es nicht genug, dass sich das Lokal direkt am Times Square in allerbester Lage befindet, stoppen auch noch sämtliche Touristenbusse direkt vor dem Laden. Es wimmelt hier nur so von Menschen, alle Geschäfte sind brechend voll, und wer etwas kaufen will, der muss sich erstmal geduldig in die Reihe stellen. WOW! Was will man mehr? Mein Unternehmerherz beginnt aufgeregt zu schlagen und ich bin mir ganz sicher, das ist es. Dies obwohl von weitem zu erkennen ist, dass der ziemlich heruntergekommene Laden für unsere Bedürfnisse wohl komplett umgebaut werden muss.

Am frühen Montagmorgen rufe ich sofort Brad an und gebe ihm unser uneingeschränktes Interesse am Laden bekannt. Den gebuchten Flug für Dienstag verschieben wir auf Donnerstag und wir warten jetzt gespannt auf Good News. Brad lässt sich Zeit und unsere Geduld wird gehörig auf die Probe gestellt. Dann aber, gegen 19 Uhr abends, klingelt doch noch das Handy und Brad lädt uns für morgen, 11 Uhr, zu einem Besichtigungstermin ein. Vor dem TERYAKI BOY erwartet uns Brad in Begleitung eines etwa vierzigjährigen Mannes im typisch grauen Businessanzug, der sich uns als Marty, die rechte Hand des Landlords, vorstellt. Zu einer ersten Lagebesprechung begeben wir uns ins Restaurant APPLEBEE'S um die Ecke, wo wir jetzt auch alle wichtigen Details zum Objekt erfahren. Die gesamte Ausnutzung des sich über drei Stockwerke erstreckenden Lokals beträgt zwar um die 130 Quadratmeter, doch der eigentliche Verkaufsladen im Erdgeschoss misst nur etwa siebzig Quadratmeter. Die Miete beträgt $ 27'800 monatlich. Das macht $ 4800 pro Quadratmeter und Jahr und entspricht durchaus den üblichen Marktpreisen New York Citys, insbesondere denen am Times Square. Zudem verfügt der Laden bereits über das erforderliche NYC-Restaurationspermit, durch das der Vorgang der nötigen Betriebsbewilligung um Monate beschleunigt werden kann. Allerdings bestätigt die nachfolgende Besichtigung meinen ersten Eindruck vom schlechten Zustand des Lokals. Ein Komplettumbau wird unbedingt nötig sein und uns über den Daumen geschätzt etwa eine halbe Million USD kosten. Der Einsatz ist hoch und die Miete ist teuer, aber dafür spielen wir, zumindest hinsichtlich der prominenten Lage, mit SWISSMAKER TIMES SQUARE in der obersten Liga mit. Und genau darin sehe ich die Zukunft des SWISSMAKER-Konzepts, weshalb ich Marty nun auch unser definitives Interesse am Laden bekannt gebe. Dieser nimmt's zur Kenntnis, verweist aber auf den Landlord, der diesbezüglich offensichtlich als Einziger das Sagen hat. Immerhin verspricht er uns, alles in seiner Macht Stehende zu tun, um den Landlord von der Dringlichkeit eines Termins zu überzeugen. Zwei Tage vor Abflug wird's also nochmals richtig spannend.

Noch am selben Abend werden wir erlöst und erfahren durch Marty, dass wir morgen Mittag Punkt 12 Uhr vor dem TERYAKI BOY zu warten haben. Mr. Horowitz, sein Chef und Besitzer des gesamten Häuserblocks, wolle uns dort zu einer Besprechung treffen. Spannungsgeladen warten wir punktgenau an der 7th Avenue auf den Mann, der es gerade in der Hand hat, unser Leben nochmals gehörig durcheinanderzubringen. Denn sollten wir den Zuschlag für das Ladenlokal bekommen, wird sich das in äusserst direkter Art und Weise auf unsere nahe Zukunft auswirken. Schlag zwölf hält direkt vor unserer Nase eine auf Hochglanz polierte, dunkle Stretchlimousine. Der Fahrer in Uniform und Mütze läuft im Laufschritt einmal um das Fahrzeug herum, nickt uns höflich zu, öffnet eine der hinteren Türen und bittet uns an Bord. Während sich das Fahrzeug bereits wieder in Bewegung setzt und sich sanft in Manhattans Stadtverkehr einfädelt, begrüsst uns der uns gegenübersitzende, graumelierte Gentleman im dunkelblauen Sacco, aber natürlich ohne Krawatte, mit einem kräftigen Handschlag. Der Patron stellt sich uns in der uns so sympathisch gewordenen, typisch amerikanisch-lockeren Art als Arthur vor und will dabei auch gleich wissen, ob wir Steaks mögen. Klar mögen wir Steaks, bejahen wir die Frage, und während wir es uns in den dicken Conolly-Leder-Polstern bequem machen, folgt der Fahrer den Anweisungen seines Chefs und biegt beim Broadway links ab. Der vermögende New Yorker Immobilientycoon erweist sich nicht nur als zuvorkommender Gentleman, er ist auch ein sehr unterhaltsamer Geschichtenerzähler. Und so erfahren wir aus erster Hand, in was für abenteuerlicher Manier der New Yorker seinerzeit den Grundstein zu seinem heute wohl unermesslichen Reichtum gesetzt hat. Müssten wir uns Al Capone vorstellen, dann sässe er uns jetzt leibhaftig gegenüber. Die kurzweilige Fahrt endet vor einem unauffälligen Steakhouse inmitten von Manhattans Häuserschluchten. Das noble Innere passt so gar nicht zur schlichten Aussenfassade des Lokals und auch der gebotene Heckmeck in Form einer wahren Begrüssungszeremonie durch den Besitzer, den Chefkoch und den Oberkellner deutet auf ein Lokal der besonderen Klasse hin. Nachdem wir uns beide den Umständen und der Örtlichkeit entsprechend für das New York Strip Steak nach Art des Hauses entschieden haben, liegt es an uns, das Wort zu übernehmen. Also beginnen wir damit, unsere Geschichte zu erzählen. Dabei stellt sich bald heraus, dass unsere beiden zwar komplett unterschiedlich verlaufenden Leben doch einige bemerkenswerte Parallelen aufweisen. Kein Wunder also, dass wir uns auf Anhieb grossartig verstehen und sich der Business-Lunch bis in den Nachmittag hineinzieht. Zum Abschied gibt uns der Patron seine definitive Zusage für den Laden, die er ganz nach alter Al-Capone-Manier mit Handschlag besiegelt.

Zufrieden darüber, es wieder einmal gemeinsam geschafft zu haben, lassen wir uns am kommenden Morgen von unserem neuen Freund Elvin zum John F. Kennedy Airport fahren. Bei einem Glas Champagner in der SWISS Business-Class sitzend lasse ich die vergangenen Tage nochmals gedanklich Revue passieren und kann es dabei noch immer nicht recht fassen, dass wir nun definitiv nach New York City ziehen werden. Wieder daheim lösen wir als Erstes unser Versprechen an den Landlord ein und schicken ihm ein 5-Kilogramm-Paket unserer weltbesten Gebrannten Mandeln nach New York City. Dann übermitteln wir wie verlangt unsere Vermögensauskünfte an Marty und warten auf den Mietvertrag. Kurz vor Weihnachten erhalten wir die sehnlichst erwartete Lease. Ganz zu unserer Freude liegt dem Mietvertrag eine durch Arthur handgeschriebene Notiz bei, in der er auf die von ursprünglich $ 27'800 auf exakt $ 25'000 reduzierte Monatsmiete verweist. Am **22. Dezember 2010** unterzeichnen wir den Zehn-Jahres-Vertrag mit Beginn 1. März 2011 und überweisen gleichzeitig das Sicherheitsdepot in Höhe von $ 100'000. Natürlich bedanken wir uns beim Milliardär auch noch telefonisch für den äusserst grosszügigen Mietpreisnachlass und Arthur meint dazu lachend: *«Der Deal gilt aber nur dann, wenn ihr mir beim nächsten Mal wieder von euren leckeren gebrannten Mandeln mitbringt.»*

HAPPY
MILLIONÄR

Times Square NYC

Vor dem TERYAKI BOY

Angekommen in der berühmtesten Stadt der Welt, an der berühmtesten Adresse der Welt, dem Times Square

Kapitel 27

Hoch hinaus

Silvester **2011** verbringen wir bereits wieder in Miami Beach auf unserer Yacht, die nun automatisch zum Drittwohnsitz wird. Den Jahreswechsel verbringen wir gemütlich an Bord und wir schauen uns dabei die Feierlichkeiten am Times Square in New York City an. Weil ich mir auf dem Flug eine leichte Erkältung geholt habe und diese einen hartnäckigen Husten nach sich zieht, versuche ich mir mit Hustensaft und Ähnlichem zu helfen. Der sonst obligate Champagner fällt deshalb in diesem Jahr aus und auch sonst verschlafen wir die Silvesternacht mehr oder weniger.

Abgesehen von meinem Husten, den ich einfach nicht in den Griff bekommen will, fühlen wir uns heute Morgen aber wieder fit und unternehmen mit Rocky eine Runde um den Hafen. Zurück auf dem Schiff will ich mir im Schlafzimmer etwas Bequemeres anziehen, um ein wenig an Deck die Sonne zu genießen, als mich plötzlich ein stechender und sehr schmerzhafter Schmerz auf der linken Brustseite durchfährt. In Panik rufe ich Birgit und mache ihr sofort klar, dass ich wahrscheinlich gerade einen Herzinfarkt erleide. Geistesgegenwärtig schnappt sich Birgit sofort die sehr gut ausgestattete Bordapotheke und überreicht mir den ausschließlich für solche Notfälle vorgesehenen roten Nitroglyzerin-Spray. Ich nehme den Spray und sprühe mir davon einen Spritzer auf die Zunge. Da ich den Spritzer aber weder schmecke noch spüre, gehe ich davon aus, dass es beim ersten Mal nicht funktioniert hat, und spraye gleich nochmals nach. Damit zeigt sich die Wirkung vehement und dies hat zur Folge, dass ich wie ein nasser Sack in mir zusammenfalle. Birgit, die kurz eine Treppe höher im Salon ist, hört das laute Gerumpel, rennt mir zu Hilfe, kriegt voll die Krise und ruft sofort die Ambulanz. Inzwischen versuche ich mir wenigstens eine Hose anzuziehen, doch so sehr ich mich auch anstrenge, gelingt mir das nicht. Birgit hilft mir dabei und mit ihrer

Unterstützung schaffe ich es schliesslich auf allen vieren auch noch die Treppe hoch in den Salon. Knappe 5 Minuten später fährt der Krankenwagen unter Blaulicht ins Hafengelände und eine weitere Minute später rennen zwei Sanitäter mit einer Bahre über die Pier zu unserem Schiff. Die Schmerzen in der Brustgegend sind unverändert so stark, dass ich das Schlimmste befürchte und froh bin, bald in ein Spital zu kommen. Mein erstes Mal in meinem Leben auf einer Bahre liegend ergebe ich mich kampflos meinem Schicksal. Die zwei Pfleger zaudern auch gar nicht lange, laden mich auf die Bahre und tragen mich über die Gangway auf die Pier und in den Krankenwagen. Währenddessen blicke ich traurig meiner AP-PLAUS nach und frage mich jetzt tatsächlich: *«War's das jetzt?»*

Im Krankenwagen werde ich sofort gründlich untersucht. Ich bleibe mucksmäuschenstill und fürchte mich jetzt extrem vor der Diagnose. Doch die Sanitäter wissen mich zu beruhigen und schliessen einen Herzinfarkt in jedem Fall aus. Beruhigt nehme ich die andauernden starken Schmerzen in der Brustgegend jetzt schon viel gelassener hin. Kurz danach lande ich in einem Krankenbett, im Gang der komplett überfüllten Notfallstation des MOUNT SINAI MIAMI BEACH Hospital. Gegenteilig zu den blitzschnellen und hervorragenden Rettungsmassnahmen der Sanitäter ist diese Notfallstation allerdings eine Zumutung. Zwar darf Birgit die ganze Zeit bei mir sein, ein Arzt sowie diverses Pflegepersonal schauen nach mir und man versorgt mich auch mit schmerzlindernden Mitteln, aber die Zustände hier sind ein Skandal. Qualvolle Stunden mit stechenden Schmerzen muss ich es hier in diesem Gang zusammen mit teils Schwerverletzen aushalten. 4 Stunden dauert es, bis sich endlich ernsthaft ein Arzt meiner annimmt und ich in ein Krankenzimmer verlegt werde. Nochmals 3 Stunden später teilt mir der Arzt die Ursache meiner Schmerzen mit und die ist genauso seltsam wie erfreulich. Tatsächlich soll ich mir durch das ständige Husten so unglücklich einen Nerv eingeklemmt haben, dass dieser die beinahe unerträglichen Schmerzen ausgelöst hat. Und dass ich im Schlafzimmer wie ein nasser Sack zusammengefallen bin, liegt ausschliesslich daran, dass ich mir versehentlich eine zweite Dosis des geschmacksneutralen Nitroglyzerin-Sprays in den Rachen gespritzt habe und dadurch mein Kreislauf zusammengefallen ist. Alles in allem bin ich also kerngesund und es besteht absolut kein Grund zur Sorge. Und so steht dem Start in das **neue Jahr 2011** in einem zweiten Anlauf nichts im Weg.

Bei Minusgraden stapfen wir im tiefsten Winter durch die berühmteste Stadt der Welt zur berühmtesten Adresse auf diesem Planeten. Ausgerechnet den Times Square in New York Citys Stadtteil Manhattan wollen wir zu unserem künftigen, neuen Lebensmittelpunkt machen. Dass der Ort, an dem es gerade schneit wie in den Schweizer Bergen, eigentlich so gar nichts mehr mit unserem einstigen Traum vom Leben unter Palmen zu tun hat, stört uns gerade überhaupt nicht. Ganz im Gegenteil, wir können es kaum erwarten, hier schon bald unseren SWISS-MAKER TIMES SQUARE zu eröffnen. Was gibt es Schöneres, als seine eigenen Träume Wahrheit werden zu lassen? Zugegeben, spätestens jetzt, wo wir uns durch die Schneemassen des arktisch wirkenden New York City kämpfen, müsste uns eigentlich ein Licht aufgehen, beziehungsweise ablöschen. Doch wir empfinden das ausschliesslich positiv und lassen uns von der wunderschönen Winterlandschaft umso mehr begeistern. Tapfer stapfen wir an diesem Abend des **22. Januar 2011** mit unserem in der Tasche warm eingepackten Rocky durch den tiefen Schnee über den Broadway und erleben hier gerade ein wahres Wintermärchen. Zurück im NEW YORK MARRIOT Hotel gönnen wir uns zum krönenden Abschluss ein Dinner bei Kerzenlicht mit Sicht auf das mit dicken, weissen Schneeflocken herrschende Schneegestöber am Times Square .

Beim morgendlichen Blick aus dem Fenster ist der nächtliche Schneezauber bereits wieder verschwunden. Gleich mehrere Schneeräumfahrzeuge machen deutlich, dass sich die New Yorker durchaus mit Schnee auskennen. Somit steht einer kurzen Taxifahrt zu unserem ersten Besichtigungstermin für ein New Yorker Apartment nichts mehr im Weg. Die Fahrt in die nahe 42nd Street dauert nur wenige Minuten. Nun, wo wir vor den beeindruckenden SILVER TOWERS stehen, folgen unsere Blicke staunend der gläsernen Fassade hinauf in die unendliche Höhe dieser beiden exakt 200 Meter hohen Apartmentwolkenkratzer der Superlative. Bewusst haben wir uns schon bei unserer Onlinesuche in Miami für ein Apartment der Luxusklasse in den obersten Etagen Manhattans entschieden. Wenn wir uns schon zum Leben und Arbeiten in dieser Stadt entschlossen haben, dann wollen wir uns hier auch wohl fühlen. Die erst 2009 fertiggestellten SILVER TOWERS könnten uns diesen Wunsch erfüllen. Dafür sprechen neben der Exklusivität der mit einem Luxusresort vergleichbaren Premium-Wohnanlage auch die ausgezeichnete Lage nahe dem Erholungsgebiet am Hudson River und die Nähe zu unserem neuen Arbeitsort Times Square. Dadurch, dass die SILVER TOWERS zudem auch noch über den grössten Indoor-Swimmingpool New York Citys verfügen, bleibt kaum noch Spielraum nach oben.

In der gut beheizten Lobby werden wir bereits von der freundliche Brokerin Ashley erwartet. Die hübsche Brünette in High Heels begrüsst uns höflich und erklärt uns nach einem kurzen Smalltalk die Vorzüge dieser Luxus-Wohntürme. Sie will uns heute drei unterschiedliche Apartments zeigen, wofür sie uns bittet, ihr in den Aufzug zu folgen. Da es Birgit nicht zu hoch mag, beginnen wir im 27. Stock von insgesamt 57 Stockwerken. Die moderne Drei-Zimmer-Wohnung mit zwei Bädern, Waschküche und guter Aussicht gefällt zwar, reisst uns jetzt aber nicht gerade vom Hocker. Die Enttäuschung steht uns wohl ins Gesicht geschrieben, denn jetzt reizt Ashley mit ihrem ganz persönlichen Lieblings-Apartment, von dem im Gebäude nur vier existieren sollen, und bittet uns erneut in den Lift, wo sie jetzt die Runde Zahl 50 drückt. Birgit ist entsetzt und ruft: «*Nein, nein, das ist doch viel zu hoch, bitte nicht …!*» Zu spät! Direkt beim Betreten des hellen, modernen und lichtdurchfluteten Apartments mit einer faszinierenden Aussicht über ganz New York City und über den Hudson River bis rüber nach New Jersey macht es klick und wir wissen, das ist es. Und als wäre die Rundumsicht, die uns an unseren letzten Ausflug auf das Empire State Building erinnert, nicht schon cool genug, hat Ashley auch noch eine Überraschung parat. Nacheinander öffnet sie zwei grosse Glastüren und zeigt uns die beiden verschneiten Balkone in schwindelerregender Höhe. Total geflasht von dieser Superwohnung brauchen wir gar nicht mehr zu überlegen, diese und keine andere muss es sein. Die knapp fünfstellige Monatsmiete nehmen wir dabei gerne in Kauf. Hauptsache glücklich!

Um das Glück perfekt zu machen, brauchen wir jetzt nur noch die passende Wohnungseinrichtung. Kurzerhand sagen wir sämtliche Besichtigungstermine ab und nutzen die zwei noch verbleibenden Tage in der Stadt zum Shoppen. Weil uns der nachfolgende Einkaufsbummel über die noble Fifth Avenue wegen der klirrenden Kälte aber nur gerade von einem warmen Laden in den nächsten führt, entfliehen wir der Kälte bald ganz. Im gut beheizten MACY'S lassen wir uns durch die antiken, hölzernen Rolltreppen in eine Einkaufswelt fahren, die ihresgleichen suchen lässt. Aus aktuellem Anlass fokussieren wir uns heute ganz klar auf die imposante Möbel- und Haushaltabteilung, die alleine schon so gross ist wie bei uns ein ganzes Kaufhaus. Und weil es uns hier so gut gefällt, verbringen wir diesen und auch den folgenden Tag damit, unsere gesamte Wohnungseinrichtung mit allem Drumherum hier einzukaufen. Zum Abschluss entscheiden wir uns noch für einen sehr edlen Alpaka-Teppich, der genauso wie alles andere in drei Wochen, pünktlich zu unserem Einzugstermin, in die neue Wohnung geliefert werden soll. So jedenfalls verspricht man uns das beim nobblen MACY'S Home Service.

HAPPY
MILLIONÄR

New York City versinkt im Schnee

Unser neues Apartment in knapp 200 Metern Höhe im 50. Stock der New Yorker Silver Towers

Apartment mit Aussicht!

Fotoshooting mit Rocky – im Hintergrund der Hudson River

Kapitel 28

Organisationstalent

Die drei mehr oder weniger vor uns liegenden entspannten Wochen in Miami Beach wollen wir möglichst noch geniessen, bevor es für uns definitiv nach Norden geht. In Gedanken an das frostige New York City versuchen wir nochmals so viel Sonne wie möglich zu tanken und lassen dafür auch das Beiboot wohl für lange Zeit ein letztes Mal zu Wasser. Bei superwarmen 26 Grad düsen wir mit unserem 50 PS starken Zodiac die Atlantikküste entlang, tuckern gemütlich zwischen den Inseln Miami Beachs und legen zur Freude Rockys auch gerne mal einen Badestopp an der 15 Kilometer entfernten Haulover Sandbar bei kristallklarem Wasser ein. Die 3 Wochen vergehen wie im Flug, sodass wir uns jetzt plötzlich mit Packen beeilen müssen.

Unseren ML Mercedes haben wir derart bis unters Dach vollgepackt, dass noch nicht einmal mehr eine Handfläche dazwischen passt. Wieder einmal werfe ich meiner APPLAUS einen wehmütigen letzten Blick zum Abschied zu, küsse meine Frau als Zeichen zum Start in ein abermals neues Leben und steuere den Wagen jetzt in Richtung des über 2000 Kilometer entfernten New York City. Es wird eine sehr, sehr lange Fahrt, die wir drei allerdings bestens gelaunt unter die Räder nehmen. An diesem ersten Tag kommen wir bis ins Nirgendwo des Staates North Carolina, wo wir uns wohl oder übel mit dem nächstbesten Motel, einem COMFORT INN, für die Nacht zufriedengeben müssen. Dank eines ganz passablen, typisch amerikanischen Familienrestaurants kommen wir wenigstens zu einem überraschend guten Nachtessen, das ein wenig für das schäbige Motel entschädigt.

Mit der Ankunft in New York City könnte der Himmel an diesem strahlend sonnigen Nachmittag des **14. Februar 2011** blauer nicht sein. Bei der Einfahrt in die hauseigene Tiefgarage der SILVER TOWERS empfängt uns der Parkwächter allerdings nur mässig freundlich und drückt uns gleich mal zur Begrüssung die Rechnung für die monatliche Parkgebühr über unglaubliche $ 562.50 in die Hand. Willkommen in New York City, der Metropole, wo alles etwas grösser, höher, besser und natürlich auch teurer ist. Doch davon können wir uns ja auch gleich in unserem Super-Apartment im fünfzigsten Stock und knapp 200 Metern Höhe selbst überzeugen. Denn die Aussicht über New York Citys Skyline könnte tatsächlich grandioser nicht sein. Und sogar Macy's vollmundig angekündigter Home Service hat so gut geklappt, dass wir uns jetzt über ein komplett eingerichtetes und mit allem Pipapo ausgestattetes Apartment freuen können. Die erste Nacht in schwindelnder Höhe kommt uns nun aber doch nicht ganz geheuer vor und sorgt dafür, dass wir bis spät in die Nacht hinein das spektakulär leuchtende New York City bestaunen.

Ganze zwei Wochen gönnen wir uns für ein gemütliches Einleben, bevor am **1. März 2011** mit der Übernahme des ehemaligen TERYAKI BOY unser Arbeitsalltag in der City beginnt. Bei unserem Eintreffen an der 7th Avenue erwartet uns Architekt Gerry im Beisein von Baumeister Nik vor unserem Lokal. Gemeinsam nehmen wir einen primären Augenschein von dem, was uns hier erwartet, und wie bereits angenommen ist das eine ganze Menge. Über drei Stockwerke hinweg müssen Wände, Decken und Fussböden entweder ganz herausgerissen oder aber von Grund auf erneuert werden. Dazu muss die gesamte Elektrik, inklusive Beleuchtung und Klimaanlage, überholt werden. Als besonderes Highlight sollen sämtliche Innenwände sowie auch ein Teil der Aussenfassade mit einem speziell bedruckten Glas verkleidet werden. Und zu guter Letzt gilt es den gesamten Eingangsbereich herauszureissen und durch eine nach Mass gefertigte Aluminiumfassade zu ersetzen. Gerry, der Architekt, gibt sich zuversichtlich und will mir bereits in etwa einer Woche erste Pläne liefern. Der junge Baumeister Nik eifert dem nach und verspricht ebenfalls innert Wochenfrist seinen Kostenvoranschlag. Gerry, der als Architekt auch für die nötigen Baubewilligungen verantwortlich ist, legt gleich noch einen drauf und sieht einer Eröffnung schon im Juni optimistisch entgegen. Gerrys Optimismus in allen Ehren erachte ich dies jedoch nicht zuletzt aufgrund unserer Erfahrungen in Miami Beach als zu euphorisch. Natürlich behalte ich das für mich und freue mich über den Elan, den die beiden an den Tag legen.

Bei der Suche nach dem künftigen Team gilt es als Erstes eine versierte persönliche Assistentin zu finden, die neben dem Job als Storemanagerin auch die Buchhaltung erledigt und sich um das Bestellwesen und die Lohnzahlungen kümmert. Beim bekannten Online-Stellenportal CRAIGSLIST gebe ich ein entsprechendes Inserat für eine Assistentin/Buchhalterin im 50 %-Pensum auf. Das Interesse an diesem etwas speziellen Job ist überraschend gross, sodass wir uns schon bald zum Vorstellungsgespräch mit drei in Frage kommenden Bewerberinnen in der Lobby des NEW YORK MARRIOT Hotel treffen. Unsere Wahl fällt auf die attraktive Erica, eine junge Frau mit chinesischen Wurzeln, geboren und aufgewachsen in San Francisco. Gemeinsam mit Erica, die über sehr gute Umgangsformen verfügt, begeben wir uns in New York Citys Stadthaus und füllen dort mit ihrer Hilfe den komplizierten Antrag zur Betriebsbewilligung aus. Im selben Zeitraum präsentiert uns Gerry seine ersten Pläne, die noch einige Änderungen benötigen, bevor wir diese zusammen mit der Betriebsbewilligung erneut beim Stadthaus abgeben. Im Gegensatz zu Miami Beach macht diese Stadtverwaltung überraschend flott vorwärts, sodass wir die Baubewilligung bereits nach rekordverdächtigen 6 Wochen zugestellt bekommen. Damit lässt sich der heutige **19. April 2011**, wo Baumeister Nik mit seinem Team die Arbeit aufnimmt, durchaus als Freudentag bezeichnen. Noch handelt es sich dabei erst um reine Abbrucharbeiten, aber wenn wir Niks Versprechungen Glauben schenken, dann wird er schon sehr bald mit der planmässigen Sanierung des Objekts beginnen.

Mit dem vollsten Vertrauen in Nik und sein Team fliegen mit einem sehr guten Gefühl nach Hause in die Schweiz, wo die für uns sehr wichtige Berner Frühlingsmesse BEA 11 auf uns wartet. Hier schauen wir nach dem Rechten, packen in vorderster Front mit an und sorgen vor allem dafür, dass der Ablauf unseres Kerngeschäfts ganz in unserem Sinne ist und auch bleibt. Nach einer gelungenen BEA geniessen wir noch einige Tage Swissness, bevor wir **Mitte Mai 2011** wieder voller Spannung nach New York City zurückkehren. Diese Rückkehr haben wir uns allerdings so nicht vorgestellt. Beim Betreten der Baustelle trifft uns nämlich beinahe der Schlag und schiere Fassungslosigkeit macht sich breit. Statt eines einigermassen ordentlich aufgeräumten Bauplatzes treffen wir auf einen mit Bauschutt überfüllten Saustall. Nichts von dem, was wir vor unserer Abreise besprochen und zudem auch noch säuberlich aufgelistet hatten, ist erledigt worden. Nach Nik und seinen Leuten suchen wir vergebens und auch erste Anrufe werden ignoriert. Plötzlich taucht Nik mit seinem Helfer doch noch auf und ich muss mich beherrschen, nicht die Fassung zu verlieren. Um keine Ausrede verlegen schieben sich die beiden die Schuld gegenseitig in die Schuhe. Resigniert bleibt mir nichts weiter übrig, als mit Engelszungen auf die beiden Idioten einzureden und an deren gesunden Menschenverstand, soweit vorhanden, zu appellieren.

Meine gesamte akribische Planung nach Schweizer Art ist damit allerdings hinfällig geworden und dies stellt uns nun vor ein neues grosses Problem. Weil ich mich bis anhin auf die Aussagen des Baumeisters verlassen hatte, habe ich das ganze Drumherum auch entsprechend blauäugig organisiert. Meinem Organisationstalent und einer dazugehörigen Portion Übereifer ist es zu verdanken, dass zwei Trucks mit unserer Ladeneinrichtung an Bord Miami exakt nach Plan verlassen haben. Blöd nur, dass mich die Fahrer nicht vorher, so wie vereinbart, kurz avisiert haben. Nun ist es zu spät und man könnte auch sagen, der Zug ist abgefahren. Ich kann es drehen und wenden, wie ich will, übermorgen nach Mitternacht trifft der Konvoi hier in der City ein. Um überhaupt eine Bewilligung zum Güterumschlag am Times Square bekommen zu können, muss laut New Yorker Polizei eine ganze Anzahl von Auflagen strikt eingehalten werden. Unter anderem wird ein längerer Güterumschlag ausschliesslich für die Zeit von 1 Uhr bis 5 Uhr morgens bewilligt. Doch so, wie es gerade aussieht, ist das gerade noch unser kleinstes Problem. Die Frage ist eher die, wohin zum Teufel wir den Inhalt zweier bis unters Dach voll beladener Trucks verstauen sollen. Beim besten Willen fällt uns keine gescheite Lösung ein und einfach alles in die Baustelle abzuladen scheint genauso bescheuert wie unmöglich. Doch wie es aussieht, muss das Unmögliche auf irgendeine Art und Weise möglich gemacht werden.

Pünktlich um 1 Uhr morgens treffen Luis und sein Kumpel mit ihren Trucks aus Miami ein. Zu viert arbeiten wir die Nacht durch, bis wir schliesslich all die schweren Theken und sämtliches Equipment irgendwie im Lokal verstaut haben. Noch vor 5 Uhr morgens ist das Unmögliche geschafft. Dass wir damit nun aber erst recht vor einer beinahe unlösbaren Herausforderung stehen, zeigt sich allerdings erst am anderen Tag. Jetzt bei Tageslicht wird das wahre Ausmass unserer nächtlichen Aktion sichtbar. Es herrscht das totale Chaos, ein Betreten des Ladens ist kaum noch möglich und an die Fortsetzung der Bauarbeiten ist erstmal überhaupt nicht zu denken. Hastig trommeln wir ein Team an Helfern und Helferinnen zusammen und beginnen zu sechst sofort damit, sämtliches Equipment fein säuberlich zu ordnen und auf die drei Stockwerke verteilt zu verstauen. Zu guter Letzt klemmen wir Rollis unter die schweren und sperrigen Verkaufstheken, um diese mobil zu machen. Nach zwei Tagen harter Arbeit kann sich unser Laden wieder sehen lassen und die Handwerker können ihre Arbeiten fortsetzen.

HAPPY
MILLIONÄR

Ankunft in New York City

Die Trucks aus Miami um drei Uhr morgens am Times Square

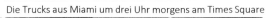

Chaos am Times Square NYC um 5 Uhr morgens

Rocky ist immer und überall mit dabei

South Elevation

North Elevation

Front Elevation

Erste Pläne des SWISSMAKER TIMES SQUARE

Kapitel 29

Times Square

Gegen Ende **Mai 2011** sieht dann plötzlich alles wieder ziemlich gut aus, so sehr, dass die Hoffnung, vielleicht doch noch in einem Monat eröffnen zu können, wieder von neuem entfacht. Das schon fast sommerlich warme Wetter sorgt zusätzlich für gute Laune und lässt uns nach all dem Ärger das Leben wieder etwas unbeschwerter geniessen. Während des Frühstücks auf unserem kleinen Balkon im 50. Stockwerk der SILVER TOWERS winken wir den zahlreichen in direkter Augenhöhe an uns vorbeifliegenden Helikoptern fröhlich zu. Bei so viel Spass und Lebensfreude in luftiger Höhe könnte man die Arbeit glatt vergessen.

Doch wir sind mittendrin und folgen deshalb dem Ruf der Arbeit. Die Einladung zum Lunch bei Amerikas führendem Restaurant-Zulieferer SYSCO ist ziemlich vielversprechend und macht die Aussicht auf die bereits in Miami eingefädelte Zusammenarbeit nun endgültig realistisch. Der Termin ist erst mit der Entscheidung entstanden, SYSCO mit der Einlagerung unserer per Schiffscontainer aus Deutschland importierten Tiefkühl-Brezel- und Backwarenteiglinge zu beauftragen. Zudem haben wir uns im Gegengeschäft dazu verpflichtet, künftig sämtliche für SWISSMAKER benötigten Rohprodukte und Zutaten bei SYSCO zu beziehen. Eine klare Win-win-Situation, die dafür sorgen soll, dass das heutige Treffen in New Jerseys SYSCO-Hauptsitz von Erfolg gekrönt sein wird. Das Empfangskomitee in Form der gesamten Geschäftsleitung lässt schon mal Gutes vermuten. New York Citys Verkaufschef Richard, den wir zuvor bereits einige Male getroffen haben, empfängt uns beinahe freundschaftlich und stellt uns nacheinander dem Team, insbesondere CEO Phil vor. In der Firmenkantine wird der gegenseitige Smalltalk gepflegt und man serviert uns ein mehrgängiges Degustationsmenü, bestehend aus lauter SYSCO-Produkten. CEO Phil höchstpersönlich führt uns nun im Gefolge seines Teams durch die heiligen Hallen des piekfeinen Grosshandelsunternehmens. Bei der nachfolgenden Besprechung in Phils Büro bekräftigt dieser erneut

SYSCOS Interesse am exklusiven Vertrieb unserer Tiefkühlteiglinge für die gesamten USA. Wir einigen uns darauf, die Eröffnung von SWISSMAKER TIMES SQUARE abzuwarten, um dann direkt im neuen Laden das definitive Sortiment gemeinsam zu bestimmen. Die Zusammenarbeit ist beschlossene Sache.

Nun, wo sich die Dinge so erfreulich entwickeln, können wir die Eröffnung unseres New Yorker Flagship-Stores natürlich kaum noch abwarten. Und tatsächlich glauben wir Mitte Juni ein Licht am Ende des Tunnels zu entdecken und rechnen nun fest mit der Eröffnung für Freitag, 25. Juni. Der Laden ist so weit fertig eingerichtet, sämtliche Geräte befinden sich im Testlauf, die Kühl- und Tiefkühlräume warten nur noch darauf, mit Waren gefüllt zu werden, und auch unsere neuen Mitarbeiter sind startbereit. Doch je mehr wir uns dem Wunschdatum nähern, desto mehr entfernt sich die Realität vom Machbaren. Schuld daran sind die hier in NYC meist unzuverlässigen und teils auch unseriösen Handwerksunternehmungen. Trotz oder gerade wegen der hier üblichen Vorkasse versucht man uns regelmässig übers Ohr zu hauen, lässt uns mit unfertigen Arbeiten dastehen und belügt und vertröstet uns ohne jeden Skrupel. Deswegen und auch wegen der hier besonders schlechten Arbeitsmoral müssen wir unseren erst noch so schön ausgemalten Plan vom Grand Opening für den Freitag, 25. Juni, wieder abblasen.

Auch in den folgenden Tagen gibt es kaum einen Ärger, von dem wir nicht verschont bleiben. Die diversen Handwerker, wie Elektriker, Klempner oder auch der Typ von der Klimaanlage, alle machen sie uns das Leben schwer und kaum einer hält sich an den vorgegebenen Plan. Aber auch diese sorgenvollen Tage gehen vorüber und wir wagen uns an die Planung der grossen Eröffnung für den Freitag, 1. Juli. Doch wie so oft soll man den Tag nicht vor dem Abend loben, denn leider habe ich die Rechnung ohne den unverschämten Fassadenbauer gemacht. Obwohl dieser die termingerechte Lieferung und Installation der kompletten Eingangsfront gerade noch bestätigt hat, ruft er mich heute an und lässt den Termin platzen. Ausser mir vor Wut bleibt mir nichts weiter übrig, als das Grand Opening erneut abzusagen und die Endmontage der Ladenfront abzuwarten. Als dies dann schliesslich erledigt ist, sehen wir uns gezwungen, das Grand Opening gleich komplett um eine Woche auf den Freitag, den 9. Juli zu verschieben.

Denn der nächstmögliche Termin für die Ladeneröffnung fällt jetzt ausgerechnet auf den 4. Juli, den amerikanischen Nationalfeiertag. Und die Gelegenheit, an diesem Tag so richtig Kasse zu machen, wollen wir uns natürlich nicht entgehen lassen. Ganz nach alter Miami-Beach-Manier wollen wir uns deshalb auf den grossen Andrang vorbereiten und uns im ganz grossen Stil bei SYSCO eindecken. Nicht umsonst sind wir in dieser Hinsicht die Profis schlechthin und geben uns auch erst zufrieden, nachdem sämtliche Lager-, Kühl- und Tiefkühlräume bis oben hin randvoll gefüllt sind.

Am heutigen **Sonntag, dem 4. Juli 2011** wollen wir nichts dem Zufall überlassen. Seit 8 Uhr früh ist Birgit mit ihrem Team am Vorbereiten. Nicht nur die Theken präsentieren sich verlockend gut gefüllt, auch unsere Mitarbeiter in ihren frisch gebügelten SWISSMAKER-Uniformen strahlen um die Wette und der auf Hochglanz polierte Laden macht einen wahrlich fabelhaften Eindruck. Auch wenn wir heute auf das Grand Opening verzichten, so lassen wir es uns nicht nehmen und feiern die Eröffnung des SWISSMAKER TIMES SQUARE im kleinen Rahmen mit unseren Mitarbeitern bei einem Glas Champagner. Mit der Türöffnung um Punkt 11 Uhr stehen wir zu unserem grossen Erstaunen aber erstmal alleine da. Das sonst zu jeder Tages- und Nachtzeit belebte New York City gleicht mit seinen leergefegten Strassen einer Geisterstadt. Als Neulinge in der Stadt gehen wir davon aus, dass dies mit dem 4. Juli, der auch noch auf einen Sonntag gefallen ist, zusammenhängen muss, und bleiben trotz sommerlicher Hitze erstmal cool. Tatsächlich beginnen sich die Strassen gegen 18 Uhr langsam zu füllen und unsere randvollen Theken sich zu leeren. Von einem Ansturm sind wir jedoch weit entfernt, die kurze Kauffreude der Leute hat gerade mal dazu gereicht, unseren Mitarbeitern einen Eindruck zu vermitteln, wie es denn sein könnte. Gegen 21 Uhr zieht das Volk dann nämlich in Richtung Hudson River, wo um 22 Uhr das Feuerwerk stattfinden soll, und damit ist der kurze Zauber der 4th-of-July-Festivitäten für uns auch schon wieder vorbei.

Als Unwissende müssen wir resigniert erkennen, dass sich hier in Wahrheit gar kein Stadtfest abspielt und sich die Feierlichkeiten ausschliesslich auf das Feuerwerk am Ufer des Hudson River beschränken. Ziemlich frustriert verabschieden wir uns vom Team und ziehen uns auf unseren Balkon zurück. Von hier aus können wir den von einem Grossaufgebot an Polizeikräften bewachten Volksauflauf von mindestens einhunderttausend Menschen, die sich um das Ufer des Hudson River drängen, beobachten. Doch trotz dieses Massenauflaufes ist kein Event im Sinne eines wahren Volksfestes zu erkennen, dies beweist auch die Reaktion des Volkes, das sich just nach dem wenig imposanten Feuerwerk wieder in alle Ecken verzieht. Am Ende dieses vermeintlich glorreichen Tages könnte unser Fazit niederschmetternder nicht sein. Statt der erwarteten $ 20'000 haben wir gerade mal etwas über $ 2'000 eingenommen. Ein Misserfolg, der unsere stets von einer gesunden Portion Übermut geprägte Motivation gleich zu Beginn mal gehörig in den Keller zieht.

Trotzdem wollen wir negative Gedanken erst gar nicht zulassen und konzentrieren uns jetzt erst recht mit Volldampf auf den Geschäftserfolg unter normalen Bedingungen. Und das gelingt uns dann auch gar nicht so schlecht, denn wie sich sehr rasch herausstellt, lieben auch die New Yorker THE WORLD'S BEST CRUNCHY NUTS. Und zu unserer ganz besonderen Freude verbringt schon bald beinahe das gesamte M&M'S-Personal seine Mittags- und Abendpausen in unserem gemütlichen, kleinen Bistro im oberen Stock. Grund zum Jubeln gibt es dennoch nicht, denn auf Miami-Beach-Niveau sind wir noch längst nicht.

Im Rückblick auf den lausigen 4. Juli haben wir unsere Motivation aber wieder vollends zurückgewonnen und wir freuen uns jetzt auf ein tolles Grand Opening für den heutigen Freitagabend, **den 9. Juli 2011**. Nachdem wir SWISSMAKER TIMES SQUARE auf Hochglanz gebracht haben, erwarten wir selbst fein herausgeputzt ab 18 Uhr unsere Gäste. Neben den drei netten Anwälten vom siebzigsten Stock freuen wir uns natürlich vor allem über das komplette SYSCO-Management in Begleitung von deren Gattinnen. In Absprache mit CEO Phil haben wir die Verkostung so ganz nebenbei in den heutigen Event eingebaut. Ausser den SYCO-Leuten merkt davon allerdings kaum jemand etwas, sodass unsere Eröffnungsfeier zum vollen Erfolg wird. Bis spät in die Nacht hinein fliesst der Champagner in Strömen und wir können uns vor lauter Komplimenten für unseren kleinen, aber feinen Laden und dessen Leckereien kaum noch retten. Allen voran zeigen sich die

SYSCO-Leute äusserst begeistert von unseren Produkten und sie können den vereinbarten Start für den Herbst jetzt kaum noch erwarten. Der sechste geöffnete
Tag scheint unser Glückstag zu sein.

HAPPY
MILLIONÄR

In unserem New Yorker Apartment im 50. Stock

Luftiges Vergnügen auf unserem Balkon in knapp 200 Metern Höhe

SWISSMAKER Times Square

SWISSMAKER Times Square

Kapitel 30

Hitze, Obama und die US-Haushaltskrise

New York City ist zweifelsohne eine coole Stadt, die man unbedingt mal gesehen und erlebt haben muss. Doch gerade in Sachen Coolness hat sich unsere Blickweise auf die Stadt just verändert. Unsere anfängliche Begeisterung für die Metropole hat sich innerhalb der letzten fünf Monate nämlich im wahrsten Sinne des Wortes in heisse Luft aufgelöst. Es ist heiss, so heiss, dass die seit Juni unablässig ansteigenden Temperaturen heute offensichtlich ihren Höhepunkt erreicht haben. Die New York Times berichtet in ihrer heutigen Ausgabe vom **22. Juli 2011** von der grössten je dagewesenen Hitzewelle und vom heissesten Tag in New York City seit Beginn der Wetteraufzeichnungen. Die Rede ist von unglaublichen 104 Grad Fahrenheit, respektive 40 Grad Celsius.

In Big Apple fühlt es sich deshalb gerade wie in einem Heizkessel an. Das sorgt nicht nur für reihenweise ausfallende Klimaanlagen und entsprechend heisse Köpfe, sondern auch für das Dahinschmelzen unserer Umsätze wie von Butter in der Sonne. Da es sich dabei aber um eine Laune der Natur handelt, die sich früher oder später wieder von ganz alleine regeln wird, und wir uns zudem auf das Nachtgeschäft verlassen können, sehe ich keinen wirklichen Anlass zur Sorge. Was mir jedoch wahrhaftig Angst bereitet, ist die sich gerade in eine sehr bedenkliche Richtung entwickelnde amerikanische Wirtschaftslage. Amerikas Probleme werden derzeit so heiss geschmiedet, dass man die momentane Jahrhunderthitze im Vergleich dazu als warmes Lüftchen bezeichnen könnte. Denn was hier zurzeit gerade mit der US-Haushaltskrise abgeht, passt so gar nicht zu unserem Eindruck, den wir bisher von Amerika hatten. Im Hinblick auf Barack Obamas dauerhafte Medienpräsenz, mit der er quasi im Alleingang stets bemüht ist, die USA vor der unmittelbaren Pleite zu retten, fühlen wir uns gerade eher wie in einer Bananenrepublik als in einem Weltstaat. Der zwar äusserst sympathische, aber vielleicht auch etwas zu weiche US-Präsident macht in seinen täglichen TV-Auftritten zuweilen einen ziemlich überforderten und hilflosen Eindruck. Kurz gesagt, es sieht gar nicht gut aus im Staate Amerika, der Staatsbankrott steht kurz bevor und echtes Unheil droht. Als allererste Konsequenz einer tatsächlichen Zahlungsunfähigkeit der USA hätte dies für mindestens achthunderttausend Staatsangestellte den unmittelbaren Verlust ihres Einkommens zur Folge.

Nachfolgend eine Auflistung der derzeitigen Schlagzeilen aus verschiedenen Quellen vom Juli und August 2011:

«US-Haushaltskrise» – USA-Bankrott   Quelle: New York Times

Haushaltskrise in den USA – Der drohende USA-Bankrott bedroht Weltwirtschaft; Kursstürze, Preiserhöhungen: Wenn die USA in die Pleite rutschten, wären die Folgen kaum absehbar.

«US-Haushaltskrise» – 800'000 Staatsangestellten droht Beurlaubung

Nur eine Einigung von Demokraten und Republikanern kann verhindern, dass der US-Regierung am Samstag der Geldhahn zugedreht wird. Doch ein Kompromiss ist nicht in Sicht – das könnte drastische Folgen für die Staatsangestellten in den USA haben.

«US-Haushaltskrise» – Die Supermacht und die Insolvenz

Wegen des Dauerstreits zwischen Demokraten und Republikanern droht den USA erneut die Zahlungsunfähigkeit. US-Präsident Obama ist verärgert.

«US-Haushaltskrise» – Superkongress vor der Superpleite

Es sollte der Ausweg aus der US-Schuldenkrise sein: Ein Superausschuss im Kongress wollte 1,3 Billionen Dollar einsparen. Doch das Projekt wird an diesem Montag wohl scheitern, Republikaner und Demokraten können sich partout nicht einigen. Es droht der teuerste Flop der amerikanischen Geschichte.

«US-Haushaltskrise» – Dies ist ein gefährliches Spiel, das wir nicht spielen dürfen.

*Obama sprach zur Hauptfernsehsendezeit, schon das allein macht klar, wie dramatisch die Lage inzwischen geworden ist. US-TV-Sender haben bereits damit begonnen, Uhren einzublen-den: **Der Countdown zum möglichen ersten Staatsbankrott der US-Geschichte läuft.***

*«US-Haushaltskrise» – **Wir sind an einem Stillstand angelangt***

In den USA stecken die Verhandlungen um den Haushalt fest. US-Präsident Obama hat sich in einem dramatischen Appell zur Hauptfernsehzeit an die Opposition gewandt.

Die mit einem grossen Schmierentheater vergleichbare politische Inszenierung dieses möglichen Staatsbankrotts findet am Ende eines jeden Tages jeweils mit einem grossen TV-Auftritt des Präsidenten ihren Höhepunkt. Und wenn man dabei dem teils den Tränen nahen und völlig hilflos wirkenden Obama Glauben schenkt, dann scheint die Pleite der USA tatsächlich kaum noch aufzuhalten. Die Angst vor dem drohenden Staatsbankrott sorgt im ganzen Land unweigerlich für eine, seit dem Zweiten Weltkrieg, in dieser Dimension noch nie dagewesene Unsicherheit. Plötzlich fühlen sich die mehrheitlich sonst so coolen Amis in ihrem geliebten Amerika gar nicht mehr so unbeschwert wohl, wie sie das gerne täten.

Diese Unsicherheit wirkt sich unmittelbar auf die Kaufkraft der Amerikaner aus und verändert zudem deren Kaufverhalten massiv. An vorderster Front bekommen wir das natürlich als Erste zu spüren. Von den tausenden Pendlern, die jeden Morgen und jeden Abend an unserem Laden vorbeilaufen und von denen sich normalerweise nicht wenige eine gefüllte Brezel oder ein Sandwich mit einer Cola leisten, bekommen wir nur noch selten etwas zu sehen. Dasselbe gilt natürlich genauso für die achthunderttausend Staatsangestellten, denen der Verlust ihres gesamten Einkommens droht. Es ist durchaus verständlich, dass sich all diese Leute nun lieber ihre selbstbelegten Brote zur Arbeit mitbringen.

Zusätzlich zur Jahrhunderthitze haben wir nun also auch noch mit den Folgen der US-Haushaltskrise 2011 zu kämpfen. Doch das ist längst noch nicht alles, was unsere Karriere in den USA bedroht. Dadurch, dass uns quasi über Nacht die

Kundschaft fehlt, erleben wir ein Déjà-vu einer Entwicklung, die wir eigentlich in Miami zurückgelassen zu haben dachten. Die Lage scheint sich von Tag zu Tag zu verschlimmern, die Kundschaft wird immer weniger und die Umsätze sinken auf ein Rekordtief. Im festen Glauben daran, alles richtig zu machen, entscheiden wir uns, eine eigene kleine Marktforschung durchzuführen, und begeben uns auf Erkundungstour durch Midtown Manhattan. Das, was wir entdecken, ist erschreckend und löst in uns alle Alarmglocken aus. Das sonst in Massen vorhandene Publikum scheint verloren gegangen zu sein. Times Square und Broadway präsentieren sich beinahe menschenleer und überall dort, wo es sonst kaum ein Durchkommen gibt, fehlt es an jeglicher Hektik. Statt auf volle Strassen, Gedränge in den Läden und klingelnde Kassen stossen wir beinahe überall auf gähnende Leere. Nicht besser ergeht es unseren Nachbarn M&M'S und HERSHEY'S CHOCOLATE WORLD. Sogar die sonst immer proppenvollen Topgeschäfte wie VICTORIA'S SECRET, FOREVER 21 und H&M versuchen mit teils fragwürdigen Aktionen die fehlende Kundschaft anzuziehen. Sogar bei den ganz Grossen wie MC DONALDS, STARBUCKS oder auch beim berühmten BUBBA GUMP Restaurant muss nicht wie üblich in der Warteschlange angestanden werden. Eine einzige Ausnahme bilden da nur noch die stets ausgebuchten, superteuren First-Class-Restaurants, deren Klientel eh mehrheitlich aus Bankern, Anwälten und sonstigen Businessleuten mit noch krisensicheren Jobs besteht.

Am **1. August 2011**, zwei Tage vor der endgültigen Zahlungsunfähigkeit der USA, verkündet Präsident Obama in seinem grossen TV-Auftritt, den drohenden Staatsbankrott gerade noch rechtzeitig abgewendet zu haben. Von rechtzeitig kann allerdings absolut keine Rede sein, denn in Wirklichkeit hätte dieses irreal dahergekommene Szenario niemals passieren dürfen. Es ist zu spät, der Schaden ist angerichtet. Zweifelsohne hat die US-Haushaltskrise 2011, ganz ähnlich wie damals in Miami die Ölkrise im Golf von Mexiko die bisher noch tief schlafende Weltfinanzkrise in New York City geweckt.

HAPPY
MILLIONÄR

The Heat Starts Early, Then Breaks a Record

By Elizabeth A. Harris

July 22, 2011

The temperature climbed to 104 in New York City — 2 degrees shy of the city's record — and 108 in Newark, the highest temperature ever recorded there, as a heat wave around the region intensified on Friday afternoon.

It was 2:10 p.m. when the temperature in Central Park reached 104 degrees, soaring past the local record for July 22, set at 101 degrees in 1957, and getting close to 106, the city record, which was last reached in 1936. (The last time it was 104 was in July 1977.) The record temperature in Newark had been 105 degrees, set in 2001.

On Friday, according to the National Weather Service, it felt like 112

New York Times berichtet von der grössten Hitzewelle seit Wetteraufzeichnung. *Quelle: New York Times*

Haushaltskrise

Obama verkündet Einigung im US-Schuldenstreit

Zwei Tage vor einer Zahlungsunfähigkeit der USA haben sich Republikaner und Demokraten auf eine höhere Schuldengrenze verständigt. Nun muss noch der Kongress zustimmen.

Von **AFP, Reuters** und **dpa**

1. August 2011, 7:10 Uhr / Quelle: ZEIT ONLINE, AFP, Reuters, dpa / 18 Kommentare / ⌴

INHALT ∨   Auf einer Seite lesen

Demokraten und Republikaner haben eine Zahlungsunfähigkeit der USA nach wochenlangen Verhandlungen abgewendet. Beide Parteien einigten sich auf eine Anhebung der gesetzlich festgelegten Schuldengrenze. Damit kann die Regierung in Washington voraussichtlich neue Kredite aufnehmen, ihre Schulden bedienen und Beamtengehälter sowie Sozialleistungen weiter bezahlen.

Obama kann den Staatsbankrott zwei Tage vor der Zahlungsunfähigkeit abwenden. *Quelle: Zeit Online*

Kapitel 31

Ein ganz normal verrückter Tag in New York City

Passend zu der eh schon ziemlich angespannten Situation erreicht uns während unseres Spaziergangs mit Rocky im Central Park auch noch ein beunruhigender Anruf aus dem Laden. Laura, unsere rechte Hand und fleissige Store-Managerin, berichtet aufgeregt von einem Mann, der sich soeben als New Yorker Lebensmittelkontrolleur ausgewiesen hat und nun dabei ist, alles auf den Kopf zu stellen. Birgit ärgert sich: *«Ausgerechnet heute, wo ich nicht im Laden bin, muss der kommen.»* Ich beruhige: *«Kein Grund zur Aufregung, Laura ist taff, die macht das schon.»* Zwar ist es jetzt nicht gerade so, dass wir uns wirklich Sorgen machen müssten, aber weil wir wissen, was effektiv von dieser Kontrolle abhängt, haben wir durchaus Gründe, nervös zu sein. Denn in New York City wurde erst vor einem Jahr ein neues, ziemlich umstrittenes Bewertungssystem für die Gastronomie eingeführt. Mit unserem Take-away, in den USA auch Deli genannt, fallen wir automatisch in die Gastrobranche und müssen uns deshalb den hier herrschenden strengen Auflagen unterwerfen. Die Kontrolle, die im Auftrag des NYC Department of Health and Mental Hygiene, zu Deutsch Gesundheitsministerium, durch den Lebensmittelkontrolleur durchgeführt wird, sieht eine Bewertung vor, die es faustdick hinter den Ohren hat. Das Ergebnis der jeweiligen Prüfung liegt in drei verschiedenen Kategorien vor und die Bewertung erfolgt mit den harmlos klingenden Buchstaben A, B, oder C. Unabhängig davon, wie gut oder schlecht die jeweilige Bewertung ausfällt, ist jeder Gastrobetrieb in New York City verpflichtet, diese Auszeichnung gut sichtbar ins Schaufenster zu hängen. Und genau darin liegt die Brutalität dieser Auszeichnung. Denn nur wer sich ein A, wie ausgezeichnet, ins Fenster hängen darf, kann sich auch zukünftig noch unbeschwert über Kundschaft freuen. Wer in die missliche Lage kommt, sich ein B ins Fenster hängen zu müssen, der hat bereits für jedermann gut sichtbar die Nummer 2 am Rücken. Die Bedeutung eines C muss dann wohl nicht mehr unbedingt weiter erläutert werden. Auch wenn Birgit drängt, sofort in den Laden zurückzukehren, halte ich das für wenig sinnvoll und will lieber den wunderschönen Tag im Central Park geniessen. Ganze zwei Stunden der Ungeduld vergehen, bis sich Laura zurückmeldet und uns von einem relativ guten Verlauf der Kontrolle berichtet. Dabei muss sie aber auch kleinlaut zugeben, dass sie sich die eine oder andere Beanstandung hat anhören müssen. Klar, dass sie damit nochmals Birgits volle Aufmerksamkeit erreicht und diese sich jetzt erst recht nochmals heftig darüber ärgert, nicht im Laden gewesen zu sein. Doch es hilft nichts, geschehen ist geschehen, in etwa sechs Wochen wissen wir mehr, so lange soll es dauern, bis die Auszeichnung ausgestellt und zugeschickt wird.

Den langen, wunderschönen Tag im Park beenden wir mit einem letzten Spaziergang entlang der Fifth Avenue und wir versuchen hier ein Taxi zu bekommen. Nachdem wir vergeblich eine halbe Stunde lang jedem gelben Auto nachgewunken haben, stoppt endlich ein Taxi, das uns einlädt mitzufahren. Dankbar steigen wir hinten ein, begrüssen den Fahrer und nennen ihm unser Ziel. Exakt in dem Moment, wo wir die Türe schliessen und der Fahrer bereit zum Abfahren ist, springt ein vor Wut schäumender Mann erst vor das Taxi und reisst dann die Seitentüre auf, packt mich kräftig am Arm und zerrt mich laut brüllend aus dem Auto. Ich weiss gerade gar nicht, wie mir geschieht, und stehe wie verdutzt auf der Strasse, als Birgit panisch das Taxi verlässt und mir zu Hilfe kommen will. Doch bevor wir überhaupt realisieren, um was es hier geht, sitzt der Typ bereits hinten im Taxi und beschimpft den Fahrer lautstark. Der indienstämmige Mann besteht darauf, dass das nun sein Taxi sei und dass er die dauerhafte Diskriminierung aufgrund seiner Herkunft nicht mehr akzeptieren werde. Natürlich halten wir uns zurück und lassen den bemitleidenswerten Mann, der ja auch zu allem Möglichen hätte bereit sein können, im Taxi davonfahren.

Dieses Erlebnis reicht uns für heute definitiv und deshalb entschliessen wir uns jetzt nach Hause zu laufen. Auf dem Heimweg durch die Strassenschluchten New York Citys entdecken wir ein absolut nicht alltägliches Lebensmittelgeschäft. Der in einer Seitenstrasse Manhattans verborgene, spartanisch errichtete Supermarkt für Frischwaren erfreut sich trotz primitivster Barackenbauweise eines regen Besucherandrangs und weckt damit unsere Neugier. Gerade wegen der heutigen strengen Hygieneprüfung in unserem Laden wundern wir uns umso mehr über den heruntergekommenen Laden. Beim Betreten der beiden aneinandergebauten Baracken verlässt man die gewohnte Zivilisation und findet sich in der einfachsten Welt des fernen Südamerikas wieder. In diesem exotisch anmutenden Dauerprovisorium eines Supermarkts wird Improvisation grossgeschrieben. Schmucklos werden allerlei Waren für den täglichen Gebrauch, aber auch frische Eier, Gemüse, Salate entweder auf rostigen Gestellen oder gleich auf dem Boden angeboten. Auf einen sauberen Bodenbelag über dem Strassenboden wird gar gänzlich verzichtet, weshalb auch, es ist ja schliesslich frisch geteert. Nichtsdestotrotz bekommen wir hier den frischesten Salat von ganz Manhattan und nett sind die südamerikanischen Betreiber dazu auch noch. Bei der Fleischabteilung in der angrenzenden, ebenso auf frisch geteertem Strassenbelag gebauten Baracke stösst unsere Begeisterung dann allerdings an unüberwindliche Grenzen. Nach einem A, B oder C suchen wir hier übrigens vergebens, diese strengen Vorschriften gelten seltsamerweise nur für Restaurants, nicht aber für Lebensmittelgeschäfte.

Noch am selben Abend geniessen wir hoch über den Dächern Manhattans die Ruhe auf unserem kleinen Balkon im 52. Stock der Silver Towers. Ein feines, durch Birgit zubereitetes Nachtessen, kombiniert mit einem fantastischen Sonnenuntergang, lässt uns wieder in den Glücksmodus fahren. Wie gewöhnlich nach dem Essen wollen wir auch heute mit Rocky noch einen kurzen Spaziergang den Hudson River entlang unternehmen. Beim Verlassen des Hauses hindert mich allerdings ein mich anblitzendes Schmuckstück am Weiterlaufen. Dass es sich dabei um einen funkelnden Diamanten handelt, ist mir sofort klar, und weil ich gerade mit Rocky beschäftigt bin, bitte ich Birgit den Schmuck aufzuheben. Sie aber scheint das für billigen Modeschmuck zu halten und zögert. *«Der ist echt!!»*, rufe ich und bücke mich selbst nach dem edlen Stück. Bei genauerem Hinsehen wird zweifelsohne klar, dass es sich dabei um einen echten, mindestens dreikarätigen Brillanten im Wert von wenigstens einhunderttausend US-Dollar handeln muss. Zur genaueren Begutachtung des wertvollen Fundstücks kommen wir allerdings nicht mehr. Ein ganz in schwarz gekleideter Mann rennt aufgeregt auf uns zu, gibt sich als Security-Mitarbeiter zu erkennen, hält uns eine mit Schmuck und diversen Rolex-Uhren gefüllte Tüte hin und bittet uns den Ring dazuzulegen. Gerne folgen wir seiner Aufforderung und erfahren, dass gerade ein heftiger Ehestreit stattfindet, bei dem die Ehefrau den gesamten Schmuck aus dem Fenster wirft. Verrücktes New York City.

Dass in New York City nicht wenige Leute eine Macke haben und sich auch mal entsprechend danebenbenehmen, das haben wir seit Ankunft in der Stadt schon des Öfteren erlebt. Auch dass die New Yorker gerne etwas grossspurig daherkommen und für ihr schroffes und rücksichtsloses Verhalten bekannt sind, wurde uns schon mehrfach bestätigt. Dass hier aber auch die Hunde eine Macke haben, das wird uns am kommenden Tag zum ersten Mal bewusst. Aus reiner Neugierde wollen wir den hauseigenen, wegen seiner Bauweise aus Beton und Kunstrasen aber nicht unbedingt einladenden Hundepark besuchen. Eine äusserst verhängnisvolle Idee, wie sich gleich herausstellen wird. Ich trage meinen geliebten, kleinen Rocky auf dem Arm und öffne das Tor, um einzutreten. In diesem Moment rennt ein kleiner, schwarzer, bösartiger Terrier herbei, macht einen Satz und greift zähnefletschend meinen Rocky an. Dabei verbeisst sich der Köter im Hinterbein meines Hundes und lässt den kleinen Rocky vor Schmerzen fürchterlich aufschreien. Ich bin total fassungslos und weiss mir in diesem Moment gerade nicht anders zu helfen, als mit dem kleinen Regenschirm in meiner Hand auf den beissenden Hund einzuschlagen, bis dieser endlich loslässt. Während Rocky vor lauter Schmerzen weiter am Schreien ist und aufgrund seiner Verletzung auch stark blutet, kommt der gestörte Hundebesitzer auf mich zu, beschimpft mich bösartig und beschuldigt mich, seinen Hund geschlagen zu haben. Birgit und ich verstehen die Welt nicht mehr, lassen den Psycho schimpfen und begeben uns direkt zu einem Tierarzt. Dieser behandelt die tiefe Bisswunde sofort und beruhigt uns mit der guten Nachricht, dass Rocky schon bald wieder ganz gesund sein werde. Geschockt von diesem krassen Vorfall reicht's uns jetzt allerdings endgültig. Wir brauchen dringend Abstand von New York City und seinen Verrückten. Noch am selben Abend buche ich den nächsten Flug in die Schweiz.

HAPPY
MILLIONÄR

Alles piekfein mit Laura

Kurioser Supermarkt in Manhattan mit echtem Teerbelag

Kapitel 32

Flucht aus New York City

Mitte **August 2011** landen wir bei traumhaftem Sommerwetter auf dem Flughafen Kloten, ganz in der Nähe meiner eigentlichen Heimatstadt Zürich. Je mehr wir an New York City zweifeln, desto mehr bestätigt sich unser Entschluss, die Schweiz niemals als sicheren Heimathafen aufzugeben. Endlich finden wir Zeit, unsere neue Wohnung am Vierwaldstättersee ein wenig zu geniessen. Für einmal ist es nicht das sonnige Miami Beach, sondern das heimische Luzern am Vierwald-stättersee, das uns wieder glücklich werden lässt. Im Gegensatz zum hektischen New York City lässt es sich hier unter normalen Menschen bei normalem Wetter in einem normalen Land ganz normal leben. Ironischerweise sind es heute genau die Schweizer Tugenden, welche uns damals zum Auswandern bewogen, die uns nun so vertraut vorkommen. Vielleicht gerade wegen meiner international gesam-melten Lebenserfahrung fällt es mir heute viel leichter, über gewisse typische Ei-genschaften eines richtigen Schweizer Bünzlis, zu Deutsch Spiessers, toleranter hinwegzusehen. Denn die Erfahrungen im Ausland haben mich gelehrt, dass ich mich tatsächlich nirgendwo sonst sicherer und geborgener fühle als in der Heimat. Zu verdanken ist dies wohl nicht zuletzt dem starken Zusammenhalt der sturen Schweizer Eidgenossen, die das kleine Land zu dem gemacht haben, was es ist, dem sichersten Land der Welt. Und letztendlich bleibt Heimat eben Heimat!

Zu meinem grossen Erstaunen wird meine These nur wenige Tage nach unserer Heimkehr auf eindrücklichste Art und Weise durch unglaubliche Nachrichten aus New York City geradezu untermalt. Als wären die Jahrhunderthitze, die US-Haus-haltskrise und schliesslich die Auferstehung der Weltfinanzkrise nicht genug, wird New York City jetzt auch noch nacheinander von schweren Naturkatastrophen ge-troffen. Nur wenige Tage nachdem NYC vom schwersten Erdbeben der Ostküste aller Zeiten heimgesucht worden ist, trifft auch noch einer der schlimmsten

Hurrikane die Metropole und sorgt für die erste Evakuierungsanordnung in der Geschichte New York Citys.

Die Schlagzeilen aus der momentanen Wahlheimat überschlagen sich und sorgen für zusätzliche Bedenken hinsichtlich des eh schon zweifelhaften Erfolgs unserer Auswanderung in die USA. Und als uns Laura auch noch von chaotischen Zuständen in der Stadt berichtet und wir erfahren, dass sie den Laden deswegen für mehrere Tage schliessen muss, schürt das nur noch zusätzlich unseren derzeitigen Groll gegen die Stadt.

Nachfolgend eine Auflistung der wichtigsten Schlagzeilen:

«Schwerstes Erdbeben an der US-Ostküste seit 1897»

*Am **23. August 2011** ereignete sich das **schwerste Erdbeben an der US-Ostküste seit 1897**, welches in New York City mit der Stärke 5.8 deutlich zu spüren war.*

«Schreckenssekunden in New York City»

***23. August 2011** – So ein starkes Erdbeben hat es an der amerikanischen Ostküste noch nie gegeben: Eine halbe Minute lang wackelte von Washington bis New York der Boden. Der Schaden hält sich in Grenzen – doch der Schreck sitzt bei vielen Menschen tief.*

Und als wäre dies nicht genug des Schreckens, folgt nur wenige Tage später diese nicht weniger unglaubliche Schlagzeile:

«Hurrikan-Warnung für New York City»

*Am **28. August 2011** ist Hurrikan Irene von Süden kommend in der Nacht über New York City hereingebrochen. Begleitet wurde der Sturm von Gewitter und Regen. Rund 370'000 Menschen mussten die Häuser verlassen. Der öffentliche Nahverkehr lag komplett lahm, die Flughäfen und U-Bahnen der Stadt blieben geschlossen. New Yorks Bürgermeister Michael Bloomberg forderte die Bürger auf, in ihren Häusern zu bleiben: „Es ist dunkel und windig, es regnet und keine U-Bahn und kein Bus fährt. Bleiben Sie drinnen, draußen fliegt zu viel herum."*

«Erste Evakuierungsanordnung in der Geschichte New Yorks»

*New York City hat am **28. August 2011** mehr als 370.000 Bewohner niedrig gelegener Gebiete aufgefordert, sich in Sicherheit zu bringen. **Es war die erste Evakuierungsanordnung in der Geschichte New Yorks.** In der Metropole leben 8,3 Millionen Menschen, im Großraum New York fast 29 Millionen. Behördenvertreter befürchteten, dass die Fenster von Wolkenkratzern im Sturm bersten könnten.*

Die Lust, schnell nach New York City zurückzukehren, ist uns vergangen, wir sind reif für Sonne, Strand und Urlaubsgefühle. Gemeinsam mit Rocky besteigen wir das Auto, fahren von Luzern aus durch den Gotthardtunnel in Richtung Bella Italia und folgen der Autobahn, bis wir uns am Mittelmeer angekommen für eine Seite entscheiden müssen. Links geht's über Genua nach Portofino, weiter bis nach Rom und Neapel bis zum Stiefelende. Rechts führt die Strasse nach San Remo, über die Grenze nach Frankreich, alles die traumhafte Côte d'Azur entlang bis Nizza, Cannes und schliesslich bis nach Saint-Tropez, unserem absoluten Lieblingsort. Damit stellt sich uns nicht wirklich die Frage, welche Richtung wir einschlagen.

Wann immer wir in Saint-Tropez sind, steigen wir im luxuriösen RELAIS & CHATEAU Hotel LA PINÈDE ab. Hier finden wir alle drei die nötige Entspannung beim Sonnen und Baden am Privatstrand des romantischen Hotels. Abends geniessen wir mit Rocky den zehnminütigen Spaziergang in das vor lauter Lebensfreude pulsierende ehemalige Fischerdorf, das für uns zu den absolut schönsten Orten der Welt gehört. Im mondänen Hafen schlendern wir die Yachten entlang und beobachten gerne das bunte Treiben der sich hier aufhaltenden illustren Gesellschaft. Zum Abschluss geniessen wir ein Dinner auf der Terrasse unseres Lieblingsrestaurants, des LE GIRELIER, mit direkter Sicht auf den Hafen. Dies wäre jetzt der ideale Moment, um die Zeit anzuhalten.

Stattdessen aber holt uns die Realität schon bald wieder ein und bereits einige Tage später befinden wir uns abermals in der Businessklasse der SWISS auf unserem Flug nach New York City. Mit gemischten Gefühlen kehren wir in die Stadt zurück, die für uns immer suspekter wird. Nach unserer Ankunft beim John F.

Kennedy Airport lassen wir uns durch Elvin in seinem Cadillac als Erstes nach Hause chauffieren. Gegen den frühen Abend spazieren wir dann gemütlich durch das inzwischen nicht mehr ganz so heisse Manhattan zu unserem Laden. Der herzliche Empfang unserer Mitarbeiter ist allerliebst und auch sonst macht SWISSMAKER TIMES SQUARE einen tadellos einladenden und super gepflegten Eindruck. Der Umstand, dass es gerade so gut läuft, dass wir beide mit anpacken müssen, um den Andrang bewältigen zu können, steigert unsere gute Laune. Nachdem wir gemeinsam mit unserem Team einen erfolgreichen Geschäftstag zu Ende gebracht haben, hat Laura plötzlich noch eine grosse Überraschung parat. Ganz stolz stellt sie sich vor uns und präsentiert das begehrte A, die Auszeichnung, die SWISSMAKER TIMES SQUARE nun endgültig zum Glänzen bringen soll. Damit geht ein wunderbarer, von Erfolg gekrönter Abend zu Ende und lässt uns für einen Moment alle Sorgen vergessen.

Die frisch gewonnene Motivation bringt uns nicht nur den Glauben an unseren Erfolg zurück, sondern sorgt auch gleich für neue Power, die wir jetzt gemeinsam mit unserem tollen Team in die Zukunft von SWISSMAKER stecken wollen. In der Tat scheint sich unser Einsatz langsam auszuzahlen und sich in Richtung Erfolg zu bewegen. Der Beginn des Septembers macht schon mal grosse Lust auf den kühleren Herbst und weckt damit die Hoffnung auf Umsätze auf Miami-Level. Zudem soll in Kürze die sehr vielversprechende Zusammenarbeit mit SYSCO beginnen. Wenn jetzt alles klappt, dann steht einem grandiosen Erfolg von SWISSMAKER in den USA nichts mehr im Weg.

Wer's glaubt, wird selig, oder träum mal weiter, wäre in diesem Fall wohl die richtige Antwort. Wahrhaftig drohen unsere so schön ausgemalten Träume von Glück und Erfolg nämlich gerade wie eine Bombe zu zerplatzen. Was ironisch klingen mag, entspricht aber tatsächlich der gerade stattfindenden Wahrheit. Bürgermeister Bloomberg höchstpersönlich ist am heutigen Freitagabend im TV zu sehen, und was er zu sagen hat, klingt schlichtweg unglaublich. Tatsächlich fordert er die New Yorker auf, sich vor einem möglichen Terroranschlag am kommenden **Sonntag, 11. September 2011** in Acht zu nehmen. Die Schreckensnachricht für den hier als 9/11 bekannten Tag, der sich an diesem 11. September 2011 zum zehnten

Mal jährt, verbreitet sich innert Kürze wie ein Lauffeuer und sorgt für Angst und Schrecken in der Stadt.

Hier eine kleine Auswahl der Schlagzeilen vom **9. September 2011**:

«Terrorwarnung in den USA»

*Kurz vor dem Jahrestag der Anschläge vom 11. September gehen US-Ermittler Hinweisen auf geplante Attentate nach. Die Bedrohung sei glaubwürdig, aber noch nicht bestätigt. Die Sicherheitsmaßnahmen werden verstärkt. Vor zehn Jahren brachten islamistische Terroristen die Zwillingstürme des World Trade Centers in New York zum Einsturz. Zwei Tage vor dem Jahrestag vom 11. September haben die US-Behörden vor möglichen Terrorangriffen gewarnt. „Es gibt glaubhafte Informationen, dass Terroristen einen Plan ausgeheckt haben", sagte New Yorks Bürgermeister Michael Bloomberg in der Nacht zum Freitag (09.09.2011). Allerdings seien die Hinweise bislang noch nicht untermauert. **Laut Medienberichten könnten Attentäter versuchen, in New York oder Washington mit Sprengstoff beladene Fahrzeuge explodieren zu lassen. Das Weiße Haus erklärte, die USA seien mit Blick auf den Jahrestag „wachsam wie immer".***

«New Yorks Bürgermeister Bloomberg: Es gibt eine glaubwürdige Bedrohung»

Die Zahl der Sicherheitskräfte in New York ist laut Bloomberg aufgestockt worden. Der Bürgermeister appellierte an die Bürger, trotz der Terrorwarnung ihren Alltag wie gewohnt fortzusetzen. Gleichzeitig sollten sie aber auf mögliche Verdachtsmomente achten.

Wie bitte? Terroranschlag? **«Wo zur Hölle sind wir hier gelandet und was zum Teufel tun wir überhaupt hier in dieser verfluchten Stadt?»** Geht's noch? Diese Schocknachricht löst bei uns gerade eine Schwankung zwischen Ungläubigkeit und Angst um unser Leben aus. Wir entscheiden uns für das Zweite und machen uns daran, unsere sieben Sachen zu packen. Gerade deshalb, weil der Terroranschlag damals auf das Empire State Building verübt wurde, fühlen wir uns hier im 50. Stock der SILVER TOWERS besonders gefährdet. Auf die Pünktlichkeit der Terroristen wollen wir uns schon gar nicht verlassen und planen unsere sofortige Flucht für den folgenden Morgen.

Am **Samstagmorgen, 10. November 2011** beginnt unsere Flucht aus New York City und endet nur Augenblicke später in einem Superstau. Es ist genauso wie in einer Apokalypse eines Hollywood-Katastrophenfilms, einfach nur mit dem kleinen, aber bedeutenden Unterschied, dass dies hier beängstigend echt ist und wir uns soeben mittendrin befinden. Abertausende New Yorker versuchen gerade in Panik die Stadt zu verlassen, die theoretisch jeden Moment in die Luft fliegen könnte. Das sorgt für einen Verkehrskollaps sondergleichen und lässt ein Entkommen aus dieser Hölle als beinahe unmöglich erscheinen. Während wir eh schon ängstlich in der komplett zum Stillstand gekommenen Schlange zum Lincoln Tunnel stehen, machen wir uns Gedanken über die möglichen Fluchtwege aus der Stadt und bekommen es jetzt erst recht mit der Angst zu tun. Fakt ist nämlich, dass der Lincoln Tunnel genauso wie der Holland Tunnel aus den Zwanzigerjahren stammt und auch beide einen entsprechend verlotterten Eindruck machen. Beide Tunnels führen 2.50 Kilometer lang unter dem Hudson River hindurch und gehören zudem mit jeweils täglich um die 100'000 Kraftfahrzeugen auch zu den meistbefahrenen Tunnels der Welt. Der Gedanke, für Stunden in einem dieser Tunnels eingeschlossen zu sein, bereitet uns gerade so viel Furcht, dass ich das Auto wende und mich in den Stau des Gegenverkehrs einfüge. Dies allerdings mit dem Resultat, dass wir uns so definitiv von den 2 der insgesamt nur 3 Fluchtmöglichkeiten entfernen. Die 3. und letzte Möglichkeit, von der Insel Manhattan wegzukommen, bietet nämlich nur noch die George-Washington-Brücke. Um dahinzukommen, müssen wir uns nun in den sich nur sehr zäh bewegenden Stau einfügen und dem Henry Hudson Parkway Highway für 10 Kilometer in nördlicher Richtung folgen. Die uns jetzt erwartenden Stunden im Stau geben uns genügend Zeit zum Nachdenken, was dazu führt, uns der verheerenden Situation der Insel Manhattan bewusst zu werden. Unwiderlegbar entwickelt sich New York City bei Gefahr nämlich blitzartig in ein festungsähnliches Gefängnis, von dem es im Notfall kaum noch ein Entrinnen gibt.

Ganze sieben Stunden soll die 10 Kilometer lange Flucht quer über die Insel Manhattan letztendlich dauern. Erleichtert überqueren wir am späten Nachmittag des **Samstag, 10. November 2011** die George-Washington-Brücke über den Hudson River in Richtung rettendes Festland. Das um die 200 Kilometer entfernte und uns ja bereits bestens bekannte Spielerparadies Atlantic City erscheint uns als der perfekte Fluchtpunkt in sicherer Entfernung. Müde von diesem 10-stündigen Horrortag quartieren wir uns im CEASARS PALACE ein und gönnen uns erstmal ein saftiges Steak im hervorragenden Steakhouse THE PALM. Die Terrorwarnung und der Ablauf des heutigen Tages geben uns mehr zu denken als alles, was wir bisher schon in unserem spannenden Leben erlebt haben. Obwohl wir total kaputt sind, wollen wir nicht ans Schlafen denken und schlendern lieber fast teilnahmslos und unberührt vom Geschehen durch die Casinos.

Die im Casino gängige Aussage «neuer Tag, neues Glück» erscheint mir unter den gegebenen Umständen wie ein Hohn. Die neuesten Ereignisse haben dazu geführt, dass ich letzte Nacht einen für unser künftiges Leben entscheidenden Entschluss gefasst habe. Diesen will ich nun am reich gedeckten Frühstückstisch des CEASARS PALACE meiner geliebten Frau mitteilen. Ich nehme Birgits zarte Hände in die meinen, sehe ihr liebevoll in ihre wunderschönen, blauen Augen und beginne zu erzählen: *«Mein lieber Schatz, zum ersten Mal seit unserem Zusammensein sehe ich das Glück unseres wunderbaren Lebens in ernsthafter Gefahr. Schuld daran hat zweifelsohne das verfluchte New York City. Von Anfang an hat uns die Stadt nicht gerade freundlich willkommen geheissen. Auf einen eisigen Empfang mit heftigem Schneesturm folgte eine noch nie dagewesene Gluthitze mit den heissesten je gemessenen Temperaturen überhaupt. Dann drohte der USA gar der Bankrott und dies löste in New York City die schon beinahe vergessene Weltfinanzkrise aus. Als wäre das nicht genug, ereignete sich kurz darauf das stärkste Erdbeben an der Ostküste seit über einhundert Jahren und nur wenige Tage später fegte dann auch noch ein Hurrikan über die Stadt, der die ersten Evakuierungsmassnahmen für New York City seit Menschengedenken auslöste. Nicht zu vergessen die zahlreichen eigenen, teilweise schockierenden Erlebnisse in der Stadt und zu guter Letzt nun auch noch diese Terrorwarnung, bei der sich Manhattan plötzlich in eine gefährliche Gefängnisinsel verwandelt hat. Ich frage mich, was als Nächstes passiert und ob wir dann auch noch nur mit einem Schrecken davonkommen werden. Ich denke, es ist an der Zeit, den Tatsachen ins Auge zu blicken. Wir dürfen uns nicht einer Illusion hingeben, die droht unseren Glücksstern zu vernichten. Noch haben wir uns und noch sind wir glücklich, doch wie lange können wir diesem permanent negativen Druck noch standhalten? Auch wenn wir beide nicht gerade zimperlich sind, denke ich, es reicht jetzt.»* Birgit sitzt da, ganz ruhig wie ein braves Mädchen, schaut mich verliebt wie immer an und lauscht aufmerksam, was ich zu sagen habe. Ich gebe ihr einen Kuss und fahre fort: *«Es ist höchste Zeit, die Notbremse zu ziehen und das Fiasko in dieser Stadt endgültig zu beenden. Wieder einmal müssen wir bereit sein loszulassen. Dieses Mal allerdings geht es darum, unseren Glücksstern quasi noch in letzter Minute vor dem endgültigen Absturz zu retten. Darum sieht mein Plan auch keine Barmherzigkeit vor. Das Glück wird das Einzige sein, was uns am Ende noch bleibt, den ganzen Rest unseres US-Geschäfts schreiben wir einfach knallhart ab. Lass uns morgen zurückfahren und SWISSMAKER TIMES SQUARE ohne Rücksicht auf Verluste liquidieren. Was denkst du, mein Liebling?»* Birgit lächelt traurig, gibt mir einen Kuss und meint: *«Okay, mein Schatz. Lass es uns genauso tun, je schneller wir von hier verschwinden, desto besser.»* Sie hätte auch nichts zu sagen brauchen und ich hätte ganz genau gewusst, was sie will.

Zurück in der Metropole verlieren wir absolut keine Zeit und machen uns sofort an die Umsetzung des Plans. Die schwerste Zeit unseres Lebens bewältigen wir in einer 100-Stunden-Woche und erleben dies so, als befänden wir uns gerade in einer surrealen Welt, so ziemlich neben der Spur unseres normalen Lebens. Dabei funktionieren wir beide perfekt wie ein Schweizer Uhrwerk und schaffen in Wochenfrist das, wofür andere vielleicht Monate gebraucht hätten. Während wir SWISSMAKER TIMES SQUARE fein säuberlich auflösen, finden wir nebenher noch genügend Zeit, um uns von allen unseren Geschäftspartnern anständig und würdevoll zu verabschieden. Am Ende fühlen wir uns zwar ausgelaugt und aufgebraucht, doch wir brauchen nicht auf einen Scherbenhaufen zurückzublicken und können jetzt New York City erhobenen Hauptes verlassen.

Ein letztes Mal stehen wir in unserem einst so geliebten SWISSMAKER TIMES SQUARE und verabschieden uns mit Tränen in den Augen von der treuen Laura und ihrem Team. Auch wenn es noch so weh tut, sind wir uns bewusst, dass wir soeben das einzig Mögliche tun, um wieder zu unserem alten, glücklichen Leben zurückzufinden. Mit dem Abheben des SWISS-Fluges LX 17 vom New Yorker JFK Airport in Richtung Zürich wird es am Abend des **19. September 2011** Zeit für den finalen Abschied. Goodbye New York City, goodbye Amerika.

New York City werden wir als eine Lektion der hohen Schule des Lebens wohl für immer in Erinnerung behalten. Und die Kostbarkeit unserer Business-Erfahrung in Amerika insgesamt betrachte ich als eine unbezahlbare Lektion von unschätzbarem Wert. In Zahlen gesprochen sind es zwar mehrere Millionen US-Dollar, die wir während der letzten viereinhalb Jahre in den Sand Floridas und in die Anonymität New York Citys gesetzt haben. Die Besonderheit dabei ist aber sicher die, dass wir unser Geld nicht einfach so verspekuliert haben, sondern dass wir tatsächlich noch nie so viel arbeiten mussten wie in Amerika. Das relativiert den hohen Verlust zwar keineswegs, hinterlässt uns aber die Gewissheit, die gebotene Möglichkeit, Weisheiten zu erlangen, vollends ausgeschöpft zu haben.

In diesem Sinne machen wir hier und jetzt einen Schlussstrich unter New York City und unser gesamtes amerikanisches Business. Mit dem Mut, selbst einzusehen, grosse Fehler gemacht zu haben, wollen wir nun in die neue, alte Zukunft schauen. So weit waren wir zwar auch schon mal, aber dieses Mal erstreben wir allen Verlockungen zum Trotz wieder ein ganz normales Geschäftsleben in der Schweiz. Allerdings mit dem kleinen, aber feinen Unterschied, dass sich unsere Sichtweise auf das Leben nochmals deutlich vercoolisiert hat.

HAPPY
MILLIONÄR

SANITARY INSPECTION GRADE

Card Number __FA0022566__

Establishment Name __SWISSMAKER LLC.__

Date Issued __10/5/11__

Health

For additional information
or a copy of an inspection
report, call **311** or visit
nyc.gov/health

New York Citys Bestnote A für SWISSMAKER Times Square

Kapitel 33

Die hohe Schule des Lebens

Die neu gewonnene Coolheit liegt aber auch an der eigenen Entdeckung des goldenen Fadens, der sich prägnant durch unser Leben zieht und der mir schliesslich die Inspiration zum wahren Glück gebracht hat. Um zu dieser Erkenntnis zu gelangen, mussten wir allerdings erst 20 aufregende Jahre erleben, in denen wir unermüdlich dem Glück nachgejagt sind. Heute weiss ich, dass es meist die einfachen Dinge wie schönes Wetter, nette Leute und gutes Essen sind, die uns am Ende des Tages glücklich werden lassen. Klar, das gewohnte Leben auf der Yacht darf nicht fehlen und Reisen mit einem schönen Auto machen mir nach wie vor sehr grossen Spass, aber im Grossen und Ganzen brauchen wir bedeutend weniger als gedacht, um glücklich zu sein. Zusammenfassend wollen wir künftig unserem persönlichen Glück weit mehr Beachtung schenken als zuvor und dabei die Vermehrung unseres Vermögens eher als zweitrangig betrachten.

Genau diese Einsicht ist es, die den neuerlichen Einstieg in unseren alten Job hinter der Theke unseres rosa SCHLOSS SCHLARAFFENLAND zum reinen Vergnügen werden lässt. Mit Leidenschaft packen wir an, was wir am besten können und was wir am liebsten tun. Im **Herbst 2011** bekommen wir an der Basler Herbstmesse schon bald wieder die Möglichkeit zu zeigen, was wir noch so draufhaben. Keine Frage, dass ich ein wenig Touch of America in unser Geschäft einbringe und unsere Hausspezialität jetzt ganz unbescheiden als das anbiete, was es ist, DIE WELTBESTEN GEBRANNTE MANDELN®. Die Ironie der Geschichte ist die, dass es einen Umweg über den grossen Teich gebraucht und knapp 5 Jahre gedauert hat, bis ich eingesehen habe, wie und wo ich mich beruflich am wohlsten fühle.

Dadurch, dass wir unseren Arbeitseinsatz auf die grossen Events während der Frühlings- und Herbst-Messesaison beschränken, beträgt unser Arbeitspensum über das Jahr verteilt nicht mehr als 4 Monate. Damit sich das für uns aber auch wirklich lohnt, ist unser voller Einsatz gefragt. Im strengen Herbst sind wir dann während knapp drei Monaten nonstop gefordert. Bei einem durchschnittlichen 12-Stunden-Arbeitstag wissen wir am Ende der Saison dann aber auch ganz genau, was wir geschafft haben, und freuen uns umso mehr auf einen langen, gemütlichen Winter in Florida.

Bevor es allerdings so weit ist, muss ich in diesem Herbst erst noch ein Versprechen einlösen, das ich meiner Frau vor einiger Zeit einmal gegeben habe. Dafür fahren wir direkt nach Beendigung der Basler Herbstmesse ins 615 Kilometer entfernte Paris. Dort wartet nämlich ein kleines, süsses Hündchen auf uns. An derselben Adresse, wo wir schon damals unseren Rocky abholten, empfängt uns die Familie Chevalier herzlich und präsentiert uns stolz das kleine Pinscher-Mädchen. Während wir uns unheimlich über die kleine Pariserin, die wir auf den Namen GiGi taufen, freuen, kann Rocky erst einmal gar nichts mit dem neuesten Familienzuwachs anfangen. Er ist gar so eifersüchtig, dass er das kleine Mädchen partout nicht ins Bett lassen will. Natürlich dauert es aber nicht sehr lange, bis wir alle 4 glücklich im selben Bett schlafen. GiGi Baby macht uns alle glücklich und sorgt dafür, dass der inzwischen schon 11-jährige Rocky einen echten zweiten Frühling erlebt.

Der Rest der Herbst- und Wintersaison geht wie gewohnt zackig vorüber und wie schon so oft sitzen wir am **24. Dezember 2011** im SWISS-Flieger nach Miami. Kaum an Bord der APPLAUS nimmt Rocky die kleine GiGi unter seine Fittiche und zeigt ihr aufgeregt das gesamte Schiff. Die kommenden 3 ½ Monate wird die APPLAUS erneut zu unserem Zuhause und wir erleben hier einmal mehr die schönste Zeit unseres Lebens. Gemeinsam mit unseren beiden Lieblingen Rocky und GiGi spazieren wir täglich zum Ocean Drive, treffen uns mit Freunden und geniessen nun endlich wieder den American Way of Life.

Nachdem **das Jahr 2012** einen sehr guten Anfang genommen hat, fühlt sich der kleine Rocky, der seit Monaten mit seiner Gesundheit zu kämpfen hat, immer schlechter. Keine Frage, dass wir für unseren geliebten Hund den gewohnten Sommerurlaub in Miami Beach abbrechen, nach Hause fliegen und uns voll auf die Pflege unseres Kleinen konzentrieren. Als hätte es sich der Kleine ausgesucht, verlässt uns Rocky exakt an meinem Geburtstag und unserem Hochzeitstag am 6. August 2012 für immer. Das ist der schlimmste Tag meines, unseres Lebens und ich werde niemals über den Verlust meines geliebten, grossartigen Rocky hinwegkommen. Ruhe in Frieden, mein kleiner Lausbub.

HAPPY
MILLIONÄR

In Paris bei den Chevaliers mit Rocky und GiGi Baby

Rocky, der Star, mit Mädchen GiGi

Rocky forever

Kapitel 34

Rezept zum Glück

Die strenge **Herbstsaison 2012** hilft uns ein wenig dabei, auf andere Gedanken zu kommen. Doch der Schmerz über den Verlust unseres über alles geliebten Rocky können wir beide kaum verarbeiten. Rocky war 12 Jahre lang unser uns stets überall hinbegleitender kleiner Lausbub, den wir immer wie unser eigenes Kind geliebt haben. Jetzt ist es vor allem die kleine GiGi, die uns das Lachen wieder langsam zurückbringt. **Das Jahr 2012** ist schon bald vorüber, wir waren fleissig, draussen ist es kalt und damit wird es Zeit für die APPLAUS.

Wieder einmal sitzen wir an einem Weihnachtstag in der Business-Class der SWISS in Richtung Miami. Angekommen an Bord der APPLAUS verspüren wir als Erstes die Leere ohne unseren Rocky und versuchen unsere Trauer mit ausgedehnten gemeinsamen Spaziergängen mit GiGi rund um Miami Beach zu verarbeiten. Es ist eine wahre Freude, der kleinen GiGi beim Aufwachsen an Bord zuzusehen, sie bei ihren ersten Schwimmversuchen zu beobachten und zu erkennen, dass sie jetzt die Chefin auf dem Schiff ist. Gemütlich mit einer Flasche Champagner und einer Dose Kaviar schlittern wir alle drei ganz ohne Knallerei in das **neue Jahr 2013** hinein.

Mit dem Vorsatz «neues Jahr, neues Glück» entscheide ich mich am **1. Januar 2013** nun endlich dazu, meine bereits im Jahr 2009 begonnene Autobiografie endlich zu Ende zu schreiben. Die paar bereits geschriebenen Kapitel verwerfe ich allerdings komplett und starte ganz von neuem mit der Erzählung meiner Lebensgeschichte. Auch der zu Beginn erdachte Titel GEBRANNTE MANDELN IN MIAMI gefällt mir heute nicht mehr, sodass ich jetzt stattdessen DIE BREZELKÖNIG-STORY in mein Mac Book eintippe. Eine herausfordernde Aufgabe, die mich für eine sehr lange Zeit beschäftigen soll.

Abgesehen davon verläuft das **Jahr 2013** nicht sehr spannungsgeladen, sodass es auch gar nicht viel zu erzählen gibt. Wie gewohnt konzentrieren wir uns auf das Messegeschäft und erkennen dabei immer mehr, wie wichtig uns diese schöne Arbeit und der damit verbundene Kontakt zu den Menschen geworden sind. Unsere positive Einstellung zur Arbeit bleibt offensichtlich auch von der Kundschaft nicht unbemerkt, sodass unsere eh schon immer gut laufenden Geschäfte noch besser und besser laufen. Der Verkauf unserer DIE WELTBESTEN GEBRANNTE MANDELN® übertrifft unsere Erwartungen stetig, sodass wir uns entscheiden, einen Onlineshop ins Leben zu rufen. Nicht zuletzt dank dem Einsatz unseres Freundes Mike Shiva, den wir vor einem Jahr an der MUBA 12 kennenlernen durften und der seither bekennender Liebhaber und Fan unserer Produkte ist, ist uns der Erfolg vergönnt. Dank seiner unermüdlichen TV-Werbung für DIE WELTBESTEN GEBRANNTE MANDELN® finden diese jetzt auch abseits der Messen reissenden Absatz.

Die Action in unserem Leben findet allerdings nach wie vor in den USA statt. Hier auf der Yacht in Miami Beach spielt sich das sprudelnde Leben ab, das wir so lieben. Die positive Atmosphäre an Bord nutze ich so häufig wie möglich, um unter der Sonne Floridas an meinem Buch zu schreiben. Nach 1 ½ Jahren harter Arbeit überreicht mir ein befreundeter Drucker am **7. Juni 2014** schon mal ein provisorisch als Buch gebundenes Manuskript mit dem Titel DIE BREZELKÖNIG STORY. Was mit einem leeren weissen Blatt begonnen hat, ist nun greifbar und muss jetzt nur noch, ähnlich wie ein Rohdiamant, geschliffen werden.

Bis zur definitiven Vorstellung meines Buches sollen allerdings weitere 8 Monate vergehen. Diese Zeit brauche ich, um das gesamte Werk nochmals von Grund auf neu zu gestalten, zu verändern, zu korrigieren und die Story so lange zu verbessern, bis ich mit meiner Arbeit auch wirklich zufrieden bin. In der Zeit, in der ich mein Buch wieder und wieder durchlese, fühle ich mich derart in die Materie ein, dass ich mein Leben quasi nochmals von neuem erlebe. Ich staune selbst über mein tolles und aufregendes Leben und das Glück, das mir in all den Jahren widerfahren ist. Vor allem die Liebesgeschichte mit meiner Frau Birgit, die 1991 begonnen hat und 1994 mit der zauberhaften Traumhochzeit ihre Krönung fand, entflammt märchenhafte Erinnerungen. Aber auch die Geschichte vom Verkauf unseres damaligen gemeinsamen Lebenswerks BREZELKÖNIG macht mich nachdenklich. Schliesslich war es ja gerade dieses grossartige Geschäft, das uns die endgültige Unabhängigkeit gebracht hat und unser Leben somit im positiven Sinn nochmals grundlegend veränderte. So gesehen habe ich mir mein eigenes Glück selbst gebacken und das bringt mich jetzt auf die Idee des neuen Buchtitels REZEPT ZUM GLÜCK.

Natürlich will ich mir eine ordentliche Buchpremiere nicht entgehen lassen und präsentiere mein druckfrisches, knapp 500-seitiges Buch in Basel anlässlich der 10-tägigen Schweizer Mustermesse, kurz MUBA, an meinem eigenen Buch-Stand direkt am Haupteingang. Sozusagen als Zückerchen obendrauf stellen mir meine Freunde von der Messeleitung die MUBA-Bühne täglich ab 17 Uhr für eine Stunde zur Verfügung. Präsentatorin Katja begleitet mich professionell durch die Bühnenshow, lässt mich aus meinem Buch vorlesen, interviewt mich und gibt mir die Möglichkeit, mich den Fragen der Zuschauer zu stellen. Zum Abschluss jeder kleinen Show signiere ich stolz meine ersten verkauften Bücher. Ein wunderbarer und gelungener Event, der mich passend zum Buchtitel sehr glücklich sein lässt. Die eigentliche Vernissage findet am Freitagabend des **6. Februar 2015** statt. Praktischerweise empfangen wir unsere Gäste gleich anschliessend an die Vorlesung und direkt neben der Bühne zu einem grosszügigen Apero mit reichlich Champagner und kleinen Brezel-Häppchen. Von den zahlreich angereisten Gästen will jetzt plötzlich jeder ein signiertes Exemplar meiner Autobiografie haben, was mich kurzzeitig ganz schön ins Schwitzen bringt. Nachdem eine gute Stunde später alle mitgebrachten Bücher vergriffen sind, folgt ein toller Abend unter Freunden, den wir später in die hochgelegene Bar des Basler Messeturms verlegen, wo sich die Party bis spät in die Nacht hineinzieht.

Das absolute Highlight meiner Buchpremiere sehe ich allerdings darin, dass keine Geringere als die renommierte NEUE ZÜRCHER ZEITUNG in ihrer heutigen Ausgabe titelt UND WER FROH IST, IST EIN KÖNIG. Weitere Medien ziehen nicht weniger schmeichelhaft nach und sogar in der beliebten Schweizer TV-Sendung TALK TÄGLICH von TELE ZÜRI bekomme ich meinen Auftritt. REZEPT ZUM GLÜCK eröffnet mir neue Wege und eine neue Bühne, auf der ich mich äusserst wohl fühle.

Mein Buch verkauft sich schliesslich so gut, dass ich mich für eine US-Version entscheide. Unter Mithilfe einer namhaften Werbeagentur in Miami erscheint das Buch mit dem Titel SWISS RECIPE TO HAPPINESS noch im vierten Quartal 2015 auf dem amerikanischen Markt. Kurz darauf erlebe ich zum **Jahresbeginn 2016** die Überraschung meines Lebens. Ganz unverhofft wird mein Buch beim grössten amerikanischen Buchhändler BARNES & NOBLE als Bestseller gelistet und plötzlich ist mein Name auf Höhe von Steve Jobs und Donald Trump zu lesen. The American dream comes true!

HAPPY
MILLIONÄR

Neue Zürcher Zeitung

Samstag, 7. Februar 2015 · Nr. 31   Neue Zürcher Zeitung   ZÜRICH UND REGION 19

Und wer froh ist, ist ein König

Ein Treffen mit dem «Brezelkönig»-Gründer Stephan Bosshard 15 Jahre nach dem Verkauf seiner Firma

Stephan Bosshard, Spross einer Marktfahrerfamilie, realisierte so etwas wie den American Dream in der kleinen Schweiz. Dann veräusserte er sein Lebenswerk, um wieder Freiheit zu gewinnen. Nun blickt der Mann, der den «Brezelkönig» gründete, zurück.

Urs Bühler

Das ist die Geschichte eines Mannes, der am Ziel seiner Träume angekommen schien und dann merkte, dass er auf dem Weg dazu seine eigentlichen Ziele aus den Augen verloren hatte. Er liess den umgesetzten Traum los und verkaufte seine Firma, um zurückzugewinnen, was er verloren hatte: die Freiheit. Das Unternehmen ist noch heute bekannt als «Brezelkönig», der Mann heisst Stephan Bosshard. Seine Idee, die vor dreissig Jahren mit einem Brezelstand in Zürichs Innenstadt begonnen hatte, machte ihn zum Multimillionär. Kommt er heute an einem der gegen dreissig Stände in Schweizer Bahnhöfen vorbei, zehn davon allein in der Limmatstadt, schaue er gar nicht mehr hin, sagt er. Der «Brezelkönig» ist für ihn Vergangenheit. «Obwohl die ja noch immer alles nach meinen Rezepten machen», fügt er an und zeigt sein Lachen, das fast die ganze obere Zahnreihe freilegt.

In die Wiege gelegt

Der Sinn für Leckereien war ihm in die Wiege gelegt worden. Sein geliebter Grossvater, der am Knabenschiessen über 40 Jahre lang einen Stand hatte und noch mit 80 Marroni am Bahnhof Uster briet, war ausgebildeter Koch. Ebenso der Vater, zwar mit keinem so begnadeten Verkaufstalent gesegnet wie der Sohn, aber doch mit beträchtlichem Innovationsgeist: Als einer der ersten Marktfahrer setzte er auf attraktive Verkaufswagen und stellte sie an Messen, Chilbenen und vor Kaufhäusern auf, wie in Bosshards soeben im Hamburger Verlag Tredition erschienenen Autobiografie «Rezept zum Glück» zu lesen ist.

Ein druckfrisches Exemplar bringt der mittelbraune 54-Jährige zum Gespräch in Zürich mit. Die rosaroten Schuhsohlen und die geblümten Bordüren des violetten Hemds könnten als dezente Attribute eines Paradiesvogels durchgehen. Vor allem aber präsentiert er sich als selbstbewusste Frohnatur. Sein Buch strotzt vor Superlativen. Wer von diesen abstrahiert, erhält als Destil-

lat die bemerkenswerte Erfolgsstory eines Selfmademans, der nicht nur sein Glück, sondern auch die Instrumente dazu selbst geschmiedet hat. «Ich machte immer alles eigenhändig», sagt er, der einst Automechaniker lernen wollte.

Die Kindheit war geprägt von Anlässen wie dem Albanifest, der Olma, der Wetziker Chilbi oder dem Knabenschiessen. Schon als Bub schaut Bosshard dem Vater über die Schulter, und mit 16 Jahren ist ihm klar: Er ist zum Marktfahrer geboren, denn der Beruf erscheint ihm als Inbegriff aller möglichen Freiheiten. Mit Sekundarschul-

abschluss, aber ohne Berufsausbildung in der Tasche, steigt er beim Vater ein.

Doch da ist noch eine andere Seele in seiner Brust, strebt nach Unabhängigkeit und nach Höherem als dosiertem Müssiggang: Kaum volljährig, will er sich in Pforzheim eine eigene Existenz aufbauen, mit Kupferkessel und Gasbrenner. Er bereitet Rahmtäfeli nach Opas Rezept zu und puckt zu jeder Portion einen «Wandergutschein», der die deutsche Kundschaft zum Gratiswandern in der ganzen Schweiz «berechtigt». Das Geschäft läuft gut an, bis er in naiver Begeisterung für die eigene Idee

die Gründlichkeit deutscher Bewilligungsbehörden unterschätzt. Er kehrt zurück unter die Fittiche des Vaters, arbeitet an dessen Mandelstand vor dem Globus in Zürich, der Stadt, deren Bürger er seit Geburt ist und deren Dialekt bis heute seine Aussprache prägt.

«Habe alles richtig gemacht»

Er will mehr Verantwortung, der Ehrgeiz packt ihn. 1985 eröffnet er mit dem Vater, der Riesenbrezeln in sein Sortiment aufgenommen hat, vor dem Globus einen «Brezeli-Beck»-Stand mit Teiglingen, die im mobilen Backautomaten frisch gebacken werden. Bald arbeitet er 100 Stunden die Woche, bietet die Brezeln gefüllt, in fünfzig Variationen an, es kommt ein Standort in Basel hinzu, eine rosarote Kutsche als Verkaufswagen. Und der Name «Brezelkönig» fällt ihm ein: Gegen Ende der 1980er Jahre entstehen erste Filialen, 1993 eröffnet er und seine Gattin Birgit einen Ableger an der Zürcher Bahnhofstrasse. Drei Jahre später richtet er, um von Lieferanten unabhängig zu werden, in Emmenbrücke eine Produktion mit Brezel-Roboter ein, der die Teiglinge schlingt.

Um die Jahrtausendwende ist «Brezelkönig» in diversen Deutschschweizer Städten vertreten. Grössere Firmen melden Interesse an einer Kooperation an, auch die Bäckerkette Ditsch, die in Deutschland ein vergleichbares Modell verfolgt, aber beim Schweizer Pendant mit dem Antrag auf Zusammenarbeit wie alle anderen auf Granit beisst. Dann aber bietet Bosshard, wie er erzählt, Peter Ditsch nicht im Scherz die Firma zum Kauf an. Und siehe: Im Jahr 2000 wechselt die Marke samt Ständen und Produktion den Besitzer. Bosshard wird auf einen Schlag sehr liquiditätsstark. «Wir haben viel Geld erhalten und viel nach dem Kaufpreis ab (in der Presse kursiert die Zahl von einem zweistelligen Millionenbetrag). Als Erstes investiert er in einen Lamborghini, dann er beim Käufer seiner Firma vorfährt.

«Ich habe alles richtig gemacht», sagt Bosshard und strahlt dabei so sehr, dass man nicht daran zweifeln mag. Auf dem Weg zum erfolgreichen Geschäftsmann war er nach eigenem Bekunden eines Grossteils seiner früheren Vorsätze verlustig gegangen. Mit dem Verkauf habe er an die Unbeschwertheit seiner jungen Jahre anknüpfen wollen, von der die ersten Kapitel des Buchs extensiv Zeugnis ablegen. Diese Passagen sind geprägt von Wendungen wie «die wasserstoffblonde Versuchung namens Käthy»

oder der Schilderung von 400-PS-Bohlden, die er sich früh leistete. Heute sind ihm Statussymbole weniger wichtig als in den Jahren, in denen er sich nach einem Erfolgsschritt gerne ein schnelles Auto oder eine schwere Uhr kaufte.

Dass Peter Ditsch inzwischen die Kette selbst wieder verkauft hat und für 2012 vom Kioskkonzern Valora über 300 Millionen Franken gelöst hat, scheint Bosshard nicht zu ärgern: «Ich freue mich für ihn, er ist ein Freund», sagt er. Viel mehr frustriert haben ihn die Detail-Kopien, die schon früh seine Ideen bis ins Detail kopiert hatten. Wenn man Nachahmer habe, fügt er allerdings an, heisse das auch, dass man auf dem richtigen Weg sei. Die Zeiten sind vorbei, den Stress braucht er definitiv nicht mehr: «Ich schlafe lieber aus.»

Zur zweiten Heimat, die jahrelang Mallorca gewesen war, ist ihm Florida geworden im Land des American Dream, der ihn stets fasziniert hat. Die Hälfte des Jahres verbringen er und seine Frau aber in der Schweiz, dort steht er, etwa am nächsten «Züri-Fäscht», weiterhin gern hinter der Theke seiner Marktstände. Einer hat die Form eines rosaroten Schlosses, ein anderer ist als rosafarbene Kutsche gestaltet, und sein Stolz sind die gross gebrannten Mandeln. Wie beim Nidelzältli legt er Wert auf die Feststellung, dass ein Originalrezept des Opas zugrunde liege. Und er vertreibt sie, wohl zum Verdruss mancher Konkurrenten, unter dem geschützten Markennamen «Die Weltbesten», dessen Legitimation er mit stupendem Selbstverständlichkeit verteidigt. Vielleicht ist dieses Selbstvertrauen, unschweizerisch offen an den Tag gelegt, das Erfolgsrezept dieses Mannes, nebst Qualitäten wie Kreativität und Flexibilität. Vor allem aber verstand er es loszulassen.

Buchpremiere auf der Muba

An der Basler Muba verkauft Stephan Bosshard zurzeit also nicht nur seine Krachmandeln wie alle Jahre, sondern auch sein Buch – kein literarischer Wurf zwar, aber das reich bebilderte Zeugnis eines ereignisreichen Lebens. Und frei nach dem Volksmund, gemäss dem als König gilt, wer froh ist, lautet ein Reich. Die Frage, was ihn antreibe, zeitigt dieselbe Antwort wie die nach seinem grössten Glück: «Die Liebe zu meiner Frau.» Die Frage nach einem Ziel aber, das er noch erreichen wolle, führt zur zweiten grossen Liebe seines Lebens: lachten. Mit seinem Boot will er in Amerika den fast 5000 Kilometer langen Intracoastal Waterway befahren.

«Brezelkönig»-Gründer Stephan Bosshard bei seinem Besuch in Zürich.

NEUE ZÜRCHER ZEITUNG anlässlich der Buchpremiere REZEPT ZUM GLÜCK

Alle Berichte sind nachzulesen unter: www.happy-millionaer.com > Rezept zum Glück

Buchpräsentation an der MUBA Basel 2015   Mit Markus Gilli in der Sendung TALK TÄGLICH von TELE ZÜRI

Der «König» gibt sein Erfolgsgeheimnis preis

Das Zitat

« Um glücklich zu sein, brauche ich meine Frau, viel Zeit auf meinem Schiff und gelegentlich die Arbeit am Stand auf den Messen und Märkten. **»**

Stephan Bosshard (54), Gründer der Firma Brezelkönig **13**

HORW «Brezelkönig»-Erfinder Stephan Bosshard (54) hat eine Autobiografie geschrieben. Darin erzählt er von Erfolg, Rache und Neid.

Passionierter Segler: «Brezelkönig» Stephan Bosshard bei der Seeburg in Luzern. In seiner Autobiografie erzählt er von seinem Glück.

NACHRICHTEN

GLP will bessere Information

Alternatives Musikfestival

LUZERNER ZEITUNG

Alle Berichte sind nachzulesen unter: www.happy-millionaer.com > Rezept zum Glück

271

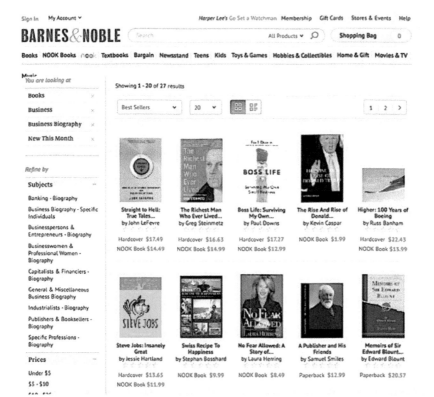

Auch in den USA ein Erfolg! REZEPT ZUM GLÜCK auf amerikanisch: SWISS RECIPE TO HAPPINESS

Kapitel 35

HAPPY MILLIONÄR

Die Bahamas sind für die Amerikaner in etwa das, was die Balearen für die Europäer sind. Das karibische Inselparadies ist mit dem Schiff innerhalb weniger Stunden erreichbar. Für Yachties wie uns natürlich ein Muss und so ziemlich das Schönste, was wir uns vorstellen können. Auch wenn sich das Seegebiet um Südflorida und die Bahamas anfangs als sehr anspruchsvoll und auch als komplett anders als das des Mittelmeers herausstellte, hat sich der Atlantische Ozean rasch zu unserem Heimrevier entwickelt.

Und so freue ich mich am heutigen frühen Morgen des **17. Februar 2016**, wieder einmal die beiden insgesamt 1300 PS starken V8-Dieselmaschinen zu starten und deren laut bollernde Sound zu geniessen. Das ist der Moment, wo ich es kaum erwarten kann, in See zu stechen und den Bug in Richtung Karibik zu steuern. Unser heutiges Ziel Nassau liegt um die 160 Seemeilen* östlich von Miami und in etwa gleicher Entfernung nördlich von Kuba. Je nach gewählter Geschwindigkeit und herrschendem Seegang benötigen wir für diese kleine Seereise zwischen 10 und 16 Stunden. Bei dem heute optimalen Wetter passieren wir die kleine Insel Bimini bereits nach 3 Stunden in sicherer Entfernung. Damit haben wir sozusagen das Tor zu den Bahamas erreicht und durchqueren jetzt die etwa 40 Seemeilen* breite Durchfahrt zwischen Bimini und der nördlich davon gelegenen Insel Grand Bahama.

Man sollte sich jedoch nicht von der Weite des Meeres täuschen lassen, denn genau hier beginnt der schwierigste Teil dieses Törns. Die nächsten vor uns liegenden 65 Seemeilen* führen durch seichte Gewässer mit nur 2 bis 3 Metern Wassertiefe, gespickt mit unzähligen, gefährlichen Untiefen und vorbei am berühmt-berüchtigten Eldorado und Mackie Shoal. Gerade für mich als mittelmeererprobter Kapitän erforderte mein erster Törn durch diese flachen Gewässer allergrösste Überwindung und ich fühlte mich damals wie auf einem Tanz auf Eiern. Inzwischen kenne ich die Strecke gut und es bereitet mir absolut keine Mühe mehr, die APPLAUS mit 18 Knoten** über das seichte, glasklare und türkisblaue Gewässer gleiten zu lassen.

In Nassau angekommen melden wir uns pflichtgemäss per Bordfunk bei der bahamaischen Hafenbehörde, die uns nach einer kurzen Überprüfung unserer Angaben die Weiterfahrt erlaubt. Danach steuere ich die APPLAUS durch den grossen Naturhafen an einem halben Dutzend Kreuzfahrtschiffe vorbei auf direktem Weg zur Tankstelle. Vom Holzsteg der Bay Street Marina aus ruft und winkt uns der Tankwart wie wild zu. Offensichtlich versucht er uns damit vor dem in unmittelbarer Nähe der Tankstelle unter Wasser befindlichen und in keiner Weise gekennzeichneten Riff zu warnen. Gut, dass ich diese Gefahr bereits kenne, und willkommen auf den Bahamas. Nach der rassigen Überfahrt fassen die 4 Tanks um die 2500 Liter Diesel und es dauert eine ganze Stunde, bis alle Tanks befüllt sind. Weil ich dies bei der Routenplanung aber bereits miteinberechnet habe, schaffen wir es trotzdem noch vor Sonnenuntergang zu unserem reservierten Liegeplatz in der Atlantis Marina.

Hier in diesem mondänen Yachthafen beginnt jetzt ein ganz besonderer Urlaub in einer etwas speziellen Welt. Dabei spreche ich nun nicht unbedingt von der naturbelassenen Schönheit der bahamaischen Inseln, sondern eher von einem unterhaltsamen Disneyland für Erwachsene. Ein bisschen Saint-Tropez, ein Hauch Las Vegas, eine gehörige Prise Karibik-Feeling und viel gute Laune, so lässt sich das ATLANTIS RESORT & MARINA am besten beschreiben. Obendrauf, sozusagen als das Pünktchen auf dem i, gibt's die echt karibische Hauptstadt Nassau noch umsonst dazu. Das Business im ehemaligen Piratennest Nassau hat sich seit Beendigung von Kapitän Blackbeards Herrschaft im Jahr 1718, also vor knapp 300 Jahren, kaum verändert. Heute ist es einfach ein wenig anders herum. Täglich überfluten tausendende von Kreuzfahrttouristen die wunderschöne Stadt aus der Kolonialzeit und lassen sich durch die hier ansässigen Piraten in ihren schicken Schmuck-

und Modeboutiquen auf sympathischste Art und Weise das Geld aus der Tasche ziehen.

Tatsächlich nicht viel besser ergeht es uns in der Piratenhochburg ATLANTIS. Für die $ 500, die wir hier für eine Nacht am Steg der Marina locker machen, könnten wir uns auch easy eine luxuriöse Suite leisten. Dann allerdings wären wir zwar auch mit dabei, aber halt eben nicht so wie jetzt mittendrin und damit quasi Teil des Drumherums in diesem luxuriösen Yachthafen. Und genau dieses Erlebnis ist es, das meines Erachtens für einhundertprozentigen Genuss in diesem kleinen Ferienparadies sorgt. Neben der gebotenen Privatsphäre und der ausschliesslich den Gästen des Yachtclubs vorbehaltenen Poolanlage geniessen wir aber auch sehr gerne den Rest des grosszügigen Resorts, das so einiges zu bieten hat. Mit dem Ziel, den Mythos und die Legende der verlorenen Stadt Atlantis zum Leben zu erwecken, liess der südafrikanische Hotelmagnat und Erbauer von ATLANTIS Sol Kerzner seinen Träumen freien Lauf. 1994 liess er innerhalb von nur 8 Monaten das ursprünglich 1968 eröffnete Paradise Island Hotel & Casino ohne Rücksicht auf Kosten und für damals unglaubliche 800 Millionen USD zum ATLANTIS PARADISE Resort umbauen. In den folgenden Jahren kamen stets Erweiterungen dazu und machten das Resort schliesslich zu dem milliardenteuren Luxusresort, das es heute ist. In Anbetracht der Legende der verlorenen Stadt Atlantis erscheint mir der Yachthafen inmitten der architektonisch verspielten Bauten mit Bögen, Kuppeln und Türmen als besonders gelungen. Das Thema Atlantis zieht sich gekonnt durch die gesamte Anlage, deren Hauptattraktion ein riesiges Aquarium und eine daran angeschlossene, weitreichende Meerwasserwelt ist. Hier lassen sich stundenlang alle möglichen Meeresbewohner wie Haie, Rochen und allerlei bunte Fische beobachten. Neben zahlreichen Pools und einer lustigen Wildwasserrutsche durch die gesamte Anlage finden sich hier auch diverse Beaches am echten, unangetasteten Atlantischen Ozean. Die eigene Shoppingmeile mit attraktiven Aussenrestaurants sorgt schliesslich für gute Abendunterhaltung, genauso wie das ATLANTIS Casino, das bis in die frühen Morgenstunden geöffnet hat.

Am allermeisten Spass macht mir persönlich aber die Erkundungstour mit dem Zodiac durch den Hafen von Nassau und zu den nahegelegenen Inseln, wo wir gemeinsam mit GiGi am Strand spazieren und baden gehen. Mit Baden meine ich allerdings höchstens ein wenig planschen im klaren und seichten Wasser, hier zu schwimmen halten wir aufgrund der zahlreichen Haie für viel zu gefährlich. Für einen sorgenfreien Tagesausflug in die Stadt ziehen wir es allerdings vor, das Beiboot sicher bei der Yacht zu vertäuen und uns von einem der unzähligen Touristenboote nach Nassau bringen zu lassen. Sieht man hier über die tausenden von Kreuzfahrttouristen hinweg, darf man sich über eine authentische und sympathische Stadt freuen, die sich ihr karibisches Flair in jedem Fall erhalten hat. Im Besonderen fällt das auf, wenn die Kreuzfahrtschiffe nachmittags wieder ablegen, sich die Stadt gegen 17 Uhr leert und es plötzlich ganz ruhig wird. Das wiederum eröffnet uns die Gelegenheit für eine gemütliche Shoppingtour durch die Gassen Nassaus, von wo aus wir meistens die drei Kilometer nach ATLANTIS zu Fuss zurücklegen. Die allerdings nicht ohne unserem Freund George von der BAHAMAS RUM CAKE FACTORY einen Besuch abzustatten. Nach einem kurzen Schwatz und reichhaltiger Verköstigung verlassen wir den Laden für gewöhnlich mit so vielen Tüten voller Rum Cake, wie wir gerade noch zu tragen in der Lage sind. Jetzt brauchen wir nur noch über die 21 Meter hohe Sir Sidney Portier Bridge zu laufen, um wieder auf Paradise Island zu landen.

Zurück auf der APPLAUS erholen wir uns nun erstmal vom ziemlich anstrengenden Spaziergang unter der heissen, bahamaischen Sonne. Dabei wird es Zeit für Birgits erfrischenden BIGI BAHAMAS SUNSET DRINK. Der mit viel Liebe und drei verschiedenen Sorten Bahamas-Rum durch Birgit frisch gemixte, fruchtig erfrischende und superleckere Drink vermag den Tag so richtig schön abzurunden. Während Birgit wie gewöhnlich noch das eine oder andere an Bord zu tun hat, geniesse ich oben auf der Flybridge gemeinsam mit GiGi die tolle Aussicht über den Yachthafen. Was jetzt kommt, könnte man Yacht-Watching auf höchstem Niveau nennen. Etwa eine Stunde vor Sonnenuntergang beginnen die Yachten in den Hafen einzulaufen. Schön geordnet und in einem Abstand von etwa zehn Minuten laufen jetzt die Yachten und Superyachten ein, die sich in Pracht und Schönheit gegenseitig zu übertrumpfen versuchen. Es ist beeindruckend und erstaunlich zugleich, wie behutsam und ohne jede Hektik die bis zu 60 Meter langen, bis zu mehrere hundert Tonnen schweren und bis einige hundert Millionen Dollar teuren Luxusschiffe auf den Zentimeter genau bewegt werden. Jeweils direkt vor dem

Bug der APPLAUS drehen sich die Yachten meistens einmal um ihre eigene Achse, um dann rückwärts im zugewiesenen Liegeplatz anzulegen. Die Manöver werden stets von hunderten Schaulustigen beobachtet, und je grösser und prunkvoller die Yacht, desto zahlreicher sind natürlich die Zuschauer. Von unserem Freund Herbert, dem Manager des Yachthafens, wissen wir, dass sich nicht selten echte Superstars wie Jennifer Lopez, Denzel Washington, Tom Cruise oder Leonardo DiCaprio auf den Yachten befinden. Zu sehen bekommt man trotzdem selten mal einen Promi, denn so wie wir das schon des Öfteren erlebt haben, wird im Falle eines superprominenten Besuchers dessen Privatsphäre aufs Äusserste geschützt, wobei der gesamte Bereich rund um das Hafenbecken für schaulustige Feriengäste gesperrt wird. Zwar kann ich auch heute nicht auf Anhieb Prominenz entdecken, doch mit dem Sonnenuntergang fährt am Ende des Tages die schönste, grösste und teuerste Yacht ein. Das etwa sechzig Meter lange Schiff dreht sich einmal majestätisch vor unserem Bug und sorgt für den heutigen Tag noch ein letztes Mal für grosses Aufsehen. Ich geniesse die hier gebotene Show der Millionäre und freue mich über die allesamt chic gekleideten, gut gelaunten und hübschen Gäste an Bord dieser wunderschönen und hochglänzenden Yacht. Während die ganz in weiss gekleidete Crew mit Anlegen beschäftigt ist, geniesst die illustre Gesellschaft ganz ungeniert die entgegengebrachte Aufmerksamkeit der zusammenlaufenden Zuschauer und schlürft dabei genüsslich, sich offensichtlich des Lebens erfreuend an einem Glas Champagner. Gerne lasse ich mich von der guten Laune der Nachbarn anstecken, und während ich mir überlege, was das wohl für Leute sein mögen, komme ich zum Schluss, dass das bestimmt alles glückliche Millionäre sein müssen.

Ein äusserst angenehmes Erlebnis, das mich offensichtlich auch während der Nacht noch weiter beschäftigte. Denn gleich nach dem Aufstehen verspüre ich die Besonderheit des heutigen Morgens, schnappe mir eine Flasche Champagner und setze mich vor Glück strahlend zu Birgit an den reich gedeckten Frühstückstisch auf dem Achterdeck unserer Yacht. Während ich den Champagner einschenke, bitte ich meine kaum Alkohol trinkende Frau, mit mir auf meine neueste Idee anzustossen. Etwas verwundert tut sie mir den Gefallen, will jetzt aber wissen, worum es denn überhaupt geht. Stolz und siegessicher gebe ich freudig bekannt: *«HAPPY MILLIONÄR!»*. *«Happy was?»*, lacht Birgit, die sich über meine gute Laune freut, nun aber Genaueres wissen will. Ich erkläre ihr, dass ich aufgrund meiner gestrigen Beobachtungen von all dem Heckmeck, den die Millionäre hier auf ihren Yachten veranstalten, ganz spontan aus heiterem Himmel auf den wohlklingenden Namen HAPPY MILLIONÄR gekommen bin. Was genau sich mit meiner neuesten Erfindung so alles anstellen lässt, muss ich mir noch überlegen, aber sicher werde ich sofort versuchen, den Namen zu schützen. Ganz meine Birgit lässt sie sich von der Idee sofort begeistern und pusht mich dementsprechend mit den motivierenden Worten: «*Das ist eine grossartige Idee, die sich auf alle möglichen Arten multiplizieren lässt. Bravo, mein Schatz!*» Kaum hat sie das ausgesprochen, nehme ich meinen Mac zur Hand und überprüfe online, ob da nicht doch schon jemand vor mir auf dieselbe glorreiche Idee gekommen ist. Doch heute scheint wieder einmal mein Glückstag zu sein, denn wahrhaftig findet sich im grossen, weltweiten Netz kaum etwas, das für meine neueste Erfindung auch nur im Entferntesten relevant sein könnte. So viel Glück will ausgenutzt werden, sodass ich mich gleich daran mache, die nötigen Schritte einzuleiten. Es dauert dann auch gar nicht lange, bis HAPPY MILLIONÄR® und das für den Weltmarkt noch viel wichtigere HAPPY MILLIONAIRE® erfolgreich als Marke geschützt ist.

HAPPY
MILLIONÄR

*1 Seemeile = 1.85 km   **10 Knoten = 18.50 km/h   ***10 Beaufort / Windstärken = 89 bis 102 km/h

Goodbye Miami
Ankunft Bahamas – Birgit bei der Vorbereitung zum Anlegen in Atlantis

Atlantis Marina – Karibik-Hotspot der Luxusyachten
Stephan stösst auf seine neueste Erfindung HAPPY MILLIONÄR an

GiGi im Yachtie-Outfit
Der Hafen Nassau

279

Kapitel 36

Bahamas, Captain Woody und Lobster bis zum Abwinken

So schön und so wunderbar ein Fleckchen Erde auch sein mag, es zieht uns für gewöhnlich jeweils spätestens nach einer Woche weiter zum nächsten Ankerglück. Eine Woche Halligalli vom Allerfeinsten reicht uns jetzt auch voll und ganz, sodass wir nun reif für ein echtes Bahamas-Abenteuer sind. Das Ziel unserer Träume befindet sich rund 50 Seemeilen* in nördlicher Richtung und ist nur über den tiefen und deshalb auch gerne mal sehr rauen Atlantik zu erreichen. Die Insel nennt sich Harbour Island und beim dortigen PINK SAND BEACH soll es sich tatsächlich um einen Strand mit rosafarbenem Sand handeln. Das müssen wir natürlich gesehen haben! Doch vor der Ansteuerung auf eigene Faust wird nicht nur im Hafenhandbuch gewarnt, auch die Einheimischen ermahnen uns eindringlich, die halsbrecherische Passage nach Harbour Island aufgrund zahlreicher und äusserst gefährlicher Riffe keinesfalls auf eigenes Risiko zu wagen. Einstimmig empfiehlt man uns den hier allseits bekannten und offensichtlich auch besten Lotsen der Gegend mit dem lustigen Namen Captain Woody. Mit dem bahamaischen Handy rufe ich den Kapitän an, erreiche ihn auch, kann ihn aber wegen seines extremen bahamaischen Slangs kaum verstehen. Immer wieder aufs Neue wiederholt er den Treffpunkt um 11 Uhr morgens bei Mikspäätsch. Miks...päätsch was? So sehr ich mich auch anstrenge, verstehe ich wiederholt nur Bahnhof. Das verspricht ja spannend zu werden.

Pünktlich um 8 Uhr morgens starte ich die Motoren, warte auf Birgits Kommando und verlasse, um nicht die ganze Nachbarschaft aufzuwecken, rasch den Liegeplatz. Bei traumhaftem Wetter steuere die APPLAUS an den Kreuzfahrtschiffen vorbei durch Nassaus Hafen in die leicht bewegte See hinaus. Mit 18 Knoten* gleiten wir über den dunkelblauen, beinahe schwarzen, weil über tausend Meter tiefen Atlantischen Ozean. Drei Stunden später ändert sich die Farbe des Meeres plötzlich von Dunkelblau in ein sehr hell leuchtendes Türkisblau. Der Übergang vom eben noch sehr tiefen Wasser in die beinahe flache Bucht der Insel Eleuthera fühlt sich äusserst seltsam an und mahnt mich aufgrund der sehr geringen Wassertiefe von nur noch wenigen Metern zu äusserster Vorsicht. Sofort nehme ich das Gas komplett zurück, lasse die Gänge drin und begnüge mich nun erstmal mit dem Standgas, das für 5 Knoten Fahrt reicht. Beim genaueren Betrachten der Seekarte auf dem Plotter entdecke ich unzählige Riffe, Untiefen und dazu auch noch mehrere eingezeichnete Wracks um uns herum. Je weiter ich mich in das gerade mal 2 bis 3 Meter flache, durch drei Inseln zur Bucht ummantelte Gewässer hineinwage, desto mehr fürchte ich hier irgendwo auflaufen zu können. Ich weiss echt nicht mehr, ob ich nun vorwärts oder rückwärts fahren soll, und fühle mich inmitten dieses mir völlig unbekannten, mit einem riesigen Swimmingpool vergleichbaren Gewässers so ziemlich verloren. Schon beinahe verzweifelt halten wir Aussicht nach unserem Lotsen, der uns ja irgendwo hier am südlichen Ende der Insel Eleuthera abfangen sollte.

In Wahrheit sind wir aber nicht nur weit und breit das einzige Schiff in diesem verlassenen Gebiet, auch vom angekündigten Lotsen fehlt jede Spur. Inzwischen habe ich mich dazu entschlossen, hier inmitten der weitläufigen Bucht erstmal abzuwarten. Ich schalte die Gänge in Neutral und versuche die Lage in aller Ruhe neu einzuordnen. Die Zeit nutze ich, um mir die Durchfahrt bei Spanish Wells nochmals ganz genau auf der Karte meines Plotters anzuschauen. Beim näheren Hinschauen wird mir auf einen Schlag unmissverständlich klar, warum hier ein Lotse überlebenswichtig sein kann. Diese Erkenntnis lässt es mir gleich kalt den Rücken hinunterfahren und bringt mich dazu, dieses Himmelfahrtskommando ernsthaft zu hinterfragen. Denn im innersten Teil der Bucht, unmittelbar vor der Durchfahrt zum Ort Spanish Wells, gehen die eh schon prekären Wassertiefen im schiffbaren Bereich teils sogar auf unter 2 Meter zurück und zudem wimmelt es hier nur so von bedrohlichen, nicht markierten Unterwasserriffen. Aufgrund unseres eigenen Tiefgangs von immerhin 1.50 Metern halte ich es für viel zu riskant, diese Passage überhaupt noch zu wagen, und entscheide mich deshalb für die sofortige Umkehr nach Nassau.

Ziemlich frustriert lege ich die Gänge ein, wende die Yacht in Richtung des tiefen Wassers und steuere die APPLAUS gemächlich und mit äusserster Vorsicht hinaus aus dieser flachen Bucht. Kaum ist das geschehen, klingelt mein Handy. Captain Woody meldet sich lautstark und will mit wütender Stimme wissen, warum wir denn nicht am vereinbarten Treffpunkt Mikspäätsch erschienen sind. Er warte schon seit einer halben Stunde auf uns, aber nun habe er die Nase voll und fahre zurück nach Spanish Wells. Ich versuche ihn zu beruhigen, gebe ihm meine Koordinaten durch und rede mit Engelszungen auf ihn ein, uns doch bitte entgegenzufahren. Woody willigt ein, ich wende die Yacht und fahre wieder zurück in die Bucht hinein. Und dieses Mal glaube ich sogar Woody verstanden zu haben, denn ich entdecke auf der Karte das vermeintliche Mikspäätsch, das sich als die Miniinsel Meeks Patch entpuppt. Es dauert etwa 10 Minuten, bis wir in der Weite der Bucht ein kleines Motorboot entdecken, das auf uns zusteuert. Tatsächlich lässt sich das etwa 6 Meter kleine, weisse Aussenborderboot schon bald dank des Schriftzugs LITTLE WOODY am Bug als Captain Woodys Boot ausmachen. Dieser selbst nähert sich unserem Heck, wirft mir eine Leine zum Festmachen rüber und begibt sich an Bord.

Nachdem die Begrüssung kurz, aber herzlich ausgefallen ist, übernimmt der Lotse ohne viel Worte das Steuer der APPLAUS, drückt die Gashebel hinunter und düst mit unserem Schiff los, als wäre es das Normalste der Welt. Ich bin gleich doppelt geflasht, denn einerseits dachte ich, dass ich als Kapitän dem Lotsenboot durch die gefährlichen Passagen folgen soll, und andererseits hätte ich niemals damit gerechnet, dass der Typ mit meinem Schiff, das ich normalerweise niemals jemandem anvertrauen würde, nun beinahe mit Vollspeed über das mir so überhaupt nicht geheuer vorkommende flache Gewässer düst. Doch der waschechte Bahamaer strahlt eine solch vertrauenswürdige Ruhe aus, dass ich so langsam, aber sicher beginne, ihm zu vertrauen. Na ja, in Wirklichkeit hoffe ich einfach, dass der Kerl weiss, was er tut. Denn je näher wir uns der engen und gefährlichen Passage zur Einfahrt nach Spanish Wells nähern, desto mehr steigt meine Angst, hier auf Grund laufen zu können. Als es schliesslich immer enger und seichter wird, mache ich Woody erneut auf unseren nicht unerheblichen Tiefgang von mindestens 1.50 Metern aufmerksam. Doch Woody, der das Steuer fest im Griff und das Gas inzwischen auch wieder auf das Minimum zurückgenommen hat, lacht nur und meint: «*No worries, Captain, you are fine!*» Auch wenn das alles okay bedeuten soll, so beseitigt das nicht wirklich alle meine Zweifel am Gelingen dieses, meines Erachtens, doch sehr riskanten Manövers. Mein Blick klebt geradezu auf dem Kartenplotter und die Angst, hier aufzulaufen, wächst. Ich muss zugeben, dass ich zurzeit gerade trotz des präzisen Kartenplotters absolut keine Ahnung hätte, wohin genau ich mein Schiff sicher zu steuern hätte. Ganz anders Captain Woody, der ausschliesslich auf Sicht fährt und den Kartenplotter genauso ignoriert wie das nervige Gepiepse des auf eine Gefahrenzone von 2 Metern eingestellten Echolots. Während Birgit, genauso wie mir, mehrmals beinahe der Atem stockt, lässt sich der Einheimische rein gar nichts anmerken. Unbeeindruckt steuert er die AP-PLAUS teils nur wenige Zentimeter nah an den gefährlichen, im glasklaren Wasser sehr gut erkennbaren Unterwasserriffen vorbei durch die schmale Einfahrt in das von Natur aus gut geschützte Spanish Wells. Der liebenswerte Woody erzählt uns stolz, dass er hier geboren und aufgewachsen sei, heute mit seiner Familie ein kleines Haus mit wunderbarer Sicht auf das Meer bewohne und dass seine Frau den besten Karottenkuchen auf der Welt backe. Während der Durchfahrt durch das malerische Fischerdorf Spanish Wells blüht der offensichtlich glückliche Woody regelrecht auf und erzählt uns seine Lebensgeschichte, die davon handelt, wie er damals als junger Mann in Nassau als Lotse für die grossen Kreuzfahrtschiffe angeheuert hatte und diesen Job dann für mehr als ein Jahrzehnt voller Begeisterung ausführte, bevor er sich als Lotse für Yachten selbstständig gemacht hat. Unser Vertrauen in den etwa fünfzigjährigen Woody steigt, und wie sich noch zeigen wird, ist das auch gut so, denn die gefährlichste Passage steht uns noch bevor.

Devil's Backbone Riff bedeutet auf Deutsch Riff von des Teufels Rückgrat. Ein Name mit Programm, der wohl durchaus als Warnung aufgenommen werden darf. Fest steht, dass das vor uns liegende, gemeingefährliche Korallenriff nicht grundlos so benannt wurde. Das zumindest bestätigt ein Blick auf die Seekarte, die bei der schmalen Passage eine Massenansammlung gefährlichster Riffe zeigt, die eine Schiffbarkeit schlichtweg als unmöglich erscheinen lassen. Wie sich bald zeigt, waren meine Bedenken durchaus berechtigt. Tatsächlich beträgt die Breite der schiffbaren Passage zwischen dem Devil's Backbone Riff und der Nordseite der Insel Eleuthera gerade noch ein paar Meter. Der kleinste Navigationsfehler würde hier den Verlust des Schiffes bedeuten. Spätestens jetzt wird mir klar, dass Captain Woody jeden einzelnen Dollar wert ist. Angespannt beobachten wir, wie Captain Woody unsere APPLAUS ganz knapp an der der Insel vorgelagerten Sandbank vorbei und nahe dem gegenüberliegenden, gut sichtbaren Korallenriff durchmanövriert. Selbstverständlich tut er das wieder ausschliesslich auf Sicht und erklärt uns dabei, dass man sich in dieser Gegend keinesfalls auf den Kartenplotter verlassen dürfe, weil sich die Lage der Sandbänke durch die starke Strömung immer wieder stark verändere. Und während er uns das erzählt, rauschen wir äusserst knapp zwischen Sandbänken und messerscharfen Korallenriffen die schmale Passage hindurch in ein ungeahnt schönes Naturparadies. Das durch die Nordseite Eleutheras und die beiden vorgelagerten Inseln Man Island und Harbour Island vom rauen Atlantik gut geschützte Revier überrascht mit überwältigender Schönheit. In Harmonie dazu empfängt uns auch gleich noch das Insel-Empfangskomitee in Form zweier glücklicher Delfine, die uns freudig aus dem Wasser springend bis zur Harbour Island Marina eskortieren. Captain Woody lacht zufrieden, übergibt mir mit den Worten *«See you later, Captain»* wieder das Kommando über mein Schiff und braust mit seinem Boot davon. Exakt in dem Moment, wo wir uns dem etwas wackeligen Holzsteg nähern, erschweren kräftige Böen das Anlegemanöver und verlangen einen zweiten Anlauf, bevor es dann tadellos klappt. Kaum haben wir unser Schiff vertäut, kommt auch schon Woody mit seinem kleinen Boot zurück an den Steg und schenkt Birgit erstmal freudig den bereits zuvor angekündigten, durch seine Frau frisch gebackenen Karottenkuchen. Seine Dienste lässt er sich durchaus angemessen mit $ 100 bezahlen und dann fragt er nach, ob wir frische Stone-Crabs oder Lobster mögen. Wir lieben beides und kaufen dem liebenswerten Bahamaer gleich den gesamten Inhalt seiner Kühlbox ab.

Harbour Island ist eine vom üblichen Touristenstrom abgeschiedene, echte kleine Trauminsel mit einer einzigen kleinen Stadt namens Dunmore Town. Ausser dem süssen, kleinen Städtchen und dem echt luxuriösen Valentines Resort & Marina, wo wir angelegt haben, gibt es hier noch eine Handvoll Hotels und Restaurants. Die paar Touristen hier bewegen sich entweder so wie wir zu Fuss oder mit einem der Golfkarts, die hier überall herumstehen. Unser Spaziergang über die Miniinsel führt uns an einem durch äusserst lebendige Hühner besiedelten

Friedhof vorbei auf die Atlantikseite der gerade mal nur 400 Meter und knapp 6 Kilometer langen Insel. Hier treffen wir auf den vielgerühmten rosafarbenen Sandstrand PINK SAND BEACH, der seinem Namen alle Ehre macht. Und weil hier alles so schön und übersichtlich ist, spazieren wir gegen Abend mit GiGi das Meer entlang in die Ministadt. Auf dem Weg an den bunt bemalten Häusern vorbei entdecken wir ganze zwei Restaurants und nur ein einziges, dafür aber umso niedlicheres, kleines Lädelchen. Allerliebst, was uns hier geboten wird, ein Ort, wo die Welt noch in Ordnung scheint. Die Entdeckung des direkt am heimischen Fischerhafen befindlichen, einfachen Restaurants, das sich auf frischen Conch-Salat spezialisiert hat, steigert unsere Begeisterung für den Ort schliesslich auf das Maximum. Wir stellen uns in die Schlange, bestellen eine Portion dieser Bahamas-Spezialität, und während uns nur schon beim Zuschauen das Wasser im Mund zusammenläuft, beobachten wir den Koch dabei, wie er die frischen Meeresschnecken gekonnt zerkleinert und daraus in aller Ruhe einen leckeren Conch-Salat zubereitet. Zurück auf der APPLAUS geniessen wir schliesslich ein frisches Dinner bestehend aus Conch-Salat und Woody's frischen Steinkrabben, das an Köstlichkeit kaum zu übertreffen ist. Auch in den nächsten Tagen ändert sich unser Speiseplan nicht wesentlich. Abwechslungsweise geniessen wir Leckerbissen wie frischen Lobster, Stone-Crabs und natürlich noch mehr von dem superfeinen Conch-Salat.

Supergrossen Spass haben wir auch wie gewohnt mit unserem Zodiac, mit dem wir die Gegend und die umliegenden Inseln erkunden und von einem einsamen Traumstrand zum anderen düsen. Bei unseren Badeversuchen wird uns dann aber trotz warmer Lufttemperaturen von um die 30 Grad die Jahreszeit bewusst. Doch dafür, dass wir uns mitten im Winter, genauer gesagt im **Februar 2016** befinden, nehmen wir gerne ein kurzes, kühles Bad in Kauf. GiGi allerdings weigert sich vehement, im nur 22 Grad kalten Wasser zu baden. Einige wunderschöne, entspannte und sonnige Tage später treffen wir uns nach dem Ablegen in der Marina wieder pünktlich und wie vereinbart mit Captain Woody. Nachdem er sein Bötchen LITTLE WOODY wieder am Heck der APPLAUS festgemacht hat, übernimmt der Lotse noch einmal für kurze Zeit das Kommando der APPLAUS. Gelassen übergebe ich ihm das Steuer und geniesse gemeinsam mit Birgit und GiGi die furchterregende Passage vorbei am Devil's Backbone Riff und die eindrückliche Wasserstrasse durch Spanish Wells bis zur Miniinsel Meeks Patch. Hier übernehme ich wieder das Kommando und schenke unserem neuen Freund Woody zum Abschied ein signiertes Exemplar meines Buches REZEPT ZUM GLÜCK. Bye bye Woody, wir kommen wieder!

Nach so viel Ruhe und Abgeschiedenheit freuen wir uns jetzt wieder auf etwas Action im äusserst lebendigen ATLANTIS PARADISE ISLAND. Dabei dürfen einige spassige Runden auf den aufblasbaren Ringen durch den kilometerlangen Wasserpark mit reissenden Strömungen und gefährlicher Brandung nicht fehlen. Einige BIGI BAHAMAS SUNSET DRINKS und ein paar Sonnenuntergänge später führt uns unsere Seereise schliesslich wieder quer über den Atlantik zurück in unseren Heimathafen Miami Beach.

HAPPY
MILLIONÄR

*1 Seemeile = 1.85 km   **10 Knoten = 18.50 km/h   ***10 Beaufort / Windstärken = 89 bis 102 km/h

Unsere erste Begegnung mit Captain Woody

Der Lotse steuert die APPLAUS durch Spanish Wells

Gefährlich! Schmale Passage beim Devil's Backbone Reef

Empfang durch Delfine

Woody mit Karottenkuchen, frischen Stone-Crabs und Lobster

Paradiesischer Dorfladen in Harbour Island   Frischer Conch-Salat

PINK SAND BEACH

Mit dem Zodiac zu einsamen Stränden   Action GiGi   Abschied von Captain Woody in Spanish Wells

Kapitel 37

Der Bahamas-Supertörn

Nach so einem wunderbaren Winter auf den Bahamas und in Miami fällt uns die Rückkehr in diesem **Frühling 2016** überhaupt nicht schwer. Gut gelaunt landen wir kurz vor Ostern in Zürich-Kloten und freuen uns auf die bevorstehende Frühlingssaison, die mit der diesjährigen MUBA Basel bereits am 15. April beginnt.

Kaum daheim angekommen klingelt das Telefon. Edith, eine Mitarbeiterin des Schweizer TV-Senders 3+, meldet sich aufgestellt und will wissen, wie es uns denn so geht. Die junge Frau, die wir anlässlich von Mike Shivas Geburtstagsparty vor einigen Monaten in Basel kurz kennengelernt haben, bietet uns überraschend eine Teilnahme in der Reality-Auswanderershow ADIEU HEIMAT an. Ich muss lachen und lehne mit der Begründung, das Experiment Auswanderung bereits vor einigen Jahren abgeschlossen zu haben, dankend ab. Edith lässt aber nicht locker und schlägt ein Treffen vor. Einige Tage später sitzen wir bei Kaffee und Kuchen im Restaurant des Luzerner Hotel Seeburg, dort wo wir 1994 unsere Hochzeit feierten. Edith findet uns drei, Birgit, GiGi und mich, super und möchte uns unbedingt in der Sendung haben. Schliesslich willigen wir unter der Bedingung ein, bei der Story ein Mitspracherecht zu haben.

Zum Beginn der Dreharbeiten treffen wir uns mit Edith und dem Filmteam **Ende April 2016** in Bern an der BEA. Hier beim rosa SCHLOSS SCHLARAFFENLAND nimmt die TV-Story ihren Anfang. Direkt im Anschluss an die BEA fliegen wir nach Miami und empfangen **Mitte Juli 2016** Edith und das Kamerateam an Bord der APPLAUS. Was folgt, ist eine ziemlich locker-verrückte Geschichte über Villen, Yachten, Klamotten und Diamanten im heissen Miami. Wir geben alles und spielen uns mit viel Humor und reichlich HAPPY-MILLIONÄR®-Zutaten durch die 10 Tage dauernden Dreharbeiten.

Zur Fernsehpremiere der Sendung im **Januar 2017** befinden wir uns bereits wieder in Miami Beach auf unserer Yacht, wo wir uns die Sendung gespannt anschauen. Wir haben den grössten Spass, uns selbst im TV zu sehen, und freuen uns über die äusserst gelungenen Folgen mit uns, die wir grösstenteils zum Schreien lustig finden. Ob und wie wir daheim bei den Zuschauern angekommen sind, wissen wir nur vom Hörensagen, wir können uns aber über ein durchaus positives Echo freuen. Zufrieden mit dem Vollbrachten wird es nun Zeit für eine Belohnung und damit für APPLAUS.

Motoren an, Leinen los und ab geht's mit Kurs in Richtung Sonnenuntergang auf die kleine Bahamas-Insel Bimini. Hier finden wir sofort die gesuchte Ruhe, Karibik, Strand und Sonne satt. Obwohl das kleine Eiland nur 50 Seemeilen* von Miami entfernt ist, trifft man hier auf eine komplett andere Welt. Mal abgesehen vom zwar luxuriösen, aber nicht sehr gut rentierenden HILTON-Hotel-Komplex mit eigenem Casino und Yachthafen im Norden der nur 11 Kilometer langen und 210 Meter breiten Insel Bimini ist die Zeit hier stehengeblieben. In der BIG GAME MARINA vor der einzigen Ministadt Alice Town tummeln sich gar Haie im Hafenbecken. Zwar erzählt man uns, diese seien harmlos, doch als wir den Einheimischen beim Füttern der verschiedenen Haiarten zuschauen, bezweifeln wir das im höchsten Grad. Wie gierige Bestien stürzen sich die bis zu vier Meter langen Haie über die Fischköpfe und andere dicke Fischkadaver und beissen mit so einer Brutalität zu, dass der anschliessende Gang über den schon etwas in die Jahre gekommenen, wackeligen Holzsteg plötzlich zur Mutprobe wird.

Während wir die Ruhe an Bord geniessen, klingelt am dritten Tag im Paradies das Handy. Monika, die 3+-Produktionsleiterin höchstpersönlich, ist in der Leitung und gratuliert uns zu unserem erfolgreichen Auftritt. Sie macht keinen Hehl aus ihrer Begeisterung für uns, überschüttet uns mit Lob und schwärmt in den höchsten Tönen von unserem doch so tollen Miami-Job. Wie meistens, wenn einen die Leute so hoch loben, folgt im nächsten Schritt eine Bitte oder Forderung. Und als hätte ich es geahnt, kommt Monika direkt zur Sache und will uns für weitere Folgen ADIEU HEIMAT verpflichten. Ich brauche erst gar nicht lange zu überlegen und gebe Monika sofort eine klare Absage. Begründen tue ich das damit, dass wir uns über den angestrebten Weg mit HAPPY MILLIONÄR® vor dem Miami-Dreh noch nicht im Klaren waren. Und genau deshalb hatten wir versucht, bestmögliche Unterhaltung zu bieten, und dabei vor allem auf unseren durchaus authentischen Humor gesetzt. Dennoch stimmt für uns die eingeschlagene Richtung nicht, und auch wenn uns das Ergebnis noch so gut gefallen hat, kommt eine Fortsetzung dieser doch etwas wilden Geschichte für uns in dieser Form nicht mehr in Frage. Da nutzt auch Monikas Angebot einer stattlichen Gage nichts mehr, ich bleibe bei meinem Entschluss.

Stattdessen folge ich lieber dem Seeweg des Glücks und plane jetzt gemeinsam mit Birgit und Crew GiGi den absoluten Bahamas-Supertörn, der uns tausend Kilometer weit über den Atlantik bringen soll. Mit dem Sonnenaufgang steuere ich die APPLAUS gemächlich aus der sicheren Lagune Biminis ins offene Meer hinaus, drücke die beiden Gashebel runter und nehme Kurs auf Nassau. Nach einigen unterhaltsamen Tagen in ATLANTIS verabreden wir uns erneut mit Captain Woody bei Meeks Patch, dieses Mal aber mit dem Vorhaben, für zwei Nächte in Spanish Wells zu bleiben. Auf unserem Spaziergang durch das beschauliche Fischerdorf treffen wir auf den gläubigen Chris in seinem Rolls Royce, der uns gerade wegen seines lustigen Golfkarts auffällt. Nun, wo uns der aufgestellte Dorfpfarrer unbedingt eine betont wasserdichte Bibel schenken will, nehmen wir dieses von Herzen kommende Geschenk natürlich sehr gerne an. Klar, dass uns diese, unsere erste Bibel überhaupt, uns fortan als Glücksbringer auf der APPLAUS begleiten wird.

Schon am übernächsten Morgen folgen wir Captain Woodys LITTLE WOODY durch das flache Gewässer hinaus in den tiefen Ozean. Bei allerschönstem Wetter überlassen wir dem Autopiloten die Navigation zu den Abacos-Inseln. Und während die APPLAUS zielgenau auf das etwa 60 Seemeilen* entfernte Hope Town auf Great Abaco zusteuert, lassen wir uns das Frühstück schmecken. Als wir bereits zwei Drittel der Strecke hinter uns gebracht haben, ändert sich das Wetter aber plötzlich, Wind und Wellen nehmen derart zu, dass wir zusehen müssen, uns baldmöglichst in Sicherheit zu bringen. Besseren Schutz erhoffen wir uns innerhalb der insgesamt 120 Seemeilen* langen Inselkette. Mit Vollgas nehmen wir Kurs auf die nächstmögliche Zufahrt ins flache und daher vor grossen Wellen geschützte Gewässer. Die Ansteuerung der etwa auf halber Höhe der Insel befindlichen Passage beim Channel Rock erfordert aufgrund der engen Einfahrt, aber auch wegen der starken Strömung äusserste Vorsicht und meine ganze Aufmerksamkeit. Im Schutz der Inselkette können wir uns jetzt wie erwartet über absolut ruhiges Wasser freuen und die Reise in Richtung des etwa 11 Seemeilen nördlich gelegenen Hope Town fortführen. Auch wenn ich im Voraus genau wusste, worauf ich mich hier einlasse, so lehren mich die extrem geringen Wassertiefen von nur um die 2 Metern im schiffbaren Bereich erneut das Fürchten. Einmal falsch navigieren und man sitzt auf. Zwar weist die Seekarte den genauen Weg zwischen den gefährlichen Untiefen, doch die sich ständig widerholende Bezeichnung Shifting Sand, was so viel bedeutet wie wandernder Sand, wirkt sich nicht gerade beruhigend auf mich aus.

Gerade als ich denke, mich an den Umstand des flachen Wassers um uns herum zu gewöhnen, verfärbt sich der Himmel vor uns furchterregend schwarz. Zwar ist es noch windstill, aber die Ruhe vor dem Sturm täuscht. Ich weiss genau, dass hier gleich die Hölle los sein wird und wende das Schiff blitzartig in südlicher Richtung. Sollten wir in diesem mir völlig unbekannten Seegebiet keinen Schutz finden, dann bleibt uns nichts weiter übrig, als irgendwo den Anker hinunterzulassen und zu hoffen, dass dieser auch hält. Ein hastiger Blick auf den Kartenplotter zeigt mir in 4 Seemeilen Entfernung die einzig geschützte Bucht Little Harbour. Da wir uns in einer absoluten Notsituation befinden, tue ich etwas, das ich sonst nie tun würde, und lege die Gashebel runter bis zum Anschlag. Während der Autopilot die APPLAUS mit der Höchstgeschwindigkeit von 24 Knoten* über das flache Wasser jagt, vergewissere ich mich kurz, dass der Weg tatsächlich frei von gefährlichen Untiefen ist und die Bucht selbst über genügend Tiefgang verfügt. 10 lange Minuten später erreichen wir den Eingang in die kleine, dafür aber rundum sehr gut geschützte Bucht.

Vorsichtig halte ich auf die durch Tonnen gekennzeichnete schmale Einfahrtsschneise zu und peile mit dem Bug die Mitte der Bucht an. Doch plötzlich entdecke ich Erschreckendes und schreie der auf dem Vordeck stehenden Birgit laut zu: *«Achtung, Birgit, Vorsicht!! Halte dich fest, hier ist es nicht tief genug und ich kann jetzt nicht mehr stoppen. Wir werden auflaufen!!»* Während der Tiefenmesser längst nonstop piepst, entdecke ich auf dem Kartenplotter Tiefen von gerade mal noch 1.30 Metern, und das beim eigenen Tiefgang von 1.50 Metern! Sofort wird mir klar, dass ich in der Hitze des Gefechts zwar die Tiefe der Bucht, nicht aber die der Einfahrt gecheckt habe. Für ein Stoppmanöver müsste ich sofort die Rückwärtsgänge einlegen und Gas geben. Ein solches Manöver erscheint mir jetzt aber als äusserst kontraproduktiv, weshalb ich stattdessen die Gänge komplett rausnehme und die APPLAUS einfach mit dem noch vorhandenen Schub in die Bucht einlaufen lasse. Dass das nochmals gut geht, kann ich jetzt zwar gerade selbst nicht fassen, um mir den Kopf darüber zu zerbrechen, fehlt mir aber schlicht die Zeit. Denn der Himmel über uns ist pechschwarz und es ist nur noch eine Frage von Minuten, bis wir uns hier inmitten eines brodelnden Hexenkessels mit hurrikanähnlichen Winden befinden. Bis dahin müssen wir fest sein, sonst Gnade uns Gott. Als Nächstes wird mir klar, dass hier in dem kleinen Naturhafen ein freies Ankern aufgrund des fehlenden Schwoikreises nicht möglich ist. Ich entdecke aber eine einzige, letzte freie Ankerboje und gebe Birgit von der Flybridge aus entsprechend Anweisung. Obwohl das Gewitter jetzt seinen Anfang nimmt und es bereits zu regnen beginnt, weiss Birgit, was sie zu tun hat, greift sich eine Leine am Bug und versucht die Boje mit dem Bootshaken zu schnappen. Doch das gelingt ihr nicht auf Anhieb, auch deshalb nicht, weil der beginnende Sturm die APPLAUS ständig abdriften lässt und ich das Schiff nur schlecht auf Position halten kann. Ein benachbarter Segler bemerkt unsere missliche Lage und ruft in perfektem Hochdeutsch hinüber: *«Braucht ihr Hilfe?»* «Ja bitte!», entgegne ich ihm genauso erstaunt wie erleichtert. Der Typ springt sofort in sein Beiboot und düst mit Vollgas zu uns rüber, nimmt Birgit die Leine ab, führt das Ende einmal durch die Öse der Boje und gibt es an Birgit zurück. Ein gelernter Knoten reicht und fest sind wir!

Kaum haben wir auch noch eine zweite Leine befestigt, pfeift uns der Wind mit Orkanstärke um die Ohren und der Regen peitscht vom Himmel, als wäre dies der Beginn des Weltuntergangs. Unser Helfer schafft es gerade noch, sein Dingi am Heck zu befestigen und sich bei uns an Bord in Sicherheit zu bringen, bevor sich das Gewitter direkt über uns mit voller Gewalt entlädt. Mit einem Mal befinden wir uns in einem katastrophenähnlichen Unwetter, in dem wir keine zwei Meter weit mehr sehen können. Damit wird uns erst jetzt richtig bewusst, mit wie viel

Glück wir es hierhergeschafft haben. Ob es tatsächlich die wasserdichte Bibel war, die uns vor Schlimmerem bewahrt hat, bleibt wohl unbewiesen, sicher ist aber, dieser Glücksbringer bleibt künftig an Bord. Wegen des anhaltenden, furchterregenden Gewitters hat unser Retter Randall absolut keine Chance, zu seinem Schiff zurückzukehren, weshalb wir ihn auf ein Glas Wein einladen. Es stellt sich heraus, dass der perfekt Deutsch sprechende Amerikaner, der von Beruf Pilot ist, bereits seit Monaten von Boston aus mit seinem Kumpel in seiner 10-Meter-Holzketsch unterwegs in die südliche Karibik bis Caracas ist. Der Abenteurer erzählt auch von seinem heutigen grossartigen Fang und es entsteht die Idee, den frischen Fisch bei uns an Bord zuzubereiten und gemeinsam zu geniessen. Das Unwetter dauert volle zwei Stunden, und als es vorbei ist, wird es auch schon Zeit fürs Dinner. Mit dem frisch gefangenen Fisch bringt Randall auch gleich noch seinen Freund, einen echten Professor, mit an Bord, und während Birgit in ihrer Küche die Fische brutzeln lässt, fachsimpeln wir Männer über das teils doch so spannende Bordleben. Birgit zaubert ein wahres Feinschmeckermenü auf den Tisch und der so stürmisch begonnene Tag endet letztendlich nach zwei Flaschen Wein ganz harmonisch in der sicheren, kleinen Bucht.

Eine Erleuchtung der besonderen Art erfahren wir an diesem heutigen Morgen, als wir uns das erste Mal richtig umschauen und dabei entdecken, in welch fantastisches Paradies es uns tatsächlich verschlagen hat. Beim Frühstückskaffee auf dem Achterdeck bestaunen wir zufrieden die Gegend und sichten dabei als Erstes ein Wasserschildkröten-Pärchen, das in aller Ruhe seine Runden im glasklaren Wasser um unser Schiff dreht. Auf den schön begrünten Hügeln entdecken wir hinter Palmen versteckt einzelne Villen und in der kleinen Bucht schwojen ein Dutzend weitere, eher kleinere Yachten an den restlos besetzten Bojen um uns herum. Im Anschluss zum idyllischen Traumstrand befinden sich ein hölzerner Anlegesteg mit Bootshaus und ein paar Holzhütten im typisch karibischen Stil. Und wie uns Randall gestern Abend erzählte, gehört das alles zu Petes Reich. Petes Familie ist es auch gewesen, die im Jahr 1952 diese kleine Bucht als Erste besiedelte und bis heute geblieben ist. Pete, der Sohn des damaligen Ansiedlers, ist heute um die 60, ein weltweit angesehener Skulpturenkünstler und er betreibt hier in Little Harbour mit seiner Familie das PETE'S PUB & GALLERY. Nachdem uns Künstler Pete gemeinsam mit seiner ganzen Familie überaus herzlich in seinem

Reich willkommen geheissen hat, gefällt es uns so gut, dass wir eigentlich gar nicht mehr von hier wegwollen. Unsere Notlandung im Paradies stellt alle bisher angesteuerten Destinationen weltweit in den Schatten und macht es uns nach 10 Tagen äusserst schwer, dieses wunderbare Fleckchen Erde wieder zu verlassen.

Auch auf unserem weiteren Seeweg durch die flachen Gewässer der Abacos-Inseln kommen wir aus dem Staunen über die unglaubliche Schönheit der naturbelassenen und meist grünen, mich stark an Griechenland erinnernden Gegend nicht mehr hinaus. Noch am selben Abend erreichen wir das nur etwa 17 Seemeilen entfernte Hope Town, ein kleines Inseldorf mit markantem, rot-weissem Leuchtturm inmitten eines sehr gut geschützten Naturhafens. Auch hier muss ich mich überwinden, die sehr schmale und laut Seekarte nur 1 ½ Meter tiefe Passage zum Hafen zu wagen. Doch dieses Mal bin ich schon etwas schlauer und passiere die Einfahrt so wie vorab eingeplant bei Hochwasser. Alles geht gut und ich erinnere mich an das notfallmässige Manöver in Little Harbour, bei dem mir erst im Nachhinein klar geworden ist, dass uns der damalige Hochwasserstand wahrscheinlich vor Schlimmerem bewahrte. Im Inneren der nicht besonders grossen Bucht schwoien gegen 50 maximal 15 Meter lange Boote, meist Segler, an Bojen, die hier zur Tagesmiete angeboten werden. Mit unseren 21 Metern sind wir zu gross für diese schöne Möglichkeit des Ankerns und müssen uns daher zwingendermassen an den Steg des einzigen Yachthafens legen. Dies machen wir allerdings mit dem grössten Vergnügen, denn das schicke und auch etwas teure HOPE TOWN IN & MARINA Resort macht einen hervorragenden Eindruck. Die Einweisung durch den zuvor per Funk verständigten Hafenmeister geht problemlos über die Bühne, sodass wir uns schon bald in Jacks Taxi-Boot befinden und uns ins gegenüberliegende Dorf schippern lassen. Hope Town entpuppt sich als zuckersüsses, kleines Touristenkaff mit einigen Lädelchen und Restaurants. Tagsüber düsen wir mit dem Zodiac meilenweit um die Inseln und entdecken Traumstrände wie die absolut postkartentaugliche Tahiti Beach. Im kristallklaren, flachen Wasser trauen wir uns gemeinsam mit GiGi sogar ein wenig zu baden, weiter hinaus kommt jedoch wegen der Haie nicht in Frage. Zurück an Bord geniesse ich gerade meinen BIGI SUNSET DRINK, als wir direkt am Heck eine Haifamilie entdecken. Diese hier als Nurse-Haie benannten Ammenhaie sollen zwar ungefährlich sein, aber der Hafenmeister warnt uns dennoch eindringlich vor den hier auch teils sehr gefährlichen umherschwimmenden Haiarten.

Einen Hauch von Abenteuer erwartet uns beim Besuch der winzigen, gerade mal 4 Kilometer langen und nur 400 Meter breiten Insel Man o War Cay. Laut Hafenhandbuch soll die Zufahrt zum einzigen Yachthafen für Boote bis maximal 16 Meter möglich sein. Da ich keine weiteren Infos finde, verlasse ich mich auf mein Gespür und meine eigene Geschicklichkeit, die 21 Meter lange APPLAUS auf den Punkt genau navigieren zu können. Vorausgesetzt natürlich, es bleibt immer genügend Wasser unter dem Kiel, und davon ist laut Seekarte auszugehen. Die von weitem kaum erkennbare und wirklich sehr schmale, von Felsen umgebene Einfahrt ist furchteinflössend und lässt mich an meiner Entscheidung zweifeln. Dennoch traue ich mich, nähere mich mit äusserster Vorsicht der Pforte in das womöglich verwunschene Paradies und entscheide im letzten Moment, das Wagnis einzugehen. Mit äusserster Vorsicht manövriere ich die Yacht durch die nur 70 Meter schmale, fjordähnliche Bucht. Dabei ist die schiffbare, beidseitig durch Felsen begrenzte Fahrrinne jedoch gerade mal nur 10 Meter breit und das ergibt bei der eigenen Schiffsbreite von 5 Metern lediglich 2.50 Meter Platz an jeder Bordkante. Dies wiederum erfordert volle Konzentration und erlaubt nicht den kleinsten Fehler. Um das Schiff steuern zu können, benötigt die APPLAUS Fahrt und die beträgt im Standgas 5 Knoten. Der Stillstand der Yacht würde bei der hier herrschenden Strömung sofort auf den Felsen enden. Umso mehr erschrecke ich mich ob der vorausgehenden Gefahr in Form eines vor uns in aller Gemütlichkeit tuckernden Rentners in seinem kleinen, hölzernen Segelboot. Trotz unseres lauten Hornens gibt sich der Alte nicht im Geringsten die Mühe, seinem Dieselmotor etwas die Sporen zu geben. Ich befürchte das Schlimmste, nehme die Gänge raus und versuche so einen Zusammenstoss zu verhindern. Doch statt Platz zu machen, scheint sich das Segelboot nun kaum noch zu bewegen. Anhalten oder gar Drehen ist in der schmalen Fahrrinne absolut unmöglich, genauso wie ein Vorbeikommen am Segler ohne Kollision. Der Zusammenstoss mit dem immerhin etwa 6 Meter langen Segelboot scheint unabwendbar, sodass ich mich jetzt darauf gefasst mache, dass es gleich richtig knallen wird. Doch in der sprichwörtlich letzten Sekunde reisst der Seniorsegler das Ruder herum, macht Platz und wir rauschen ganz knapp an dem laut fluchenden Alten vorbei. Soll er fluchen, solange er will, aber das war mehr als knapp und schlussendlich können wir beide froh sein, glimpflich davongekommen zu sein.

Das beschauliche Man o War Cay mit seiner kleinen, hübschen Marina entschädigt sofort für den Schrecken, der uns noch eine Weile in den Knochen steckt. Auch hier erwartet uns ein abgeschiedenes Paradies, das zum Chillen und Faulenzen einlädt. Das einzige direkt am Wasser liegende Restaurant DOCK N DINE macht so wie die ganze Miniinsel einen ziemlich verschlafenen Eindruck. Doch ganz zu Birgits Freude gibt es hier sogar eine kleine zum Yachthafen gehörende Boutique und die Leute hier sind ausserordentlich liebenswürdig. Nicht zuletzt deshalb entscheiden wir uns am zweiten Abend für einen Besuch im DOCK N DINE. Da wir die einzigen Gäste sind, bleiben unsere Erwartungen bescheiden. Bei der Bestellung folgen wir der Empfehlung der sehr netten Studentin, die nach eigenen Angaben hier einen Saisonjob angenommen hat. Schon die zur Vorspeise servierten Conch-Fritters, frittierte Kugeln aus Conch-Muschelfleisch, schmecken sehr lecker. Als Hauptgang bekommen wir ganz zu unserer Überraschung keinen gewöhnlich gegrillten Fisch, sondern einen äusserst schön angerichteten Teller frischen Fisches an verführerisch riechender, hausgemachter Mango-Chutney-Sauce mit Reis und Brokkoli als Beilage serviert. Genauso wie die Bedienung in diesem Restaurant am wahrhaftigen Ende der Welt ist auch das Essen so grossartig gut, dass wir beim Dessert auf ein gemeinsames Foto mit der gesamten Crew bestehen. Das kleine Man o War Cay wird für uns zur grossen, denkwürdigen Überraschung.

Einige traumhafte Tage später zieht es uns weiter in nördlicher Richtung, wo wir nachmittags in Great Guana Cay landen und hier in der spärlich besetzten Marina am Holzsteg anlegen. Birgit ist noch dabei, die Leinen zu befestigen, als ich von der Flybridge aus die Kanadier Michelle und Dave in ihrer 13-Meter-Segelyacht beim Einlaufen in die Bucht entdecke. Seit wir die beiden supernetten Segler in Little Harbour kennenlernten und Dave mir sogar meine Bilgepumpe im Zodiac reparierte, treffen wir uns immer wieder mal. Bemerkenswert deshalb, weil wir uns überhaupt nicht abgesprochen haben und sich unsere Reisegeschwindigkeiten aufgrund der Bauart unserer Schiffe halt doch beträchtlich voneinander unterscheiden. Umso mehr ein Grund, unser Wiedersehen auf der anderen Seite der Insel bei der berühmten NIPPERS BAR mit Sicht auf die Atlantikküste mit einem kühlen Drink zum Sonnenuntergang zu feiern. Noch am selben Abend wird das so schön unbeschwerte Zusammentreffen aber leider durch eine krasse Wetterwarnung gestört. Statt der gemeinsam geplanten, gemütlichen Weiterreise durch das Inselparadies der Abacos sehen wir uns plötzlich alle gezwungen, innerhalb eines Tages einen wirklich absolut sicheren Hafen anzusteuern. Als einzig möglicher Schutzhafen in der nahen Umgebung stellt sich die TREASURE CAY MARINA heraus. Während Skipper Dave aufgrund des eher gelassenen Vorankommens seines Seglers keine Wahl hat und sich für diese zwar sichere, aber auch zu 100 % langweilige Variante entscheidet, haben wir andere Pläne.

Mit dem Sonnenaufgang verlassen wir Great Guana Cay in direkter Richtung des immerhin um die 140 Seemeilen, etwa 250 Kilometer entfernten Freeport auf der Insel Grand Bahama. Aufgrund der anspruchsvollen Strecke durch die Inselwelt lassen sich aber nicht einfach die Hebel runterdrücken, hier ist eine sorgfältige Navigation unbedingt notwendig. Trotzdem ist Eile geboten, denn bereits gegen die Mittagszeit ziehen einzelne Wolken auf und lassen Wind und Wellen stärker werden. Den geschützten Hafen von Port Lucaya nahe Freeport gilt es aber zwingend noch vor Sonnenuntergang zu erreichen und das zwingt mich, wann immer möglich Gas zu geben. Glücklicherweise befinden wir uns bei den vorherrschenden ablandigen Winden im Schutz der riesigen Insel Grand Bahama und werden dadurch trotz stetiger Zunahme der Windstärke von 5 bis 6 *** vom grossen Wellengang verschont. Dennoch hat die Seereise bereits länger als gedacht gedauert und stellt uns jetzt am nördlichen Ende der Insel vor die wichtige Entscheidung, wie wir auf dem besten Weg auf die andere Seite Grand Bahamas kommen. Entweder wir nehmen den schnellsten Weg und riskieren die komplizierte Abkürzung durch den schlecht gekennzeichneten und laut Seekarte teils auch nur 1.80 Meter tiefen Goodwill Channel knapp am Barracuda Shoal Riff vorbei, oder wir entscheiden uns für die narrensichere, dafür aber mit 30 Seemeilen Umweg auch um die 2 Stunden längere Strecke. Ich will auf Nummer sicher gehen und versuche mit dem Handy den Hafenmeister der OLD BAHAMA BAY MARINA auf der anderen Seite bei West End zu erreichen. Dieser geht zu meinem Erstaunen direkt ran und versichert mir auch gleich, dass die Durchfahrt für ein Schiff meiner Grösse durchaus problemlos ist und auch die Wassertiefen durchgehend mindestens 2 Meter betragen. Dadurch werden die Aussagen anderer Yachties, die diese Passage auch schon mal als Himmelfahrtskommando bezeichneten, relativiert und unsere Entscheidung, die Abkürzung zu nehmen, wird bekräftigt. Doch der erste Schreck lässt nicht lange auf sich warten. Mit der Einfahrt in den immerhin 7 Kilometer langen Kanal realisiere ich, dass die sichere, aber auch sehr begrenzte Fahrrinne zwar fein säuberlich auf der Karte eingezeichnet, in Wirklichkeit aber aufgrund gänzlich fehlender Markierungen auf dem Wasser komplett unkenntlich ist. Was zunächst noch als durchaus machbar scheint, wird im zweiten Drittel des Kanals wegen der geringen Wassertiefen von teils nur noch 1.30 Metern immer mehr zum Spiessrutenlauf. Der Tiefenmesser piepst ununterbrochen und schürt bei uns die Angst, jeden Moment in diesem Kanal des Grauens aufzulaufen. Je mehr wir uns der anderen Seite nähern, desto verwirrender wird es inmitten des um uns herum überall flachen Wassers. Von wegen 2 Meter tiefe Fahrrinne! Irgendwann bleibt mir nichts weiter übrig, als mich mit der APPLAUS ganz langsam immer weiter vorwärts zu tasten, mich mit den krassen Tiefenangaben des Echolots von 1.30 Metern abzufinden und auf viel Glück zu hoffen. Unterstützung gibt mir Birgit, die sich ganz vorne am Bug positioniert und mich vorausschauend zu leiten versucht. Die ganze Odyssee dauert etwa eine Stunde. Die Befreiung bedeutet letztendlich der Blick auf die etwa eine Seemeile vor uns entfernten Wellenberge im offenen Meer. Von nun an wird das Wasser tiefer und tiefer, Wind und Wellen kommen uns entgegen und wir schaffen es tatsächlich, dieses Alptraummanöver unbeschadet zu überstehen.

Mit dem Eintreffen im tiefen Nordatlantik verlieren wir mit einem Mal den Schutz der Insel Grand Bahama und sehen uns plötzlich mit knapp 2 Meter hohen Wellen konfrontiert. Aufgrund des 6 Windstärken*** kräftigen Windes haben wir allerdings damit gerechnet und nehmen diesen kleinen Sturm jetzt im Gegensatz zum gerade Erlebten als reines Vergnügen wahr. Für die noch verbleibenden 30 Seemeilen* jagen wir die APPLAUS mit viel Freude und ebenso viel Gas durch den Wind und über die Wellen in südlicher Richtung, bis wir zwei Stunden später die absolut vor jedem Wetter gut geschützte MARINA PORT LUCAYA erreichen. Gut gelaunt wasche ich mein Schiff und freue mich darüber, dass wir diese lange Überfahrt gut überstanden haben und wir uns nun in einhundertprozentiger Sicherheit wiegen dürfen. Der ziemlich böse Seewetterbericht vom heutigen **4. März 2017** ist erst der Anfang, denn es soll noch viel schlimmer werden. Tags drauf erfahren wir, dass der grosse Hafen von Freeport für sämtlichen Schiffsverkehr gesperrt ist und sogar die ganz grossen Kreuzfahrtschiffe den Hafen nicht verlassen werden. Der Atlantische Ozean ist bis auf Weiteres geschlossen! Jetzt zeigt sich, wie gut meine Entscheidung war, es in einem Tag von den abgeschiedenen Abacos hierher zu schaffen, wo es immerhin eine Bäckerei, einige Restaurants, tolle Strände und sogar ein paar Touristenläden für Birgits Shoppinglust gibt. Hier lässt es sich aushalten und das ist auch gut so, denn das stürmische Wetter zieht sich tatsächlich über 10 Tage hin.

Mitte März 2017 laufen wir letztendlich wieder in den Hafen von Miami ein und sehen stolz auf unsere knapp 2-monatige Seereise zurück, die uns rund 600 Seemeilen, also 1080 Kilometer, weit über den Atlantik gebracht hat. Eine zweifelsohne abenteuerliche Seefahrt, die sich so in keinem Reisebüro buchen lässt. Und wieder einmal hat es sich gezeigt, dass das Leben öfters seine eigenen Wege wählt und sich das Ziel manchmal ganz woanders befindet als gedacht. In unserem Fall hat das auch noch dazu geführt, dass wir die nettesten Menschen dort getroffen haben, wo wir es am wenigsten erwartet hätten. Und deshalb behaupte ich jetzt, dass diese wundervolle Reise unser Leben für immer prägen wird.

HAPPY
MILLIONÄR

*1 Seemeile = 1.85 km   **10 Knoten = 18.50 km/h   ***10 Beaufort / Windstärken = 89 bis 102 km/h

Während den Dreharbeiten mit dem 3+-Team in Miami Beach

Die Bosshards in Bimini

Nassau   Mit Chris, dem Dorfpfarrer, im Rolls Royce

Flucht vor dem Sturm

Unser Retter Randall   Sicher an der Boje in Little Harbour   Glückliche Wasserschildkröte

Willkommen in Little Harbour

Bei Pete in seinem Atelier

Little Harbour, das Paradies

Kleine Dinner-Party mit neuen Freunden in Little Harbour

HOPE TOWN IN & MARINA Resort

Tahiti Beach

Man o War Cay mit liebenswerten Menschen und super Gastgebern

Great Guana Cay

NIPPER'S BAR Great Guana Cay

Port Lucaya, Grand Bahama

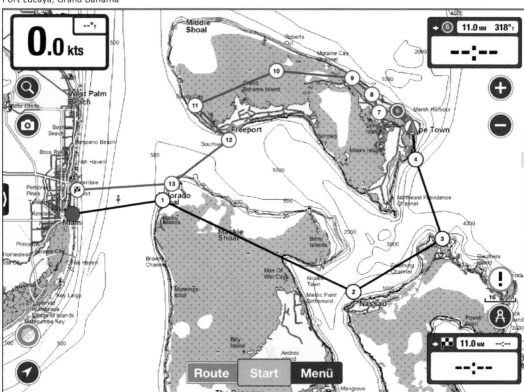

Unser Bahamas-Törn: 600 Seemeilen / 1080 Kilometer

Kapitel 38

Mehr Happy als Millionär

Zufrieden und glücklich darüber, so ein ausgefülltes Leben führen zu dürfen, landen wir kurz vor **Ostern 2017** wieder in der Heimat und wenden uns hier unserer zweiten Lieblingsbeschäftigung, dem Arbeiten, zu. Erst während der beiden Frühlingsmessen in Bern und in Basel erfahren wir, wie gut wir tatsächlich beim Schweizer TV-Publikum angekommen sind. Kaum haben wir jeweils den Laden geöffnet, werden wir von begeisterten Fans umlagert. Während wir uns für Selfies zur Verfügung stellen und grosszügig Autogrammkarten verteilen, gehen DIE WELTBESTEN GEBRANNTE MANDELN® über die Theke, als würden wir rare Goldstückli verteilen. Eine ganz neue Erfahrung, die dem rosa SCHLOSS SCHLARAFFENLAND gerade einen zweiten Frühling beschert.

Kurz vor unserer erneuten Abreise nach Miami folgen wir im **Juni 2017** einer Einladung nach Köln. Eine hier ansässige, namhafte Produktionsfirma lockt mit grossen Versprechungen für eine eigene vierteilige Serie in der bekanntesten deutschen Auswanderersendung. Beim gemeinsamen Mittagessen am Ufer des Rheins kommt sogar der höchste für das Format verantwortliche Manager hinzu und zeigt sich ganz begeistert von unserem lockeren Auftritt. So sehr, dass seine Worte zum Abschied erfreulich positiv ausfallen: *«Ihr drei gehört ins Fernsehen, wir wollen euch unbedingt dabeihaben.»* Gebauchpinselt von so viel Lob verabschieden wir uns in die USA und geniessen hier den heissen Sommer in Miami.

Wieder daheim teilt man uns im Spätherbst mit, dass sich der Sender entschieden hat uns eine eigenständige Sendung unter dem Titel HAPPY MILLIONÄR zu geben. Und somit können wir uns nun auf einen lukrativen Vertrag für die Teilnahme beim erfolgreichsten deutschen Auswandererformat freuen. Bereits Mitte **Dezember 2017** besucht uns ein Kamerateam in der Schweiz und dreht für eine

Woche die ersten Szenen der sich ansonsten vorwiegend in den USA abspielenden Story. Am **26. Dezember 2017** fliegen wir nach Miami und machen uns umgehend an die Vorbereitung der für 4 Wochen geplanten Dreharbeiten in Miami und Umgebung. Die für Anfang Februar erwartete Filmcrew trifft allerdings nicht ein, sodass sich der geplante Starttermin verzögert. Man vertröstet uns mit mehreren faulen Ausreden, einmal soll es an der Einreisegenehmigung der Crew liegen, ein anderes Mal an dem in Köln gerade stattfindenden Karneval und ein weiteres Mal sollen die Verantwortlichen beim Sender nicht erreichbar sein. Mitte **Februar 2018** stellt sich dann allerdings heraus, dass ausgerechnet der uns so wohlgesonnene Manager des Senders das Unternehmen überraschend verlassen hat und sein Nachfolger nun komplett andere Pläne verfolgt, bei denen wir zurzeit nicht vorgesehen sind. Zwar ärgern wir uns über das fragwürdige Verhalten und die unnötigen Lügen der Mitarbeiterin der Produktionsfirma, ansonsten aber nehmen wir das locker. Was nicht sein sollte, muss nicht sein. Statt in die Dreharbeiten stecke ich meine Zeit nun in den eigenen HAPPY MILLIONÄR® FASHION Onlineshop, den ich eigenhändig und von Grund auf selbst kreieren will. Hauptsächlich aber geniessen wir das wunderbare Bordleben und den ungezwungenen American Way of Life.

Mit der MUBA Basel läuten wir am **20. April 2018** die Schweizer Messesaison ein und freuen uns über die für uns so gut laufenden Geschäfte. Sogar der super sympathische Bundesrat Ignazio Cassis scheint ein Fan zu sein und verkostet genüsslich unsere gebrannten Mandeln. Alles läuft so wunderbar, dass das nachfolgende HAPPY MILLIONÄR® FASHION Fotoshooting am Vierwaldstättersee geradezu perfekt in unser neues Wirken passt. Die **Sommermonate 2018** verbringen wir wieder auf unserer Yacht in Miami Beach, wo ich dieses Mal aber beinahe zu viel Zeit in die Fertigstellung des Onlineshops stecke und das sonst so genüssliche Bordleben jetzt eher etwas zu kurz kommt. Zurück in der Schweiz verfolge ich im Herbst 2018 das hochgesteckte Ziel, unsere mit Premium Kristallen veredelte Mode schon bald in einem zweiten, eigens für AMAZON erstellten Fashion-Shop weltweit anbieten zu können. Dazu entschliesse ich mich nun doch einen IT-Profi an Bord zu holen. Gemeinsam mit dem jungen und sehr cleveren Mani geht es nun zügig voran und ich setzte alles daran, diesen Shop im Shop zeitnah zu realisieren. Auch wenn sich die sehr strengen Anforderungen AMAZONS als immens und teilweise beinahe unlösbar herausstellen, bleiben wir objektiv und ziehen unser Ding durch. Kurz vor Weihnachten haben wir es geschafft und der definitiven Eröffnung des Shops stünde eigentlich nichts mehr im Weg. Ausser ich mir selbst, wie sich bald herausstellen wird.

Im **Januar 2019** befinden wir uns wieder wie gewohnt auf der APPLAUS in Miami Beach und schwelgen hier im süssen Leben des Nichtstuns unter der Sonne Floridas. Währenddessen wartet daheim in der Schweiz der IT-Experte Mani auf mein Okay zur Eröffnung des AMAZON - HAPPY MILLIONÄR® FASHION SHOP. Doch irgendetwas, das ich nicht so recht einzuordnen weiss, hält mich noch davon ab grünes Licht zu geben. Zeitgleich bringt mich der Zufall in Kontakt mit einem internationalen Modedesigner namens Jacques aus Berlin, mit dem ich jetzt ein äusserst informatives Telefongespräch führe. Der erfolgreiche Kreativ-Unternehmer rät mir dabei explizit davon ab, meinen vielversprechenden Markennamen HAPPY MILLIONÄR® in irgendeiner Weise mit AMAZON in Verbindung zu bringen. Seine Begründung deckt sich grösstenteils mit meinen eigenen, vorangegangenen Bedenken und macht mir nun auch klar, weshalb ich für die Eröffnung des AMAZON-Shops noch nicht bereit war. Jacques gibt mir unmissverständlich zu verstehen, dass seiner Meinung nach jede Verbindung zu AMAZON den Wert meines herausragenden Modelabels HAPPY MILLIONÄR® FASHION in Grund und Boden zerstören würde. Dabei geht mir endgültig ein Licht auf, ich pfeife auf die bisherige, nicht unbedeutende Investition und stoppe Operation AMAZON mit sofortiger Wirkung. Mit dem Ziel, HAPPY MILLIONÄR® FASHION zu einer angesehenen Premiummarke zu machen, entscheide ich mich nun für neue Wege. Vor allem will ich mich beim Aufbau der Marke HAPPY MILLIONÄR® in Zukunft auf Profis verlassen können. Dazu werde ich meinen Fokus jetzt auf versierte Partner oder gar Käufer, vorzugsweise aus der Modebranche richten. Der hervorragend funktionierende HAPPY MILLIONÄR® FASHION Online-Shop soll somit in erster Linie zeigen, was wir zu bieten haben.

HAPPY
MILLIONÄR

In Köln für TV-Verhandlungen

Mit Bundesrat Ignazio Cassis an der MUBA BASEL

310

Kapitel 39

Liebe, Glück und andere Herzensangelegenheiten

Kaum wieder daheim wartet nach **Ostern 2019** die nächste Überraschung auf uns. Anette, die äusserst nette Produktionsleiterin der Kölner Produktionsfirma mit der wir schlussendlich nicht zum Ziel gekommen sind, hat zwischenzeitlich zur Konkurrenz nach München gewechselt. Sie hat uns nicht vergessen und will uns nun unbedingt bei ihrer neuesten Produktion dabeihaben. Nachdem wir verschiedenste Angebote für diverse deutsche Reality-Shows kategorisch abgelehnt haben, macht uns Nana mit der SAT 1-Sendung PROMIS PRIVAT neugierig. Wir sagen spontan zu und bereits im **Juni 2019** reist ein komplettes Filmteam aus Deutschland an, mit dem wir für die kommenden zwei Wochen drehen werden.

Dadurch, dass uns ein grosses Mitspracherecht bei den einzelnen Folgen gegeben wird, darf ich meiner Kreativität freien Lauf lassen. Mit dem Ziel, in erster Linie die Zuschauer bestmöglich zu unterhalten, geben wir alles und wollen zeigen, was in uns steckt. Als Erstes organisiere ich gemeinsam mit Birgit eine Modenschau im MASERATI-Autohaus. Um den Anlass zu organisieren, bleiben uns gerade mal 3 Tage und trotzdem oder vielleicht gerade deswegen wird's eine echte Fashion-Show mit allem, was dazugehört, an der wir nicht weniger als einhundert begeisterte Gäste empfangen dürfen.

Den finalen Höhepunkt für unsere Sendung plane ich allerdings bereits seit einem Monat komplett hinter dem Rücken meiner Frau. Dabei scheue ich nicht davor zurück, die Feier für unseren 25. Hochzeitstag einfach ohne Birgits Wissen in die Dreharbeiten einzubauen. Mit dem Ziel, Birgit bombastisch zu überraschen, ziehe ich sämtliche möglichen und unmöglichen Register und versuche so das grösste Highlight seit unserer Hochzeit vor 25 Jahren auf die Beine zu stellen. Alles natürlich immer im Geheimen und auch mit der ständigen Angst, vielleicht doch irgendwann mal durch Birgit erwischt zu werden.

Tatsächlich gelingt es mir aber bis zum Abschluss der zweiwöchigen Dreharbeiten alles so vorzubereiten, dass Birgit keinen blassen Schimmer hat was ich im Schilde führe. Obwohl jetzt eigentlich kaum noch etwas schief gehen kann, sind meine Nerven noch immer bis ans Limit strapaziert. Am Samstagabend, dem offiziell letzten Drehtag, habe ich es dann fast überstanden. Die durch mich instruierte Regisseurin gibt jetzt in unserer heimischen Stube bekannt, dass von München aus gewünscht wird, noch einen Part mit einem lockeren, sonnigen Sonntagsausflug dranzuhängen. Zu meiner Erleichterung schöpft Birgit absolut keinen Verdacht, auch nicht jetzt, wo die Regisseurin verlauten lässt, dass wir uns morgen einfach mal überraschen lassen sollen. Brav befolgt Birgit auch die Anweisung für den morgigen Überraschungstag eine zusätzliche Abendgarderobe einzupacken. Was folgt, ist eine Geschichte voller Liebe, Glück und vielen anderen Herzensangelegenheiten, die am Ende sehr glücklich, und mit vielen Freudentränen ausgehen soll.

An diesem strahlend sonnigen Sommermorgen werden wir wie gewohnt verkabelt, das Auto bekommt eine GoPro-Kamera installiert und los geht die Fahrt mit GiGi an Bord zu einem Ziel, das nur ich und das Kamerateam kennen. Bei der Ankunft am Luzerner Stadtquai sieht Birgit die Dampfschiffe auf dem Vierwaldstättersee und freut sich: «Ahh ... *das habe ich mir gedacht, eine Schifffahrt!*» Nach dem Parken des Autos geht's zu Fuss über den schicken Europaplatz, am Luzerner Konzert- und Kongresshaus vorbei direkt ans Seeufer. Birgit entdeckt als Erste dieses einzige am Steg vertäute, kleine Prunkstück von einer 10-Meter-Yacht aus glänzendem Mahagoni mit fein herausgeputzter, um die Wette strahlender und uns zuwinkender Crew. Jetzt ist sich Birgit sicher, ganz genau Bescheid zu wissen. «*Also doch eine Schifffahrt, ich hab's doch gewusst!*» Sagt's und begrüsst liebevoll, wie sie ist, den freundlichen Kapitän und seinen weiblichen Matrosen. An Bord des luxuriös ausgestatteten Schiffes werden wir herzlich willkommen geheissen und gebeten, im feudal mit Leder ausstaffierten Heck Platz zu nehmen. Stolz weist uns der Kapitän darauf hin, dass es sich bei der MEGGENHORN um ein bald 100-

jähriges, geschichtsträchtiges Motorschiff handle, auf dem bereits Berühmtheiten wie Sofia Loren oder gar Grace Kelly über den Vierwaldstättersee geschippert worden seien. Ich selbst staune allerdings vor allem darüber, wie hervorragend gut gerade alles läuft und dass Birgit offensichtlich überhaupt nicht schnallt, um was es hier wirklich geht.

Prächtiger könnte der heutige Tag nicht sein, bei dem wir alle drei eine lockere Schifffahrt mit Kapitän und Crew geniessen, die wir so jetzt auch noch nie erlebt haben. Mitten im Luzerner Seebecken stoppt die MEGGENHORN, und während wir händchenhaltend die malerische Bergkulisse bewundern, überreicht der Kapitän Birgit einen echten Brautstrauss aus roten und weissen Rosen. Das natürlich eingeweihte Kamerateam hält jetzt voll drauf. Kapitän Roger Schliter tritt vor uns, nimmt eine Karte mit handgeschriebenem Text zur Hand und beginnt nun mit ruhiger Stimme seinen liebevoll vorbereiteten Text vorzulesen: *«Birgit, ich frage dich jetzt: Möchtest du den Bund, den ihr vor 25 Jahren eingegangen seid, von neuem bestätigen und den Stephan ehren und lieben mit all deiner Kraft, soweit es dir möglich ist? Dann antworte mit ‹Ja, ich will›.»* Birgit strahlt und bejaht mit Freudentränen in den Augen die Frage mit einem klaren und deutlichen *«Ja, ich will!»*. Natürlich werde auch ich gefragt und auch ich erneuere gerührt und mit leicht feuchten Augen das Jawort. Dann überreicht der Kapitän meiner über beide Backen strahlenden Ehefrau ein kleines Schmuckkästchen mit der Bitte, dieses zu öffnen. Jetzt befolge ich brav des Kapitäns Anweisung und stecke meiner geliebten Birgit, die gerade glaubt zu träumen, den handgefertigten Weissgoldring mit 25 in Herzform gefassten roten Rubinen an den Finger. Schliesslich bekommen wir sogar noch eine kleine Flasche Champagner serviert und dürfen jetzt auf unser Glück anstossen.

«Nächste Station Weggis!», ruft uns der Kapitän zu und steuert die MEGGEN-HORN gelassen in Richtung des verschlafenen Seedorfes am Fusse des Berges Rigi. Mein Freund Pascal wollte uns zwar in seinem lilafarbenen Rolls Royce Phantom abholen, aber weil ausgerechnet heute, und das ist tatsächlich kein Witz, der Kronprinz von Dubai auf dem Bürgenstock residiert, ist der Rolls bereits ausgebucht. Wegen des Prinzen müssen wir uns jetzt mit einem immerhin

nigelnagelneuen Range Rover begnügen. Unser Fahrer Pascal, der Inhaber von NOBELDRIVE höchstpersönlich, hat allerdings alles dermassen vom Feinsten mit Getränken und kleinen Snacks vorbereitet, dass wir den Rolls kaum vermissen. Jetzt glaubt Birgit definitiv zu wissen, wohin es geht: *«Wusste ich's doch! Wir fahren ins Hotel SEEBURG, unser Hochzeitshotel vor 25 Jahren.»* Doch der Nobeldriver ist eingeweiht und fährt ganz bewusst in die entgegengesetzte Richtung. Irgendwann aber, ziemlich genau eine halbe Stunde später, landen wir dann aber doch vor dem uns so viel bedeutenden Hotel SEEBURG. Ausser unserer Hochzeit haben wir hier auch schon andere tolle Feste gefeiert und hinzu kommt, dass Birgit bei unserem ersten Kennenlernen genau hier als Hotelfachfrau tätig war. Damit ist das Hotel SEEBURG in jedem Fall ein Ort von grosser Bedeutung für uns. Birgits freut's: *«Ein Nachtessen im SEEBURG, wie romantisch.»* Pascal macht seinem noblen Unternehmen alle Ehre, rennt um das Auto und öffnet der frischgebackenen Braut die Türe.

Die Kamera ist natürlich immer dabei, auch jetzt, wo wir den Eingang des Hotel SEEBURG gemeinsam mit GiGi betreten und uns die mir natürlich völlig unbekannte F&B-Managerin Lorena freudig in ihrem Haus begrüsst. In Wirklichkeit ist sie selbstverständlich genauso wie der Hoteldirektor Ronny meine Verbündete. Die Tatsache, dass die beiden relativ neu in diesem Haus tätig und Birgit daher gänzlich unbekannt sind, kommt meinen Plänen jetzt nur zugute. Die hübsche, schwarzhaarige Lorena in ihren hohen, schwarzen Pumps meistert ihren Auftritt richtig gut, lächelt freundlich in die Kameras und geht uns elegant voraus ins edle Gourmet-Restaurant. Hier weist sie uns den besten und schönsten Tisch inmitten des noch komplett leeren Restaurants zu. Kein Wunder, es ist ja auch erst 18 Uhr, draussen scheint die Sonne noch immer kräftig vom strahlend blauen Himmel und zum Essen ist es eigentlich sowieso noch viel zu früh. Unserer hervorragend guten Stimmung gibt das allerdings absolut keinen Abbruch, ganz im Gegenteil, während Lorena auf Wunsch von Birgit einen zusätzlichen Stuhl für GiGi an den Tisch stellt, bekommen wir alle drei unser Wässerchen serviert und es bleibt endlich Zeit, sich von dem bisher so aufregenden Tag etwas zu erholen. So denkt sich das zumindest mein Schatz.

Der mir vermeintlich unbekannte Hoteldirektor und Verbündete Ronny sieht das nämlich etwas anders. Höchstpersönlich gibt er sich an unserem Tisch die Ehre, begrüsst uns herzlich und gratuliert zur Silberhochzeit. Und jetzt, wo der ein wenig in Verlegenheit geratene junge Hoteldirektor in den Dreissigern etwas mitzuteilen hat, halten die Kameras wieder voll drauf: *«Sehr geehrte Frau Bosshard, sehr geehrter Herr Bosshard, es ist mir sehr unangenehm, aber leider muss ich Ihnen mitteilen, dass uns bei der Reservation ein Fehler unterlaufen ist. Das gesamte Gourmet-Restaurant ist für heute Abend bereits für eine Gesellschaft reserviert. Wie gesagt, es tut mir sehr leid, aber ich verspreche Ihnen, wir werden ein anderes schönes Plätzchen für Sie finden. Darf ich Sie deshalb bitten, mich in unseren Garten am See zu begleiten?»* Während Birgit die Situation wie immer gelassen nimmt, ärgere ich mich wie stets und empfinde das Ganze als echten Skandal. Widerwillig, nicht ohne allerdings dabei wenigstens die rote Rose aus der Vase auf dem Tisch mitzunehmen, folge ich dem Herrn Direktor nach draussen. Unter strenger Beobachtung der Kameras führt uns Ronny durch die Hotellobby hinaus in den warmen Sommerabend. Während wir den Gehsteig entlang schlendern und gleich den Fussgängerübergang zum ziemlich vollen Gartenrestaurant am See überqueren sollen, führt der Weg unvermeidlich direkt an dem Ort vorbei, wo wir vor 25 Jahren unsere Traumhochzeit feierten. Birgit zeigt zu dem alten Hotelbau hinauf und lässt Ronny voller Freude und Stolz wissen: *«Hier im Panoramasaal haben wir vor 25 Jahren mit über 100 Gästen unsere Hochzeit gefeiert!»* Ronny zeigt sich sichtlich erfreut darüber und fragt Birgit, ob sie denn einen Blick in den alten Saal, der sich zwischenzeitlich kein bisschen verändert habe, wünsche. *«Ja, sehr gerne!»*, freut sich mein Schatz. Gleich klappt die Falle zu.

Wir schreiben **Sonntag, den 17. Juni 2019**, es ist kurz vor 19 Uhr abends, die Sonne scheint noch immer angenehm warm vom strahlend blauen Himmel. An diesem wunderbaren Sommerabend steigen wir die wenigen Treppen hinauf in den verwunschenen Vorgarten des Panoramasaals, wo gleich wunderbare Erinnerungen wach werden. Für einen kurzen Moment entführt uns unsere Fantasie in die Zeit unserer damaligen Märchenhochzeit, die so unvergleichlich schön war. Doch eine Stimme unterbricht unseren Traum. *«Frau Bosshard, möchten Sie denn einen Blick in den Saal werfen?»*, will der Hoteldirektor wissen. *«Aber da sind doch alle Vorhänge zugezogen. Macht es denn nicht zu viel Mühe?»*, entgegnet Birgit höflich. *«Nein, gar nicht!»*, lächelt der nette Deutsche liebevoll und öffnet die hohen Türen. Etwas schüchtern folgt Birgit dem Hoteldirektor in den komplett abgedunkelten Saal.

Zeitgleich mit unserem Eintreten werden die riesigen Vorhänge aufgezogen, Licht fällt in den Raum und Birgit befindet sich plötzlich in einer absolut irrealen Welt. Eine laute Fanfare, ähnlich denjenigen, die Kaiser oder Könige in alten Hollywoodfilmen begrüssen, gibt unser Eintreffen bekannt. Gleichzeitig entdeckt Birgit die gespenstisch stillsitzenden Gäste die allesamt mit dem Rücken zu ihr an den runden Tischen sitzen. Sich eindeutig in einem Traum zu befinden glaubt sie, als Musik ertönt und ihr unser guter alter Freund Wolfgang, der Star unserer damaligen Hochzeitsband STEVE YOUNG BAND, singend entgegenkommt. Exakt in dem Moment drehen sich die etwas über dreissig Gäste zu uns um und winken allesamt lachend Birgit zu. Diese kommt sich nun wohl gerade wie Alice im Wunderland vor und glaubt ihren Augen nicht zu trauen, als sie plötzlich lauter bekannte Gesichter entdeckt. Dies ist nun endgültig der Moment, wo sie ihre Gefühle nicht mehr unter Kontrolle hat und hemmungslos in Tränen ausbricht. Während meine Liebste schluchzend um Fassung ringt, gibt Wolfgang, alias Steve Young, im Duett mit Sängerin Ingrid den Song TONIGHT I CELEBRATE MY LOVE zum Besten. Ein Liebeslied, mit dem Wolfgang schon damals 1994 in der Luzerner Hofkirche unsere Herzen zum Schmelzen brachte. Mit der schrittweisen, zaghaft beginnenden Begrüssung durch die Gäste kommt es bei Birgit allerdings erneut von einem Heulanfall zum nächsten, denn mit diesen geliebten Menschen, die da plötzlich vor ihr stehen, hätte sie im Leben wohl niemals gerechnet. Erst jetzt erkennt Birgit allmählich unter ungläubigem Staunen, wer sich hier tatsächlich so alles unter die Gäste gemischt hat. Als wäre es nicht genug, dass viele Freunde aus ganz Europa extra zu diesem Ehrentag angereist sind, ist es mir auch noch gelungen, etwa ein Dutzend damalige Hochzeitsgäste, die wir beide seither nie mehr gesehen haben, zum Erscheinen an diesem besonderen Anlass zu bewegen.

Meine Freude über das Gelingen dieser tatsächlich bombastischen Überraschung ist grenzenlos. Als der Held des Tages lasse ich es mir jetzt auch nicht nehmen, die einzelne rote Rose, die ich im Restaurant stibitzt habe, nun ganz demonstrativ mit den folgenden Worten meiner Birgit zu überreichen: *«Mein Schatz, mit dieser roten Rose sind es jetzt exakt 250 Rosen, die ich dir zu unserem Hochzeitstag schenken möchte. Das sind 10 Rosen für jedes glückliche Jahr, eigentlich hättest du für jedes Jahr 1000 Rosen verdient.»* Spreche es aus und führe Birgit an den prall mit Rosen gefüllten Tisch, der in der Mitte des Saals steht. Damit sind wir praktisch am Höhepunkt des heutigen Tages angelangt und die eigentliche Feier mit Festschmaus und fantastischer STEVE YOUNG SHOW kann jetzt beginnen. Doch Stopp! Eine Überraschung habe ich noch. Jetzt, wo alle so brav an ihren Tischen sitzen und sich gegenseitig zuprosten, bitte ich nochmals um Aufmerksamkeit und lasse ein mir per WhatsApp zugeschicktes Video auf den Grossbildschirm projizieren. Kein Geringerer als unser lieber Freund und weltweiter Superstar NICKY JAM höchstpersönlich gibt sich die Ehre und wünscht uns, vor allem aber Birgit zu unserem Hochzeitsjubiläum von Herzen alles Gute. Als phantastisch, sensationell, genial, grossartig oder einfach nur geil möchte ich diesen einmaligen Tag bezeichnen. Birgit und ich fühlen uns gerade so glücklich wie damals bei unserer Hochzeit vor 25 Jahren. Und genauso wie damals soll das Fest auch heute erst in den frühen Morgenstunden enden.

HAPPY
MILLIONÄR

SAT1-Reality-Serie PROMIS PRIVAT *Alle unsere TV-Auftritte sind anzuschauen unter www.happy-millionaer.com*

Grosse HAPPY MILLIONÄR® Modeschau

Mehr Strahlen geht nicht! Überraschungshochzeit mit Kapitän Roger Schliter auf der MEGGENHORN

Alice im Wunderland ☺

Singender STEVE YOUNG und fassungslose Birgit

Die letzte rote Rose macht exakt 250 Stück. Für jedes verheiratete Jahr 10 Rosen.

Kapitel 40

Finale in Miami

Das glückliche Ende unserer zweiten Traumhochzeit ist der Beginn vom Traum fantastischer Flitterwochen auf den Bahamas die im SWISS-Flug nach Miami seinen Anfang nimmt. Wie gewöhnlich nach diesem langen Flug sind wir auch heute Abend bei unserer Ankunft auf der APPLAUS in Miami Beach wieder ziemlich kaputt. Und so wird es auch nicht allzu spät, bis wir uns in die Kojen legen und unseren Flitterwochentraum weiter träumen. Dieser Traum soll jedoch in einem Alptraum enden. Mitten in der Nacht weckt mich Birgit aus meinem Tiefschlaf und fragt aufgeregt: «*Hörst du das auch?*» Mit genauerem Hinhören vernehme ich ein Wasserplätschern, das bestimmt nicht normal ist und das mich innert Sekunden hellwach werden lässt. Ich folge dem Geräusch in die sich einen Stock tiefer befindliche, grosse Gästekabine und erlebe hier gerade ein unvorstellbares Horrorszenario. Die gesamte Kabine befindet sich unter Wasser und von der Decke rinnt ein regelrechter Wasserfall. Geistesgegenwärtig renne ich zwei Treppen hinauf in den Salon, schalte die Hauptsicherung des Landanschlusses aus und ziehe draussen sofort den Stecker vom Stromnetz. Mit dem Umschalten der Stromversorgung auf 12 Volt sind wir so zumindest schon mal vor gefährlichen Stromschlägen geschützt. Um 2:30 Uhr morgens stehen wir nun beide ungläubig und ziemlich geschockt knöcheltief in der überfluteten Gästekabine. Während Birgit in Panik nach allen möglichen Gefässen sucht, die sie unter die diversen aus der Decke schiessenden Wasserfontänen positionieren will, versuche ich wenigstens einigermassen die Ruhe zu bewahren und begebe mich auf die Suche nach der Ursache dieser Katastrophe. Zumindest etwas beruhigend fällt mein Geschmackstest aus, der eindeutig Süsswasser bestätigt. Damit ist die Gefahr eines Lecks in jedem Fall gebannt und die Herkunft des Wassers aus den Wassertanks bewiesen. Gar nicht gut dagegen ist die Tatsache, dass wir gerade erst, so wie üblich bei unserer Ankunft, den 1500-Liter-Wassertank randvoll befüllt haben.

Ich glaube zu wissen, wie ich verhindern kann, dass das ganze Schiff durch anderthalb Tonnen Wasser geflutet wird, und stürze mich erneut die Treppen hoch, wo ich sofort den Schalter für die Bordwasserversorgung ausschalte. Mit der Gewissheit, dass die Wasserpumpen nun nicht mehr arbeiten, beobachten wir angespannt den Wasserfluss in der Gästekabine und warten darauf, dass es endlich aufhört. Doch es hört nicht auf! Im Gegenteil, man könnte meinen, die Wasserflut nimmt noch stetig zu. Jetzt geraten wir beide endgültig in Panik. Wir respektive unser Schiff befindet sich in unmittelbarer Gefahr, mit Wasser vollzulaufen und abzusaufen. Was sollen wir also tun? Um uns vor dem Untergang zu bewahren, weiss ich gerade nichts Besseres, als die beiden sich an Bord befindlichen, mobilen 12-Volt-Notpumpen zu installieren und das Wasser durch die Luken ins Freie zu befördern. Zusätzlich nimmt jeder einen Eimer zur Hand und wir beginnen das Wasser gemeinsam abzuschöpfen und über die Badewanne abfliessen zu lassen. Zwar sind wir trotz Müdigkeit auf Zack und die gesamte Turboaktion dauert gerade mal 10 Minuten, doch das Problem ist damit nicht gelöst. Während wir wie die Verrückten alles Mögliche unternehmen, um die Kabine vom Wasser zu befreien, zermürbe ich mir ununterbrochen das Gehirn und glaube mich plötzlich an einen Verschluss direkt am Wassertank zu erinnern. Logisch, das ist die Lösung! Es muss einen Haupthahn beim Wassertank geben! Wie von der Wespe gestochen renne ich in unser Schlafzimmer, öffne die am Boden des Kleiderschranks befindliche Luke, steige die Treppe hinab in den kleinen Technikraum und entdecke tatsächlich diesen roten Hebel, mit dem sich der Wassertank verschliessen lässt. Die Gefahr ist gebannt, doch der Schaden ist beträchtlich.

Damit ist die Ursache des Geschehens allerdings noch nicht gefunden und deswegen muss schleunigst ein Spezialist her. Am frühen Morgen rufe ich den Mann an, der für die sechsmonatige Generalüberholung der APPLAUS zuständig war, und bitte ihn um Hilfe. Der Werftboss verspricht uns sofort einen seiner besten Schiffsklempner zu schicken. Der umgehend aus Fort Lauderdale angereiste Mann vermutet eine undichte Leitung in der Decke des Gästezimmers und beginnt deshalb gleich mal damit, die gesamte Decke ganz unzimperlich herunterzureissen. Ob diese Aktion, durchgeführt mit Stichsäge und roher Gewalt, zu verhindern wäre, bleibt fraglich, doch irgendwie muss der Ursache ja auf den Grund gegangen werden. Obwohl der fleissige Handwerker unser geliebtes Gästezimmer inzwischen schon seit Stunden verwüstet, bleibt jeglicher Erfolg aus. Dem Verzweifeln nahe schlage ich vor, das Wasser jetzt nochmals kurz aufzudrehen, um zu schauen, wohin es läuft. Gesagt, getan, tut sich sofort von neuem ein Wasserfall im Gästezimmer auf. Jetzt aber ist der Klempner schlauer als zuvor und sucht oberhalb der Gästekabine im Salon nach der Quelle des Unheils. Er geht hin und demontiert, dieses Mal fein säuberlich, den Schrank unterhalb des Kartentisches und entdeckt hier unter der letzten Abdeckung in der hintersten Ecke eine lose Wasserleitung. Was so unspektakulär aussieht, macht bei genauerem Hinschauen allerdings sprachlos. In der Tat handelt es sich dabei nämlich um nichts weniger Banales als um die vom Wassertank gespeiste Zuleitung für die Scheibenwaschanlage. Wie und warum sich die Verbindung lösen konnte, bleibt ein Rätsel. Unglaublich aber erscheint die Tatsache, dass diese klitzekleine Ursache, die sich noch nicht einmal als Defekt bezeichnen lässt, beinahe zur grossen Katastrophe geführt hat. Das Fazit der Geschichte ist, dass unsere so schön ausgemalten Flitterwochen auf den Bahamas im wahrsten Sinne des Wortes ins Wasser fallen. Statt karibischer Träume erwartet uns nun eine Baustelle auf der ja eigentlich bereits komplett generalüberholten Yacht. So ungeschickt die Situation auch gerade sein mag, erholen wir uns rasch von diesem Schrecken und geniessen jetzt halt das Bordleben in Miami Beach statt auf den Bahamas.

Zu unserem effektiv am **6. August 2019** stattfindenden 25. Hochzeitstag, der wie gewohnt auch noch auf meinen Geburtstag fällt, überrasche ich Birgit mit einem kurzen Roadtrip nach Key West. Hier kommen wir dann doch noch für ein paar Tage zu unserem karibischen Traum, geniessen den besonderen Charme der südlichsten Inselstadt Amerikas, schmuggeln GiGi in der Louis-Vuitton-Tasche zum Pool und lassen es uns einfach so richtig gut gehen. Zu meinem 59. Geburtstag gibt's frischen Lobster vom Grill und zum Dessert den berühmten, süssen Key Lime Pie, Key Wests Nationalkuchen, den besonders Birgit liebt. Den Rest des Sommers verbringen wir auf der Yacht und wir organisieren alles so, dass die Gästekabine während unserer Abwesenheit im Herbst wieder zu neuem Glanz kommt.

Die geschäftige **Herbstsaison 2019** erfüllt wieder einmal wie von selbst alle unsere Business-Wünsche und geht so flott über die Bühne, dass wir bereits am **24.**

Dezember 2019 wieder in Miami landen. Zurück im Yachthafen freuen wir uns über unsere APPLAUS, die nun samt nigelnagelneuer Gästekabine wieder zum echten Schmuckstück geworden ist. Ein neuer, ausgedehnter Bahamas-Trip steht auf dem Programm, dies jedoch ohne jeglichen Zeitdruck, schliesslich befinden wir uns ja hier in Miami Beach bereits im Paradies.

Das **Jahr 2020** beginnen wir demnach auch ganz entspannt auf unserer Yacht und wir freuen uns über das sorgenlos entspannte Bordleben, das wir so lieben. Zwar verfolgen wir täglich die News und hören auch von einem neuartigen Virus namens Corona aus China, machen uns diesbezüglich aber nicht wirklich Sorgen. Dies ändert sich erstmals mit den Abendnachrichten vom **Mittwoch, dem 11. März 2020**, wo von möglichen US-Grenzschliessungen die Rede ist. Verunsichert versuche ich online Näheres zu erfahren, jedoch vergeblich. Als letzter Versuch wähle ich alle möglichen Nummern des SWISS-Airline-Kundendienstes, doch auch hier enden all meine stundenlangen Bemühungen in einer niemals endenden Warteschleife.

So richtig nervös werde ich aber erst am heutigen frühen **Donnerstagmorgen, 12. März 2020**, wo ich wie gewohnt beim Kaffee die News auf meinem iPhone lese und aus dem Schweizer BLICK erfahre, was sonst nirgendwo zu erfahren ist. Tatsächlich sollen die beiden allerletzten SWISS-Flüge nach Zürich bereits am morgigen Freitag stattfinden, bevor die Airline ab Samstag den gesamten Flugbetrieb von und nach Miami einstellen will. Wie vom Blitz getroffen wähle ich sofort die Nummer vom SWISS-Flughafenschalter und habe Glück. Die nette Dame am anderen Ende checkt unseren gebuchten Businessflug und bucht uns gleich auf den letzten Zürich-Flug von diesem Freitag um. Nun doch ziemlich erleichtert, fahren wir noch am selben Morgen nach Fort Lauderdale, um dort noch kurz die zwei vorab bestellten, neuen Bordbatterien für die APPLAUS abzuholen. Alles klappt hervorragend und uns bleibt sogar noch Zeit, auf dem Rückweg nach Miami Beach irgendwo gemütlich einzukehren. Doch plötzlich überschlagen sich die Ereignisse.

Gegen 13:30 Uhr erhalten wir einen Anruf einer SWISS-Mitarbeiterin, die uns bittet, raschestmöglich zum SWISS-Schalter in Miami zu kommen. Da wir eh schon auf halber Strecke sind, finden wir uns gegen 14 Uhr in der komplett überfüllten Flughafenhalle ein und treffen hier auf eine Schlange panischer Passagiere, die alle dasselbe wollen: möglichst schnell weg von hier! Wir werden bereits erwartet. Hastig teilt man uns mit, dass unser Flug für morgen komplett überbucht ist, weshalb man uns dringend empfiehlt, bereits heute zu fliegen. Natürlich erkennen wir die Situation und willigen sofort ein. Während wir auf das neue Ticket warten, fragen wir aus lauter Gewohnheit, ob es denn reicht, wenn wir wie gewöhnlich um 18 Uhr zum Einchecken zurück sind. Die SWISS-Mitarbeiterin schaut uns mit grossen Augen an und stellt klar: *«Oh nein! Bis 16 Uhr solltet ihr unbedingt wieder zurück sein! Wir haben euch dieses Mal für den früheren 18-Uhr-Flug gebucht, weil die Business-Klasse im 20-Uhr-Flug bereits komplett ausgebucht ist. Schafft ihr das denn?»* Auch wenn es zu unseren Fähigkeiten gehört, das Unmögliche möglich zu machen, so sind wir jetzt erstmal baff. Wie um Himmels willen sollen wir denn dieses Zauberkunststück vollbringen? Zum Nachdenken bleibt aber keine Zeit. *«Easy, das schaffen wir!»,* motiviere ich Birgit, während wir im Laufschritt zurück zum Auto rennen.

Birgit fährt und ich organisiere per iPhone, was in dieser kurzen Zeit noch möglich erscheint. In der Tat fordert uns diese sehr sportliche Challenge heraus, beinahe Unmögliches zustande zu bringen. Wie um Himmels willen sollen wir es schaffen, innerhalb zwei Stunden vom Flughafen ins mindestens 30 Fahrminuten entfernte Miami Beach zu fahren, dort unsere sieben Sachen zu packen, das zurückgelassene Schiff fertig zu machen, und dann wieder turbomässig im Taxi zum Flughafen zurückzufahren um den Flug noch rechtzeitig zu erreichen? Immerhin gelingt es mir, Gio, unseren Mann, der die APPLAUS auch sonst während unserer Abwesenheit stets tipptopp in Schuss hält, davon zu überzeugen, sofort zum Schiff zu kommen. Bei unserer Ankunft im Yachthafen erwartet er uns bereits an Bord. Gemeinsam sputen wir uns, die APPLAUS für unbestimmte Zeit quasi winterdicht zu machen. Währenddessen rennt Birgit wie ein aufgescheuchtes Huhn durchs Schiff, räumt in Windeseile alles so gut als möglich auf und packt die Koffer.

Die uns verfügbare Stunde verfliegt allerdings im Nichts, sodass die geplante Abfahrtszeit naht, ohne dass wir wirklich parat wären. Captain Jonathan von der gegenüberliegenden Yacht wird auf unsere Notsituation aufmerksam und bietet uns spontan seine uneingeschränkte Hilfe an. Die haben wir auch dringend nötig, denn inzwischen ist es bereits 16 Uhr durch, Birgit steht noch unter der Dusche und die Nerven liegen blank. Nur unserem Freund Captain Jonathan und seinem blitzblanken, rubinroten Range Rover ist es zu verdanken, dass wir es schliesslich mit einer halben Stunde Verspätung, aber gerade noch in letzter Minute zum SWISS-Schalter schaffen. Die supernette SWISS-Crew hat auf meinen Anruf hin extra auf uns gewartet, nimmt die Koffer entgegen und lässt uns durch die Zollkontrolle zum Flieger rennen. Auch hier sind wir die Letzten, nach uns wird die Türe geschlossen und kurz darauf rollt der Flieger auf die Startbahn. Wieder einmal haben wir das beinahe Unmögliche geschafft.

In der Luft blicken wir ein letztes Mal auf Miami, lehnen uns zurück und fragen uns: *«Was kommt jetzt?»*

HAPPY
MILLIONÄR

Auf unserem Heimflug am **12. März 2020**. Ankunft in Zürich am **13. März 2020**.

Am **26.03.20** begann ich dieses Buch zu schreiben. Fast exakt 1 Jahr danach füge ich am **2. April 2021** dieses letzte Bild ein.

-ENDE-